兰州财经大学丝绸之路经济研究文库

全国统计科学研究项目"基于财政政策的能源消费效应与环境治理效应研究"(2017LY91)
2017年陇原青年创新创业人才项目"甘肃产业结构调整对能源需求与环境治理影响研究"

韩君·著

生态环境质量约束的能源资源定价机制研究

RESEARCH ON THE PRICE MAKING MECHANISM OF
ENERGY RESOURCE RESTRICTED BY
ECOLOGICAL ENVIRONMENT QUALITY

中国财经出版传媒集团
经济科学出版社
Economic Science Press

图书在版编目（CIP）数据

生态环境质量约束的能源资源定价机制研究/韩君著.
—北京：经济科学出版社，2017.12

（兰州财经大学丝绸之路经济研究文库）

ISBN 978-7-5141-7320-8

Ⅰ.①生… Ⅱ.①韩… Ⅲ.①能源-定价-研究-中国 Ⅳ.①F426.2

中国版本图书馆CIP数据核字（2016）第240358号

责任编辑：杜　鹏
责任校对：郑淑艳
责任印制：邱　天

生态环境质量约束的能源资源定价机制研究

韩　君/著

经济科学出版社出版、发行　新华书店经销
社址：北京市海淀区阜成路甲28号　邮编：100142
总编部电话：010-88191217　发行部电话：010-88191522
网址：www.esp.com.cn
电子邮件：esp_bj@163.com
天猫网店：经济科学出版社旗舰店
网址：http://jjkxcbs.tmall.com
固安华明印业有限公司印装
710×1000　16开　12.5印张　250000字
2017年12月第1版　2017年12月第1次印刷
ISBN 978-7-5141-7320-8　定价：49.00元
（图书出现印装问题，本社负责调换。电话：010-88191510）
（版权所有　侵权必究　举报电话：010-88191586
电子邮箱：dbts@esp.com.cn）

前　言

从《联合国气候变化框架公约》到《京都议定书》，从《哥本哈根协议》到《巴黎协定》，这些应对全球气候变化的纲领性协议都彰显环境保护问题已成世界各国可持续发展中必须面临的重要议题。为维护全球的生态环境安全和保持社会经济的可持续发展，无论是发达国家（地区）还是发展中国家（地区），都必须承担其相应的义务和责任，并采取切实的行动和措施为之做出相应的贡献。

当前我国经济发展的典型特征是：众多行业、领域普遍存在"高消耗、高排放、高污染"的现象；生态破坏、环境污染、资源紧缺等问题已经成为影响我国社会经济可持续发展的桎梏。这与我国构建社会主义和谐社会的发展目标是相违背的。社会主义和谐社会的构建要求人与自然和谐相处、社会系统与生态系统协调发展，要求社会经济走生产、生活、生态协调和均衡的文明发展道路，而不是以牺牲资源、环境为代价片面追求快速的经济增长。

基于此，国民经济和社会发展"十二五"规划明确提出，根据各种能源资源的特征，分类实施适应国民经济和社会发展的改革。通过明确电价分类对象，实施居民阶梯电价制度；通过完善电力交易制度，形成新的输电和配电机制，以此进行电价改革；通过研究天然气与其他能源之间的动态联系，客观、及时、准确地确定两者比价关系，以此进行天然气改革；通过以市场化为导向，准确和及时地反映各类成品油的供需状况，真正形成与市场相衔接的成品油价格机制，以此进行成品油价格改革；通过尽可能地量化环境成本，选择适合的计征方式，确定合理的资源税标准，对煤炭的定价进行测算，以此进行煤炭价格改革。

党的十八大报告和十八届三中全会进一步提出并强调：生态文明建设是实现社会经济可持续发展的重要途径和构建社会主义和谐社会的重要目标，应当将生态文明建设与政治、经济、社会、文化建设放在同等重要的地位，应当将生态文明的理念贯穿于国民经济各方面建设的全过程。而实现这些目标的主要措施有：（1）建立新型的社会经济发展评价指标体系，将资源约束、环境污染、生态退化作为构建评价体系的重要方面、重要问题加以考虑和关注。（2）通过对资源进行分类，根据各类资源的特征和定价的特点，基于生态环境约束、资源稀缺、市场供求的视角，建立适应经济可持续发展的资源性产品定价机制。

本书研究的出发点就是突破单一定价理论的思维方式，通过以生态经济价值论、可持续发展理论、环境承载力理论、国民经济核算体系、供求价值论等理论为基础构建综合定价理论，从不同的侧面全面反映能源资源的特征；在综合定价理论的基础上选择相应的定价方法，通过运用综合评价方法、计量经济学方法、投入产出分析、局部均衡分析等应用性较强和可计算性较强的方法解决概念式或定义式定价方法难以用于定量计算的问题。具体的研究思路是：首先，通过阐述生态经济价值论，以此强调能源资源本身具有价值的观点，在此基础上对可持续发展理论进行阐释，提出要实现环境成本的内部化按照原有方式很难定量计算出相应结果的观点，因此，必须改变原有解决问题的路径；用生态环境质量来衡量能源资源使用中对环境造成的损失，即用生态环境质量反映能源资源使用导致的环境损失成本；而生态环境质量指标可以通过构建生态环境质量评价指标体系来表征，生态环境质量的测算主要通过运用综合评价方法来实现。其次，运用计量经济学方法建立生态环境质量与能源资源消费量的数量模型，将生态环境质量外生给定，即在保持生态环境质量水平不变的约束下，根据该数量模型所揭示的生态环境质量与能源资源消费量之间的数量关系规律测算能源资源的供给量，该能源资源的供给量为反映能源资源使用导致环境损失成本特征的能源资源供给数量。再次，计算生态环境质量约束条件下的能源资源供给量与实际能源资源供给量的差量，并根据这个差量借助环境承载力理论的思想和国民经济核算体系的原理，运用投入产出分析方法测算生态环境质量约束条件下的各行业的总产值、国民经济总产值、各行业的能源资源需求量及国民经济的能源资源总需求量。最后，依据测算出的生态环境质量约束条件下的能源资源供给量与能源资源需求量，运用局部均衡分析方法结合供求价值理论解出生态环境质量约束的能源资源均衡价格，该均衡价格即为反映能源资源稀缺程度、供求关系、环境成本等特征的相应能源资源的价值。

能源资源是国民经济正常运行的物质基础，生态环境是人类生产和生活的前提条件。当前节约能源和保护环境已成为世界各国可持续发展面临的两个重要问题。由于能源资源中的煤炭、石油、天然气等都是化石能源，其在生产和使用过程中产生的废物是造成生态破坏和环境污染的主要推手，所以节约能源其实就意味着减少污染物的排放，而减少污染物的排放就意味着保护环境。能源资源被大量消耗的主要原因是能源资源被无价或低价开采和使用，能源资源的价值没有被真实衡量造成的，因此，科学、客观、准确地进行能源资源定价对于解决节约能源和保护环境两个问题具有重要的理论意义和现实意义。本书从能源资源定价机制的维度出发，主要致力能源资源定价以下五个方面问题的研究。

第一，对能源资源定价机制问题的理论体系进行梳理和系统研究，在此基础上总结能源资源定价机制理论研究的总体特征，结合能源资源自身的特点和可持续发展的要求，提出生态环境质量约束的能源资源定价机制。

第二，生态环境质量约束的能源资源定价机制的构建研究。从理论上讲，生态环境质量约束的能源资源定价机制是由三个模块构成的有机体系，这三个模块分别是定价理论模块、定价模型模块和定价方法模块。其中，定价理论模块中主要阐述定价理论基础的基本思想，定价模型模块是对定价理论模块的数学描述，定价方法模块是为定价模型模块提供技术支持。

第三，对生态环境质量约束的能源资源定价机制基于综合定价理论即生态经济价值论、可持续发展理论、环境承载力理论、国民经济核算体系、供求价值论等的基本思想进行阐述，为生态环境质量约束的能源资源定价模型的推导和建立提供理论基础。

第四，以定价理论和假设条件为前提，运用演绎的方法推理和构建生态环境质量约束的能源资源定价模型。生态环境质量约束的能源资源定价模型主要包括四个子模型，分别是生态环境质量约束的能源资源供给模型、生产模型、需求模型、供需模型等。

第五，运用生态环境质量约束的能源资源定价模型，以甘肃省为实证分析和经验检验对象，对甘肃省生态环境质量测算及其特征分析的基础上，测算甘肃省静态和动态生态环境质量约束的能源资源价格，并与当期能源资源的实际价格进行比较，同时分析与总结甘肃省静态和动态环境质量约束的能源资源价格的变化特征和变化规律。

最后，需要说明的是，限于作者的理论水平和研究视野，在研究思路、研究方法上还需要进一步拓展和完善。作者真诚地欢迎广大读者批评指正，同时希望有更多的研究人员加入这一研究行列，共同促进和推动能源资源定价问题研究，为环境与能源经济学科的发展做出更多的贡献。

作　者

2017年5月

目 录

第一章 导论 ··· 1
    第一节 选题背景与意义 ··· 2
    第二节 文献综述与研究思路 ··· 5
    第三节 研究方法与技术路线 ··· 13
    第四节 主要内容 ··· 17
    第五节 可能的创新与不足 ·· 18

第二章 相关基本问题 ··· 22
    第一节 能源资源的相关问题 ··· 22
    第二节 环境的相关问题 ·· 29
    第三节 能源资源的利用历史与生态环境问题 ···················· 34
    第四节 能源资源的供求现状 ··· 38

第三章 生态环境质量约束的能源资源定价机制构建 ···················· 46
    第一节 能源资源定价机制的分类与比较 ·························· 47
    第二节 生态环境质量约束的能源资源定价机制框架 ··········· 59
    本章小结 ··· 63

第四章 生态环境质量约束的能源资源定价理论基础 ···················· 64
    第一节 生态经济价值理论 ·· 64
    第二节 可持续发展观理论 ·· 69
    第三节 环境承载力理论 ·· 71
    第四节 国民经济核算体系 ·· 75

第五节　供求价值理论 ………………………………………… 76
　　本章小结 ……………………………………………………… 77

第五章　生态环境质量约束的能源资源定价模型研究 …………… 79
　　第一节　生态环境质量约束的能源资源供给模型 …………… 80
　　第二节　生态环境质量约束的生产模型 ……………………… 91
　　第三节　生态环境质量约束的能源资源需求模型 …………… 109
　　第四节　生态环境质量约束的能源资源供需模型 …………… 116
　　第五节　生态环境质量约束的能源资源定价方法 …………… 121
　　本章小结 ……………………………………………………… 123

第六章　生态环境质量的测算 ……………………………………… 125
　　第一节　生态环境质量的内涵 ………………………………… 126
　　第二节　生态环境质量评价指标体系的构建 ………………… 128
　　第三节　数据的选取及预处理 ………………………………… 131
　　第四节　生态环境质量评价指标权重的确定 ………………… 133
　　第五节　甘肃省生态环境质量的测算 ………………………… 136
　　本章小结 ……………………………………………………… 143

第七章　生态环境质量约束的能源资源价格测算 ………………… 145
　　第一节　引言 …………………………………………………… 145
　　第二节　生态环境质量约束的能源资源供给量测算 ………… 146
　　第三节　生态环境质量约束的能源资源均衡价格测算 ……… 156
　　第四节　不同定价机制的能源资源价格比较 ………………… 167
　　本章小结 ……………………………………………………… 169

第八章　结语 ………………………………………………………… 172
　　第一节　结论与建议 …………………………………………… 173
　　第二节　启示与展望 …………………………………………… 175

附录 …………………………………………………………………… 178

参考文献 ……………………………………………………………… 181

第一章

导　　论

能源资源是国民经济正常运行的物质基础，生态环境是人类生产和生活的前提条件。自工业化社会以来，为保持较高的经济增长速度和满足人们日益增长的物质需求，一方面大量消耗能源资源，使得能源资源的供求矛盾不断加剧；另一方面废水、废气、废固的排放不断增加，使得生态破坏和环境污染日益严重。因此，当前节约能源和保护环境已成为世界各国可持续发展面临的两个重要问题。

由于能源资源中的煤炭、石油、天然气等都是化石能源，其在生产和使用过程中会产生二氧化碳、二氧化硫、氮氧化物、其他粉尘颗粒、废水和废固等，这些排放物是造成生态破坏和环境污染的主要推手，所以节约能源其实就意味着减少污染物的排放，而减少污染物的排放就意味着保护环境。因此，节约能源和保护环境两者之间存在着密不可分的关系；而要保护环境，从根源上应减少能源资源的消耗。当前能源资源被大量消耗，这也直接造成了生态破坏和环境污染问题日益的严重；而能源资源被大量消耗的主要原因是能源资源被无价或低价开采和使用、能源资源的价值没有被真实衡量造成的，所以科学、客观、准确地对能源资源进行定价成为节约能源和保护环境的重要手段与措施。

能源资源定价的主旨是，在定价理论的基础上，运用相应的定价方法对能源资源的价格进行测算和计量。在定价问题中，定价理论是基础，定价方法是手段和工具，定价理论指导着定价方法，而定价方法是为定价理论服务的；基于定价理论与定价方法这种辩证关系所形成的有机体系就是能源资源定价机制。本章从能源资源定价机制的维度对相应的研究文献进行系统梳理、归纳和总结，并详细地对各类定价机制的研究文献进行综述，在此基础上提出本书研究的出发点，同时，本章是对本书研究方法与技术路线、研究内容的安排、可能的创新与不足等问题进行简述，以作为本书的导引。

第一节 选题背景与意义

一、选题背景

（一）国际背景

1992年6月在巴西里约热内卢召开的由世界各国政府首脑参加的联合国环境与发展会议期间签署的《联合国气候变化框架公约》（United Nations Framework Convention on Climate Change，UNFCCC 或 FCCC），其目标是减少温室气体排放，减少人为活动对气候系统的危害，减缓气候变化，增强生态系统对气候变化的适应性，确保粮食生产和经济可持续发展。这是世界上第一个为全面控制二氧化碳等温室气体排放、应对全球气候变暖给人类经济和社会带来不利影响的国际公约，也是世界各国在环境保护问题上进行国际合作的一个基本框架，同时，也标志着环境保护问题已正式成为世界各国发展中所面临的共同问题。

由于《联合国气候变化框架公约》没有对缔约方规定具体需承担的义务，也没有规定具体的实施机制，因此，该公约缺少法律上的约束力。但是，该公约同时规定可在后续从属的议定书中设定强制排放限制。

1997年在日本京都召开的《联合国气候变化框架公约》第三次缔约方大会上通过《京都议定书》[①]，其作为《联合国气候变化框架公约》的补充条款，进一步具体量化了各国二氧化碳排放量的标准，即：2008~2012年全球主要工业国家的工业二氧化碳排放量比1990年的排放量平均要低5.2%。发达国家从2005年开始承担减少碳排放量的义务，而发展中国家则从2012年开始承担减排义务。这是人类历史上首次以法规的形式限制温室气体排放，也标志着世界各国保护环境问题进入了实质性的阶段。

2009年在丹麦首都哥本哈根召开的《联合国气候变化框架公约》第15次

---

① United Nations. Kyoto Protocol [R]. 1998.

缔约方会议暨《京都议定书》第5次缔约方会议通过的《哥本哈根协议》[1]，作为《京都议定书》一期承诺到期后的后续方案，虽然无法律约束力，但《哥本哈根协议》维护了《联合国气候变化框架公约》及其《京都议定书》确立的"共同但有区别的责任"原则，就2012~2020年发达国家实行强制减排和发展中国家采取自主减缓行动做出了安排，并就全球长期目标、资金和技术支持、透明度等焦点问题达成了广泛共识。这为世界各国未来较长时期的环境保护问题进行了规划和指导。

从《联合国气候变化框架公约》到《京都议定书》，再到《哥本哈根协议》，这些都彰显环境保护问题已成为世界各国可持续发展中必须面临的重要议题。为维护全球的生态环境安全和保持社会经济的可持续发展，无论是发达国家（地区）还是发展中国家（地区），都必须承担其相应的义务和责任，并采取切实的行动和措施为之做出相应的贡献。

（二）国内背景

当前我国经济发展的典型特征是：众多行业、领域普遍存在"高消耗、高排放、高污染"的现象，生态破坏、环境污染、资源紧缺等问题已经成为影响我国社会经济可持续发展的桎梏，这与我国建立社会主义和谐社会的发展目标是相违背的。社会主义和谐社会的建设要求人与自然和谐相处，社会系统与生态系统协调发展，要求社会经济走上生产、生活、生态协调和均衡的文明发展道路，而不是以牺牲资源、环境为代价片面追求快速的经济增长。

基于此，国民经济和社会发展"十二五"规划[2]明确提出，根据各种能源资源的特征，分类实施适应国民经济和社会发展的改革。通过明确电价分类对象，实施居民阶梯电价制度；通过完善电力交易制度，形成新的输电和配电机制，以此进行电价改革；通过研究天然气与其他能源之间的动态联系，客观、及时、准确地确定两者比价关系，以此进行天然气改革；通过以市场化为导向，准确和及时地反映各类成品油的供需状况，真正形成与市场相衔接的成品油价格机制，以此进行成品油价格改革；通过尽可能地量化环境成本，选择适合的计征方式，确定合理的资源税标准，对煤炭的定价进行测算，以此进行煤炭价格改革。

党的十八大报告和十八届三中全会进一步提出并强调，生态文明建设是实

---

[1] United Nations. Copenhagen Accord [R]. 2009.
[2] 中华人民共和国经济和社会发展第十二个五年规划纲要 [M]. 北京：人民出版社，2011.

现社会经济可持续发展的重要途径和社会主义和谐社会建设的重要目标,应当将生态文明建设与政治、经济、社会、文化建设放在同等重要的地位,应当将生态文明的理念贯穿于国民经济各方面建设的全过程。而实现这些目标的主要措施有:(1)建立新型的社会经济发展评价指标体系,将资源约束、环境污染、生态退化作为构建评价体系的重要方面、重要问题加以考虑和关注。(2)通过对资源进行分类,根据各类资源的特征和定价的特点,基于生态环境约束、资源稀缺、市场供求的视角,建立适应经济可持续发展的资源性产品定价机制。

二、研究意义

基于国际形势和国内背景,本书旨在对现有能源资源定价机制进行归纳、分析和研究的基础上,提出能够科学、客观、准确反映和刻画能源资源特征,能够为社会经济可持续发展提供有效资源配置的能源资源定价机制。本书研究的意义主要表现在以下三个方面。

1. 对于能源资源生态价值观的重新认识意义。不论是资源无价值理论还是狭隘的资源有价值理论,其对能源资源价值的认识实际上都局限于资源的经济价值或市场价值。经济价值或市场价值是一个历史范畴,是社会经济发展到一定历史阶段后才表现出来的产物,所以现有关于"价值"的讨论都是从经济系统角度研究的结果,是经济学意义上的价值[①]。资源经济价值或市场价值的观点认为,资源的价值量是由资源再生产过程中所投入的社会必要劳动时间决定的。事实上,由于能源资源有不同于一般商品的属性和特征,其价值量的大小完全由能源资源再生产过程中所投入的社会必要劳动时间来衡量是不客观的,是存在偏差的。例如,石油、煤、天然气等重要能源资源是不可再生的,通常其再生周期长达几千万年甚至上亿年,而且其再生条件也是很难进行人工模拟的,这类资源的价值量只用勘探、挖掘、开采、收集、运输这些资源过程中所投入的劳动量来衡量,很显然是不完整的,也是不准确的。因此,对自然资源价值的认识和理解,不能仅仅站在经济系统中,而是要站在自然生态系统的角度认识和理解自然资源的价值。从这个角度来讲,能源资源的价值应该由自然界的劳动和人类的劳动共同构成。

---

① O. Tahvonen, J. Kuuluvainen. Economic Growth, Pollution and Renewable Resource [J]. Journal of Environmental Economics and Management, 1993, 24: 101-118.

2. 对于环境经济综合核算的理论发展意义。环境经济综合核算又称绿色国民经济核算、资源环境经济核算，是在传统国民经济核算基础上针对一个经济体与其环境之间的交互关系所进行的全面宏观核算[①]。中国目前正在进行自然资源核算的研究和实验工作，并分析将其纳入国民经济核算体系的可能性，其理论体系的主要研究内容是，以自然资源定价的理论和方法为基础，对各类资源提出定价模式和价格改革的目标、措施和步骤，将环境成本纳入资源核算体系和整个国民经济体系[②]。能源资源作为最重要的一种自然资源，由于其供求矛盾日益突出，已经成为影响和制约人类社会可持续发展的重要因素，因此，将其纳入国民经济核算体系、制定符合可持续发展要求的能源资源价格已成为长期稳定发展的必然要求。

3. 对于现实能源资源定价的指导意义。受长期计划经济模式的影响，我国经济领域相当多环节的市场化发展程度仍然较低。其中，与人民生活、经济发展密切相关的资源领域，相应的价格形成机制受到较大程度的扭曲，资源近于无价、显著低价的现象普遍存在。不科学的价格形成机制以及不合理的比价关系，已经成为能源资源供给紧缺、生态环境破坏的重要原因。因此，通过对能源资源定价问题进行深入研究，在借鉴国内外研究成果的基础上，构建反映生态环境约束、资源稀缺、市场供求等特征的能源资源性产品定价机制，为资源节约型、环境友好型社会的构建提供理论支持，对于促进我国经济的可持续发展和社会主义和谐社会的建设具有重要的理论指导意义。

第二节 文献综述与研究思路

一、国内外研究综述

国内外关于能源资源定价问题的研究颇多，对其进行梳理、归纳主要表现为具体能源资源定价问题的研究、定价理论的研究、定价方法的研究、定价机制

[①] United Nations. Integrated Environmental and Economic Accounting: An Operational Manual [M]. UN publisher. New York, 2000.

[②] United Nations. Integrated Environmental and Economic Accounting 2003: final draft [M]. UN publisher. New York, 2003.

的研究等方面。本书在从能源资源定价问题、定价理论、定价方法等研究维度进行简要综述的基础上,重点、详细地对能源资源的定价机制研究文献进行述评。

(一) 能源资源定价研究维度综述

能源资源定价问题的研究维度主要有:按照不同种类的能源资源分别研究其定价问题,如李少民和吴韧强(2007)、陈翔(2012)、张海滨(2009)、时璟丽(2008)分别对石油、煤炭、天然气、电力等具体能源资源根据各自的特征制定相应的定价方案。按照不同的定价理论研究能源资源定价问题,如杨艳琳(2002)、B. Hansjugens(2004)、赖力(2008)、晏智杰(2004)、黎永亮(2006)、王晶(2005)、王永瑜(2009)、罗丽艳(2003)等分别基于劳动价值论、效用价值论、补偿价值论、供求价值论、可持续发展理论、机会成本理论、国民经济核算体系、生态劳动价值论等定价理论对能源资源的价值内涵、测算、构成问题进行研究。按照不同的定价方法研究能源资源定价问题,如任海涛(2009)、朱沁夫(2002)、崔万安(2002)、A. C. Fisher(1981)、袁迎菊(2012)、高树印(2008)、B. Hannon(2001)等分别运用生产成本法、边际效用法、收益还原法、边际机会成本法、环境成本法、替代价格法、能值分析法等定价方法对能源资源价值进行计量。单独从不同的资源、不同的定价理论、不同的定价方法等维度研究能源资源定价问题是当前能源资源定价研究中的主要模式。这种从单一维度研究能源资源定价问题的模式,虽然对问题的研究比较具体、比较简单、针对性较强,但同时也存在着系统性不够强和理论性不够严密的缺陷。

在定价问题中,定价理论是基础,定价方法是手段和工具,定价理论指导定价方法,而定价方法是为定价理论服务的,因此,以什么样的定价理论为基础,就决定了选择什么样的定价方法,更重要的是由此决定了定价的方向和目标。基于定价理论与定价方法之间的这种辩证关系,单独从某一维度研究能源资源定价问题是片面的,更重要的是不能够很好地反映定价问题的本质。所以本书遵循一般性、系统性、理论性的定价原则,从定价理论与定价方法有机结合形成定价机制的角度研究能源资源的定价问题,这对于客观刻画能源资源的特征、准确测算能源资源的价值具有重要的理论意义。

(二) 能源资源定价机制研究综述

通过对能源资源定价机制研究文献的梳理、归纳和总结,本书按照基于的定价理论、采用的定价方法、达到的定价目的所形成的组合标准，将能源资源定价机制的研究文献大致划分为10种类型，具体如下。

1. 政府定价机制的研究。政府定价机制是能源资源定价中较早采用的定价机制，政府定价机制以劳动价值论为理论基础，通常运用生产成本法对能源资源进行定价。研究的学者主要有：齐中英、梁琳琳（2007），吴翔、隋建利（2008），孙艳、张洪波（2010），F. J. Anderson（1985），J. M. Harwtick & N. D. Olewiler（1986），高兴佑、高文进（2012），他们分别针对不同能源资源的政府定价机制进行了研究。其中，齐中英和梁琳琳、吴翔和隋建利认为，1955~1980年这个时期中国的石油定价采用的是政府定价机制。孙艳、张洪波认为，改革开放之前由于我国处于计划经济的环境中，因此，煤炭的定价经历了较长时间的政府定价机制。F. J. Anderson、J. M. Harwtick& N. D. Olewiler、高兴佑和高文进认为，由于天然气行业的垄断性，因而天然气的定价必须由政府参与，而采用生产成本法进行定价对于天然气行业的早期发展较为有利。虽然不同学者研究的能源资源有所差异，但由于能源在国民经济中有着重要的战略地位，因此，在计划经济条件下中国能源资源价格的确定基本上都是以政府为主导的定价机制。这种定价机制虽然为短期的经济目标的实现提供了便利，但不能如实反映能源资源的稀缺程度和供求关系，更谈不上反映在能源使用过程中对生态环境造成的破坏和影响。

2. 市场定价机制的研究。虽然能源资源具有不同于一般产品的性质和特征，但这并不妨碍市场定价机制成为能源资源定价的重要定价机制。主要的研究有：B. E. Okogu（1991）、Horace R. Brock（1997）认为，20世纪70年代世界能源供求关系严重失衡，OPEC成员开始转变以往的固定基准定价模式，逐渐以市场价格调整官方价格；1986年之后OPEC仅给出能源的指导价格，由各成员根据供需关系确定相应的能源价格。Hugh Outhred（2000）、Doorman & Nygreen（2002）、A. F. Rahimi & A. Y. Sheffrin（2003）认为，辅助性服务在电力系统中不可或缺，所以将电能与辅助性服务捆绑进行电力定价是十分必要的；通过运用拉格朗日松弛过程测算联营电力市场的能源和辅助性服务的市场价格，由市场运营商提供统一的辅助性服务，使供应者和消费者获得最大收益。夏大慰、范斌（2002）认为，通过采用边际成本定价法对电力进行定价，以人为的竞争去替代电力行业的垄断，从而达到帕累托状态，实现资源的优化配置。梁亚民、韩君（2015）认为，基于边际成本的电力定价机制在促进电力资源的有效利用和电力市场的供求平衡中具有重要作用。单宝（2006）认为，中国应通过完善石油市场体系，缩短国内油价对国际油价反应的滞后期，建立由市场竞争形成的石油价格定价机制。刘顺鸿（2006）认为，由于美国具有完善的石油市场体系和政策，因此，美国的石油价格完全由市场供求决定。夏业良（2006）认为，中国电力定价应建立市场化的定价机制，通过调整不同群体和不同时间的电价优化用电结构。刘亚东（2010）认为，天然气定价应以市场定价为目标，运用价格手段推进天然气定价机制改革。周建双、王建良（2010）认为，北美和英国的气气竞争模式（即天然气供气商之间争夺用户的竞争）是我国建立天然气市场定价的选择方向。殷建平、杨瑞（2011）认为，美国已经建立了完善的天然气交易市场，天然气的价格完全由市场供求决定。国内外学者的研究表明，尽管不同的学者研究的区域不同，研究的资源性产品也有所不同，但基于的定价机制具有共同点，即以供求价值理论为理论基础，采用边际效用法和生产成本法进行定价的市场定价机制。虽然市场定价机制能够较好地反映能源资源的稀缺程度和供求关系，但这仅仅是将能源资源等同于一般产品简单处理的结果，并没有反映能源资源使用对生态环境造成损失的特征。

3. 政府—市场定价机制的研究。政府—市场定价机制成为能源资源定价机制的研究主要有：F. Asche、O. Gjberg、T. Volker（2003）和高杰（2005）对中国1981～1997年石油定价问题的研究，认为这个时期中国的石油价格是计划价格与市场价格并存的阶段，采用的是政府—市场定价机制。崔艳（2008）按照井口价格政策将中国的天然气定价机制划分为三种类型，其中，2005年以后的中国天然气价格实行定价机制是：以政府指导价为基础，供需双方在规定的浮动幅度内协商确定最终价格。曲长旋、顾昱（2010）对中国煤炭定价机制的演进历程进行研究，认为随着20世纪90年代的市场化改革，煤炭的政府定价与市场定价的模式逐渐形成，价格相对稳定，电煤价格特别是重点电煤价格向市场价格靠拢，但在某些情况下仍受到政府的干预和控制。这些研究表明，政府—市场定价机制作为政府定价机制与市场定价机制的过渡定价机制，注定只能为满足特定时期社会经济发展的需要而存在，不可能成为能源资源定价的主要机制。同时，政府—市场定价机制在对能源资源特征的刻画方面虽然保留了政府定价机制和市场定价机制的优点，但并没有改变政府定价机制和市场定价机制在能源资源特征的刻画方面的局限性。

4. 资源资产定价机制的研究。A. M. Freeman（1993）、K. Bernd（2000）、高敏雪（2007）、王永瑜（2011）认为，由于自然资源归国家所有，所以用市场定价机制对资源进行定价的机制并不适用。在国民经济核算体系框架下，通常将自然资源归入非金融资产，对于非金融资产价格的确定，SNA2008 则建议用收益还原法去测算，因此，在国民经济核算体系理论的基础上，可以用收益还原法测算自然资源的价格。这种定价模式的特点在于，将自然资源作为资产处理，以此用资产定价的方法估算自然资源的价格，这与其他定价机制通常将自然资源作为产品进行定价的思路有着明显的差异。由于收益还原法在实际应用中有着严格的条件，因此，资源资产定价模式在自然资源定价中的实证分析还很少。同时，这种定价模式虽然能够反映能源资源的稀缺程度，但在供求关系和环境成本特征的刻画上还有所欠缺。

5. 环境成本定价机制的研究。基于可持续发展理论的环境成本定价研究主要有：张孝松（2001）认为，从社会经济可持续发展的角度出发，制定天然气价格应同国家的经济政策和能源政策以及环境保护和自身的发展紧密结合起来，建立以考虑环境污染治理成本为基础的天然气定价机制，力求实现经济与环境的同步发展。国家统计局城市司、湖南调查总队（2008）在研究我国资源性产品定价机制问题中指出，生产成本是维持简单再生产的基本条件，而产品的成本价格必须包括环境成本。环境成本是企业生产过程中造成的外部影响，而外部性企业由于生产对社会产生的负外部影响应由企业自己承担，解决方法是外部成本内部化，企业自行处理污染源。在处理过程中需要企业有相应的成本支出，并通过产品的定价反映在产品的价格中。万林葳、李永峰（2010）认为，中国当前煤炭价格的制定由于仅仅考虑到煤炭直接开采、仓储、运输、销售成本而没有关注环境成本，所以导致煤炭开采带来的生态、环境的破坏以及资源的浪费，同时也造成了资源配置的无效率；而解决这些问题的主要措施是采取环境外部成本内部化的定价机制。W. E. Richard（1998）、T. Michale（1998）、谢海燕（2010）认为，通过环境成本的内部化，将环境成本反映在资源性产品的定价机制中，对于有效衡量资源使用造成的环境成本具有重要意义。这些研究表明，环境成本定价机制通过解决环境外部不经济内在化的问题，将能源资源使用中造成的环境成本包含在产品的价值中，从而实现社会经济可持续发展的理念。因此，无论从研究的出发点还是从研究达到的目标来看，这种定价机制都有着独特的优势。由于环境成本定价机制关于环境成本如何测算处于定性的研究阶段，所以应用这种定价机制对能源资源进行定价还处于理论研究状态。同时，虽然环境成本定价机制是定价机制中并不多见的对能源资源造成环境成本进行刻画的定价机制，但对稀缺程度和供求关系特征的反映不够理想。

6. 重置成本定价机制的研究。重置成本定价机制是以补偿价值论为理论基础，运用重置成本法对资源进行估价的定价机制。M. E. Slade（1982）、C. R. Sunstein（2005）、杨秋媛（2009）认为，建立以补偿成本为主的煤炭定价机制，对于真实反映煤炭资源的价值、提升煤炭资源利用效率从而保障国民经济的能源命脉具有重要意义。由于这种定价机制比较适用于可再生资源的定价，而不适用于不可再生资源的定价，因此，相关能源资源定价的研究文献并不多。即使运用重置成本定价机制对能源资源进行定价，也难以掩盖其无法反映能源资源稀缺程度和供求关系的特征。

7. 边际机会成本定价机制的研究。边际机会成本定价机制的主要研究有：D. W. Pearce（1990）、徐向阳（1998）运用边际机会成本定价机制对煤炭资源进行定价，认为煤炭资源的价值等于其边际机会成本，而边际机会成本则由边际生产成本、边际使用者成本和边际环境成本组成，同时这种定价机制是准确评价煤炭资源价值、真实核算煤炭资源成本的主要模式。王舒曼、王玉栋（2000）认为，自然资源边际机会成本定价模式的基本思想是：在对资源性产品定价、收取资源使用费时，应以机会成本理论为指导，从机会成本和可持续发展的角度进行定价，从而弥补资源的损耗费和资源开发的外部成本。此外，在自然资源定价过程中代际之间的公平性也应当考虑。这些研究表明，边际机会成本定价机制突破仅从经济系统的角度对能源资源进行定价的思维，而是从环境经济大系统的角度去估价能源资源的价值。这种定价机制不仅能够反映能源资源的稀缺程度，同时也能够刻画能源资源在使用过程中对环境造成的损失。但由于边际使用成本、边际环境成本的测算比较困难以及同一能源资源在不同地区的边际机会成本缺乏可比性等原因，使得边际机会成本定价机制在应用中受到较大的限制。

8. 替代价格定价机制的研究。A. Aandall（1981）、罗良忠（2008）、张伟（2009）、毕庶强（2011）认为，选择合理的可替代能源，建立与可替代能源价格挂钩的动态调整机制是完善天然气定价机制的有效路径。替代价格定价机制以边际效用价值论作为定价基础，通过选取具有相同边际效用的能源资源的市场价格去衡量没有市场价格的能源资源的价值。这种定价机制对能源资源价值估算的准确程度取决于所选取的替代物是否合理，而选取替代物这个过程本身是具有较强主观性的。此外，替代价格定价机制用边际效用价值论作为定价的理论依据虽然能够较好地反映能源资源的稀缺程度，但对能源资源供求关系、环境成本等特征关注较少。

9. 影子价格定价机制的研究。荷兰计量经济学家 J. Tinbergen 在 20 世纪 30 年代末首次提出影子价格的概念，之后苏联经济学家 L. Kantorovich、美国经济学家 P. A. Samuelson 分别对影子价格的内涵进行了定性和定量的界定。国内的研究集中在资源影子价格定价问题的讨论，主要研究有：杨桂元（1999）分别从资源限量产生的波动、效应系数的波动、消耗系数产生的波动、新产品的生产、新增加的约束条件等角度对资源影子价格的灵敏度进行分析。张汉斌（2005）认为，资源的影子价格机制具有动态变化的特征，它会随着市场的竞争程度、产业结构、资源的供求关系等因素的变化而改变，而这也为能源资源的定价带来了较强的不确定性。影子价格定价机制以资源最优配置理论或者福利经济学理论[①]作为定价的理论基础，运用非线性规划或者古典最优化方法去求解能源资源在得到最佳配置状态时的价格，以此作为能源资源定价的依据。这种定价机制虽然能够较好地体现能源资源的稀缺性对于定价的决定性作用，但由于求解时所需数据量较大，计算复杂，所得结果与现实中的生产价格和市场价格差别较大，以及对能源资源供求关系、环境成本等特征刻画较少等原因，使其在实际问题的应用中受到限制和影响。

10. 能值定价机制的研究。美国著名生态学家 H. T. Odum 于 20 世纪 80 年代末创立了能值理论和方法。H. T. Odum 认为，能量是同时流动经过自然界和人类社会的重要媒介，而任何形式的能量均来源于太阳能[②]，因此，通常用太阳能为基准来测算各种能量的能值，任何资源、产品、劳务形成所需直接和间接的太阳能，就是其所具有的太阳能值[③]，以此作为测算自然生态系统和人类经济系统中不同等级能量的价值。沈丽、张攀、朱庆华（2010）认为，虽然基于生态劳动价值论的能值定价方法在对资源性产品定价时存在着技术难题，但是，这种定价模式对于正确、全面核算能源资源性产品的真正价值、促进能源资源性产品的合理利用具有重要的理论价值。能值定价机制以生态劳动价值论为定价的理论基础，突破了以往以传统劳动价值论进行定价的观念，将劳动的范围由社会经济系统扩大到自然生态系统，为重新认识、客观测算能源资源

---

① S. Amir. Welafre maximization in economic theory: another view Point [J]. Structure Change Economics Dynamics. 1995（06）：359–376.

② H. T. Odum. Self-organization, Transformity and Information [J]. Science, 1988, 242: 1132–1139.

③ H. T. Odum. Environmental Accounting: Energy and Environmental Decision Making [M]. New York: John Wiley&Sons, 1996.

本身的价值提供了新的理论指导。由于能值计量技术的不够完善以及与现行货币形式产品价格的衔接问题，使得能值定价机制目前还处于理论探讨阶段，很难用于实际产品的定价。

二、研究思路

基于对各种不同定价机制的综述以及在此基础上的比较研究，可以得出现有能源资源定价机制在定价理论、定价方法的选择上以及在能源资源特征的刻画方面或多或少都存在着问题。这些问题存在的原因是，在建立能源资源定价机制时缺少或者没有准确把握好定价问题的立足点，如果立足点没有搞清楚，那么在定价理论和定价方法的选择上就会出现偏差，进而导致测算的定价结果与真实的定价结果发生偏离。因此，准确探寻能源资源定价机制的立足点就成为建立科学、客观、合理的能源资源定价机制的关键问题。通过对不同定价机制的评述，笔者认为，能源资源定价的立足点是充分反映能源资源的特征，即能源资源稀缺程度、市场供求关系以及能源资源使用造成的环境成本等，而建立在此立足点上的定价机制对于能源资源价值的测定才更加真实、客观、准确。对已有的能源资源定价机制研究表明，这些定价机制中没有一种定价机制能够全面地反映、刻画能源资源的特征，主要原因是，现有的定价机制都是基于单一定价理论的定价机制，而单一定价理论的特点是只能反映能源资源的某些特征，不能反映能源资源的全面特征。因此，解决现有定价机制在定价立足点上存在的片面性问题，其实就是改变目前基于单一定价理论的定价机制。

本书研究的出发点就是，突破单一定价理论的思维方式，通过以生态经济价值论、可持续发展理论、环境承载力理论、国民经济核算体系、供求价值论等理论为基础构建综合定价理论，从不同的侧面全面反映能源资源的特征；在综合定价理论的基础上选择相应的定价方法，通过运用综合评价方法、计量经济学方法、投入产出分析、局部均衡分析等应用性较强和可计算性较强的方法解决概念式或定义式定价方法难以用于定量计算的问题。具体的研究思路是：首先，通过阐述生态经济价值论，以此强调能源资源本身具有价值的观点；在此基础上对可持续发展理论进行阐释，提出要实现环境成本的内部化，按照原有方式很难定量计算出相应结果的观点，因此，必须改变原有解决问题的路径；这里通过用生态环境质量来衡量能源资源使用中对环境造成的损失，即用生态环境质量反映能源资源使用导致的环境损失成本；而生态环境质量指标可以通过构建生态环境质量评价指标体系来表征，生态环境质量的测算主要通过运用综合评价方法来实现。其次，运用计量经济学方法建立生态环境质量与能源资源消费量的数量模型，将生态环境质量外生给定即在保持生态环境质量水平不变的约束下根据该数量模型所揭示的生态环境质量与能源资源消费量之间的数量关系规律测算能源资源的供给量，该能源资源的供给量为反映能源资源使用导致环境损失成本特征的能源资源供给数量。再次，计算生态环境质量约束条件下的能源资源供给量与实际能源资源供给量的差量，并根据这个差量借助环境承载力理论的思想和国民经济核算体系的原理，运用投入产出分析方法测算生态环境质量约束条件下各行业的总产值、国民经济总产值、各行业的能源资源需求量及国民经济的能源资源总需求量。最后，依据测算出的生态环境质量约束条件下的能源资源供给量与能源资源需求量，运用局部均衡分析方法结合供求价值理论解出生态环境质量约束的能源资源均衡价格，该均衡价格即为反映能源资源稀缺程度、供求关系、环境成本等特征的相应能源资源的价值。

第三节 研究方法与技术路线

一、研究方法

运用科学、合理的研究方法对于研究问题本身的重要性不言而喻。由于能源资源定价问题不仅是一个经济学问题，同时又是一个跨学科问题，因此，在研究方法的选择上，既要考虑到经济学问题的研究需要，又要兼顾其他学科问题的研究要求。所以本书在研究方法的运用上主要体现在以下三方面。

1. 规范分析与实证分析相结合。规范分析主要侧重研究应该是怎么样的判断性问题，通常情况下与价值判断联系在一起，不仅适用于不同经济政策的选择，而且还适用于特定经济政策的制定。然而，实证分析关注的问题为是什么，一般情况下以经济理论为前提和基础，通过构建数量模型，测算和分析国民经济运行中的数量关系和数量特征，同时结合其发展变化规律对未来的发展趋势进行预测，主要适用于经济问题的解释和预测以及经济理论的检验[1]。本

---

[1] [英] 约翰·内维尔·凯恩斯. 党国英, 刘慧译. 政治经济学的范围与方法 [M]. 北京: 华夏出版社, 2001.

书中在对不同能源资源定价机制进行归纳总结的过程中主要采用规范分析的方法，而在此基础上对能源资源定价立足点的讨论以及根据综合定价理论提出的生态环境质量约束条件下的能源资源定价机制同样体现了规范分析的思想。然后，根据生态环境质量约束条件下的能源资源定价模型，运用实际统计数据对生态环境质量约束的能源资源供给量、需求量以及均衡价格进行测算，并结合现实问题进行分析，这些体现了实证分析的思想。

2. 理论与方法相结合。在定价问题中，定价理论是基础，定价方法是手段和工具，定价理论指导定价方法，而定价方法是为定价理论服务的。基于定价理论与定价方法之间的这种辩证关系，本书在对已有能源资源定价机制进行比较的基础上，提出要全面反映能源资源特征，必须改变单一定价理论的局面，即以生态经济价值论、可持续发展理论、环境承载力理论、国民经济核算体系、供求价值论等理论为基础构建综合定价理论来解决这个问题。而基于综合定价理论构建的生态环境质量约束条件下的能源资源定价机制所采用的定价方法必须适应定价理论的要求和满足定价目标的需要，同时，为了解决概念式或定义式定价方法难以用于定量计算的问题，生态环境质量约束条件下的能源资源定价机制中采用的定价方法主要是以可应用性和可计量性为主的方法，主要有综合评价、计量经济学、投入产出分析、局部均衡分析等方法。

3. 归纳与演绎相结合。归纳法是通过对大量个体进行观察和分析，对其异质性进行筛选和剔除，保留其同质性的特征和属性，进而得到事物或现象的一般规律。本书通过对不同的能源资源定价机制所基于的定价理论、运用的定价方法以及反映能源资源特征等方面进行阐述和比较，归纳出现有定价机制的共同特点：（1）定价理论是以价值论为主的单一定价理论。（2）定价方法基本上是以概念或定义推导出的定价方法，很难用于实际问题的定量计算。（3）虽然有些定价机制对能源资源特征的反映比较充分，但没有一种定价机制能够全面地反映、刻画能源资源的特征。这为探寻能源资源定价的立足点进而构建生态环境质量约束条件下的能源资源定价机制奠定了基础。

演绎法以基本理论为推理的基础，根据事物或现象的已知部分推导事物或现象的未知部分。本书中主要表现在：（1）根据经济增长理论推理出经济—能源模型，由经济—能源模型和环境—经济模型（环境库兹涅茨模型）推理出环境—能源模型。（2）由基本型投入产出表编制能源型投入产出表，由基本型投入产出表的基本结构、平衡关系、技术经济系数和基本模型推理出能源型投入产出表的结构关系、平衡关系、技术经济系数和平衡模型。(3) 由能源型投入产出表的动态平衡关系推理出生态环境质量约束的生产模型和需求模型。(4) 由生态环境质量约束的能源资源性产品供求弹性推理出生态环境质量约束的能源资源供求曲线；由生态环境质量约束的能源资源供求曲线推理出静态和动态生态环境质量约束的能源资源均衡价格。

二、技术路线

从能源资源定价机制的维度对政府定价机制、市场定价机制、政府—市场定价机制、资源资产定价机制、环境成本定价机制、重置成本定价机制、边际机会成本定价机制、替代价格定价机制、影子价格定价机制、能值定价机制等进行文献综述，在此基础上提出本书研究的出发点，即构建生态环境质量约束的能源资源定价机制作为能源资源定价的新模式。生态环境质量约束的能源资源定价机制基于的定价理论是生态经济价值论、可持续发展理论、环境承载力理论、国民经济核算体系、供求价值论等理论。生态环境质量约束的能源资源定价模型是对其所基于的定价理论的数学描述，该模型主要包括四个子模型，分别是生态环境质量约束的能源资源供给模型、生态环境质量约束的生产模型、生态环境质量约束的能源资源需求模型、生态环境质量约束的能源资源供需模型。在定价方法的选择上，根据生态环境质量约束的能源资源定价模型研究的需要，改变以往采用概念式或定义式定价方法难以用于定量计算的现状，主要运用综合评价方法、计量经济学方法、投入产出分析、局部均衡分析等应用性较强和可计算性较强的方法解决能源资源价格的定量测算问题。实证分析部分是对生态环境质量约束的能源资源定价机制基于的定价理论以及在此基础上构建的定价模型的经验检验，主要测算的指标有生态环境质量、生态环境质量约束的能源资源供给量、生态环境质量约束的各部门产值、生态环境质量约束的国民经济总产值、生态环境质量约束的能源资源需求量、生态环境质量约束的能源资源价格等。通过文献综述→定价机制→定价理论→定价模型→定价方法→实证分析这一具有较强逻辑性和严密性的研究路线（见图1-1），得到本书的研究结论和启示，即能源资源定价的立足点是客观、科学、准确地反映能源资源性产品的特征，关键是把握好定价理论与定价方法之间的辩证关系。

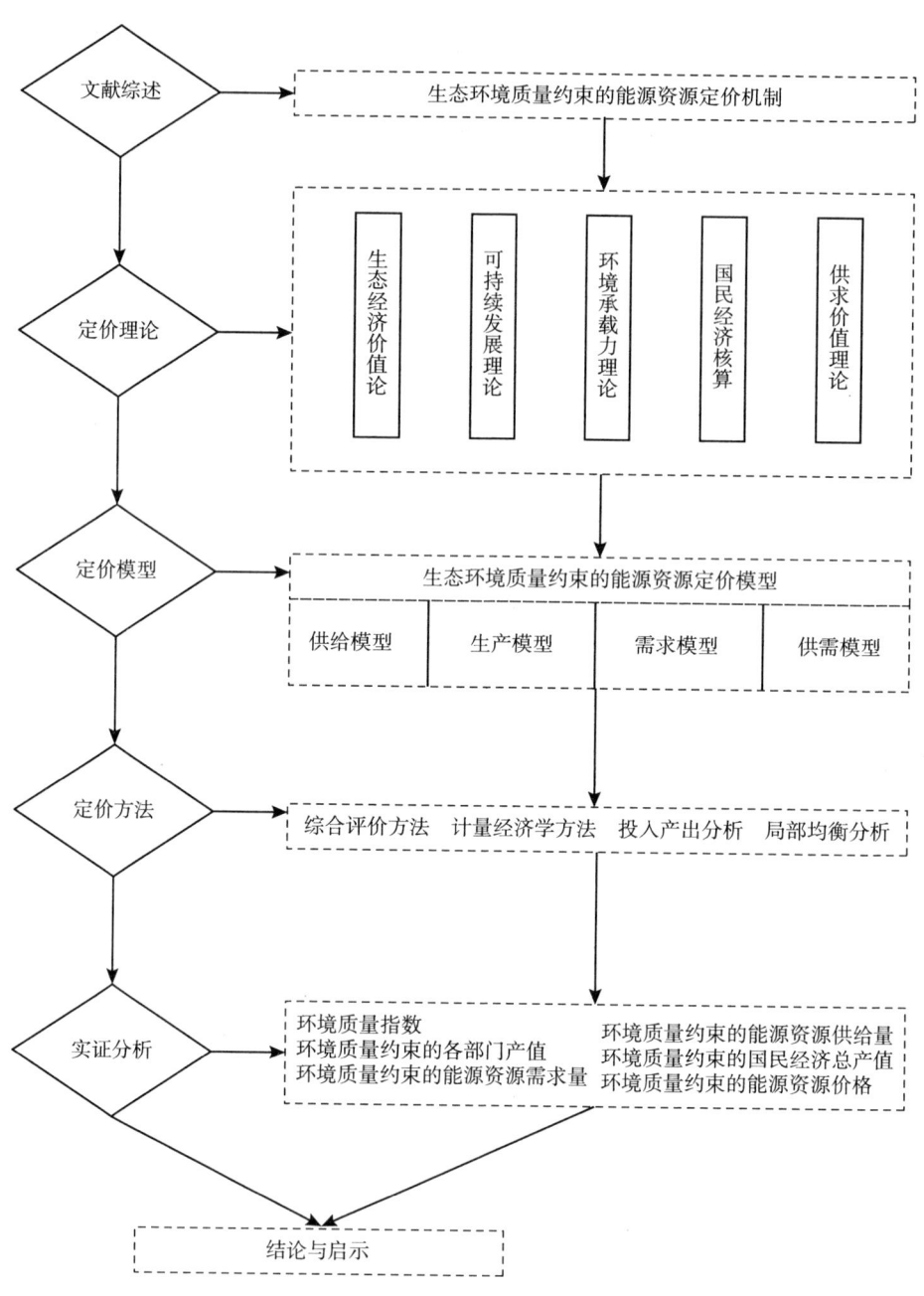

```
┌─────────┐         ┌─────────────────────────────────────────────┐
│ 文献综述 │────────▶│      生态环境质量约束的能源资源定价机制      │
└────┬────┘         └─────────────────────────────────────────────┘
     │                                    │
     ▼                                    ▼
┌─────────┐         ┌─────────────────────────────────────────────┐
│ 定价理论 │────────▶│ 生态经济价值论 可持续发展理论 环境承载力理论 │
└────┬────┘         │         国民经济核算  供求价值理论           │
     │              └─────────────────────────────────────────────┘
     ▼                                    │
┌─────────┐         ┌─────────────────────────────────────────────┐
│ 定价模型 │────────▶│      生态环境质量约束的能源资源定价模型      │
└────┬────┘         │   供给模型   生产模型   需求模型   供需模型   │
     │              └─────────────────────────────────────────────┘
     ▼                                    │
┌─────────┐         ┌─────────────────────────────────────────────┐
│ 定价方法 │────────▶│ 综合评价方法 计量经济学方法 投入产出分析 局部均衡分析 │
└────┬────┘         └─────────────────────────────────────────────┘
     ▼                                    │
┌─────────┐         ┌─────────────────────────────────────────────┐
│ 实证分析 │────────▶│ 环境质量指数        环境质量约束的能源资源供给量 │
└────┬────┘         │ 环境质量约束的各部门产值  环境质量约束的国民经济总产值 │
     │              │ 环境质量约束的能源资源需求量 环境质量约束的能源资源价格 │
     │              └─────────────────────────────────────────────┘
     │                                    │
     ▼                                    ▼
              ┌─────────────────┐
              │   结论与启示    │
              └─────────────────┘
```

图 1-1 技术路线图

第四节 主 要 内 容

根据文献综述→定价机制→定价理论→定价模型→定价方法→实证分析→结论这一研究路线，可将本书研究内容分为七个方面，各章研究内容如下。

第一章是导论。主要就研究背景及意义、文献综述与研究思路、研究方法与技术路线、研究内容的安排、可能的创新与不足等问题进行阐述，从总体上对本书的研究脉络进行描述和展示。

第二章是相关基本问题。主要介绍和阐述资源、自然资源、能源资源等基本概念及其分类，阐释环境的作用、功能和价值，分析能源资源利用的生态环境问题，描述中国能源资源的供求现状，为能源资源定价机制研究提供现实基础。

第三章是生态环境质量约束的能源资源定价机制构建。通过对不同能源资源定价机制进行分类、比较，构建以综合定价理论为理论基础、以应用性较强和可计算性较强的方法作为定价方法的生态环境质量约束的能源资源定价机制。

第四章是生态环境质量约束的能源资源定价理论基础。主要就生态环境质量约束的能源资源定价机制基于的生态经济价值论、可持续发展理论、环境承载力理论、国民经济核算体系和供求价值论等的主要思想进行研究，为定价模型的建立奠定理论基础。

第五章是生态环境质量约束的能源资源定价模型研究。本章的定价模型是对定价理论的数学描述，为能源资源价值的测算建立定量平台，主要研究生态环境质量约束的能源资源供给模型、生产模型、需求模型、供需模型四个子模型的推导问题。

第六章是生态环境质量的测算。重点讨论生态环境质量评价指标体系的构建、数据的选取和预处理、生态环境质量评价指标权重的确定等与生态环境质量测算密切相关的问题。

第七章是生态环境质量约束的能源资源价格测算。本章是基于生态环境质量约束的能源资源定价模型的实证分析和经验检验，主要内容有编制能源资源型投入产出表、测算静态和动态生态环境质量约束的能源资源价格。

第八章是结语。就本书的主要结论、相应的对策建议以及启示和展望进行总结和概述。

第五节　可能的创新与不足

一、可能的创新之处

本书在对能源资源的定价理论、定价方法进行研究的基础上，提出生态环境质量约束的能源资源定价机制，可能的创新主要有以下五个方面。

1. 较为系统地从政府定价机制、市场定价机制、政府—市场定价机制、资源资产定价机制、环境成本定价机制、重置成本定价机制、边际机会成本定价机制、替代价格定价机制、影子价格定价机制、能值定价机制等定价机制的角度对能源资源定价问题进行文献述评，对能源资源定价机制问题的理论体系进行梳理和系统研究，得到能源资源定价机制问题理论研究的总体特点是：（1）现有定价机制基于的定价理论是以价值论为主的单一定价理论。（2）现有定价机制运用的定价方法基本上是以概念或定义推导出的定价方法，很难用于实际问题的定量计算。（3）虽然有些定价机制对能源资源特征的反映比较充分，但没有一种定价机制能够全面反映、刻画能源资源的特征。（4）研究文献数量最多的市场定价机制仍是未来能源资源定价的代表方向之一，而环境成本特征的反映将成为未来能源资源性产品定价中需要关注的重点问题。

2. 在能源资源定价机制的研究中，突破基于单一定价理论、运用概念式或定义式定价方法对能源资源进行定价的模式，通过以生态经济价值论、可持续发展理论、环境承载力理论、国民经济核算体系、供求价值论等理论为基础构建综合定价理论，通过运用综合评价方法、计量经济学方法、投入产出分析、局部均衡分析等应用性较强和可计算性较强的方法解决概念式或定义式定价方法难以用于定量计算的问题，提出能够充分反映能源资源特征的生态环境质量约束的能源资源定价机制。

3. 关于能源系统、经济系统、生态环境系统三者相互作用关系的论述。对能源系统、经济系统、生态环境系统三者的作用机理研究表明，经济系统是连接能源系统与生态环境系统的重要媒介。能源资源在没有进入经济系统之前并不会对生态环境产生不利的影响,也就是说,能源资源天生并不是用来污染和破坏生态环境的,只有当能源资源进入经济系统以后作为燃料参与经济活动并保证国民经济正常运行过程中产生和排放有害物质,正是这些有害物质造成污染和破坏生态环境。因此,如果没有经济系统的影响,能源系统与生态环境系统之间客观上并不存在着必然联系。这为研究能源系统、经济系统、生态环境系统之间的数量关系和数量规律,为建立经济—能源模型、环境—经济模型、环境—能源模型,奠定了理论基础。

4. 构建生态环境质量约束的能源资源定价模型,该模型主要包括生态环境质量约束的能源资源供给模型、生态环境质量约束的生产模型、生态环境质量约束的能源资源需求模型、生态环境质量约束的能源资源供需模型四个子模型。其中:(1)生态环境质量约束的能源资源供给模型是从生态经济价值观的视角,以可持续发展理论和环境承载力理论为基础,突破环境—能源模型的"能源→环境的主动作用关系和方向"的研究模式和思维,从"环境→能源的约束作用关系和方向"的角度,通过将生态环境质量恢复到某一较高水平上,求解相应的受约束的能源资源数量。(2)生态环境质量约束的生产模型是在能源资源的供给数量受到约束的条件下,以能源型投入产出表作为研究平台,以投入产出分析作为研究方法,研究国民经济各部门以及国民经济总体受到的影响方向和影响程度。(3)生态环境质量约束的能源资源需求模型是在生态环境质量约束的国民经济总体及各部门总产出水平的基础上,满足国民经济各部门最终产品保持不变的假设,根据能源型投入产出表的行平衡关系,调整原有国民经济各部门的中间产出,形成生态环境质量约束条件下的各部门之间的技术经济系数;结合完全需求系数的内涵和计算公式求解环境质量约束的能源资源需求量。(4)生态环境质量约束的能源资源供需模型是以供求价值理论为基础,通过设定能源资源性产品供需模型的假设条件,研究生态环境质量约束条件下能源资源的供求弹性和供求规律,借此反映生态环境质量约束条件下能源资源的供求关系和稀缺程度。

在满足模型假设的条件下,生态环境质量约束的能源资源定价模型在实际问题的应用中具有一般性和通用性。也就是说,生态环境质量约束的能源资源定价模型不仅适用于甘肃省能源资源定价问题的研究,同时也适用于其他区域能源资源定价问题的研究。

5. 从生态环境质量约束的角度对能源资源的价格进行了测算,并且分别从静态和动态角度分析归纳了甘肃省生态环境质量约束条件下能源资源价格的变化规律。测算结果表明：（1）同一年份中，随着生态环境质量水平的下降和生态环境质量约束条件的放松，甘肃省煤炭、石油、天然气、电力以及综合能源资源的均衡价格呈现出下降的特征，这符合静态生态环境质量约束能源资源价格的变化规律。但不同时期，随着生态环境质量水平的下降，各种能源资源均衡价格下降的程度是有差异的。（2）同一生态环境质量水平上，随着时间的推移、国民经济规模和总量的扩大，甘肃省煤炭、石油、天然气、电力以及综合能源资源的均衡价格呈现出上升的特征，这符合动态生态环境质量约束能源资源价格的变化规律。平均意义上来说，生态环境质量约束条件下煤炭、天然气均衡价格上涨幅度较大，而石油均衡价格的上涨幅度较小，电力以及综合能源资源均衡价格的上涨幅度居中。（3）不同年份、不同生态环境质量水平上，甘肃省煤炭、石油、天然气、电力以及综合能源资源的生态环境质量约束价格均高于实际价格；但不同年份、不同生态环境质量水平、不同能源资源的生态环境质量约束价格与实际价格相比的增长程度有所差异。（4）同一年份中，随着生态环境质量水平的下降和生态环境质量约束条件的放松，甘肃省煤炭、石油、天然气、电力以及综合能源资源的生态环境质量约束价格与实际价格相比的增长程度均呈现出下降的特征。随着时间的推移、国民经济规模的扩大，综合能源资源的生态环境质量约束价格与实际价格相比的平均增长程度呈现出上升的特征。

二、不足之处

对能源资源进行定价是一个涉及多学科、多部门、多层面的复杂问题，因此，虽然从客观反映和刻画能源资源自身主要特征的角度构建生态环境质量约束的能源资源定价机制，但与这个复杂的问题相比，仍然存在着不足和局限性。主要表现在以下两个方面。

1. 由于能源资源的种类较多，且不同能源资源的特点和用途有所不同，不同能源资源在使用中排放的有害物质对生态破坏和环境污染的程度也存在差异。更重要的是，目前很难严格、详细量化每种能源资源的使用对生态环境的影响程度。所以生态环境质量约束的能源资源供给模型是从所有能源资源的角度测算生态环境质量约束条件下能源资源的综合供给量，并没有单独直接测算每种能源资源的供给量，显然这与实际情况并非完全一致。

2. 生态环境质量是构建生态环境质量约束的能源资源模型的重要变量和

约束条件。由于生态环境质量本身是一个抽象、复杂、定性的概念和问题，因此，即使通过构建生态环境质量评价指标体系运用综合评价方法去反映和刻画生态环境质量，仍然不可避免使所得生态环境质量结果具有一定主观性的事实，而这些显然对于后续能源资源价格的测算会有影响。

第二章

相关基本问题

本章主要介绍和阐述资源、自然资源、能源资源等基本概念及其分类，阐释环境的作用、功能和价值，在此基础上分析能源资源利用所带来的生态环境问题，并从石油、煤炭、天然气和电力等常规能源的角度描述中国能源资源的供求现状和特征，为能源资源定价机制研究提供现实基础。

第一节 能源资源的相关问题

一、资源的内涵

资源的内涵丰富，通常对其从两个方面进行阐述和解释，即广义的资源概念和狭义的资源概念。从广义的角度进行定义，资源是指满足人类生活、生产所需的有形和无形资料的总称，不仅包括没有经过人类劳动加工来自大自然的物品，而且还包括经过人类劳动加工过的物品。从狭义的角度进行定义，资源是指来源于大自然用于满足人类生存、发展和使用的资料总和，主要包括自然资源。李金昌（1991）、蔡运龙（1997）、沈满洪（2007）、王克强（2007）认为，自然资源是某区域在一定时期形成的、在当前技术条件下可以用于满足人类生存与发展、生活与生产需要的自然要素的总和。该定义排除了那些具有开采潜力或观赏、探险、考察、研究等功能，但目前开发难度较大、在经济上还不合算的一些资源，例如冰川等。

目前，对资源概念的解释和使用还不统一，具体表现在：（1）将资源当作广义概念来使用，认为资源不仅包括自然资源，还包括人文资源，这种理解在资源经济学及生态经济学研究中被普遍运用。因为只有将两大类资源的配置达到最优化，社会与经济的健康、持续发展才能正常进行。（2）把资源当作狭义的自然资源来理解。美国经济学家阿兰·兰德尔（1989）认为"资源是人类发现的有用途和有价值的物质"。在他的著作中所探讨的资源都是指自然资源。（3）把资源当作生产要素来对待。多数经济学家认为资源与生产要素等同。例如，微观经济学中的资源配置是指生产要素，包括土地、劳动力、资金、技术和管理等。（4）把资源等同于产品即原材料来认识。社会上通常所说的资源或自然资源，多数情况下将其视为一般性的产品参与生产过程中，即相当于原材料。

为了便于分析经济系统、生态环境系统、资源系统的相互关系和相互作用，本书中使用资源的狭义概念，即资源是指来源于大自然并在当前技术条件下可以用于满足人类生存与发展、生活与生产需要的资料总和，主要包括自然资源。

二、自然资源的概念与分类

（一）自然资源的概念

相关文献由于研究的角度不同对自然资源的界定各有特点，其中比较有代表性的是地理学家金梅曼（Zimmenman）、不列颠百科全书、联合国相关文献以及我国的《辞海》等，分别从主观的角度、环境功能的角度、动态变化的角度、自然属性的角度对自然资源进行界定。

金梅曼认为，自然资源是指在当前社会经济发展水平下人们需要的自然物质或者是在当前技术进步条件下人们可以开发利用的自然物质的总和。如果该自然物质在一定的社会经济发展水平条件下人们没有需求的意愿，那么就不是自然资源；同样，如果该自然物质在一定的技术进步条件下人们没有能力利用，那么也不是自然资源。[①] 显然，这样对自然资源进行界定，具有较强的主观性。

不列颠百科全书认为，自然资源是指在一定的生产力条件下人们能够使用

---

① 王军. 资源与环境经济学 [M]. 北京：中国农业大学出版社，2009.

为生产和生活提供物质保障的自然物质,而这些自然物质则来源于不同的环境功能。具体表现为:岩石、矿藏等自然物质是地球化学循环机能作用的结果,水、大气、海洋等自然物质是地球物理环境机能作用的结果,动物、植物等自然物质是环境的生态机能作用的结果。[①] 因此,这里关于自然资源的论述,更多的是凸显其环境功能的特征。

联合国相关文献认为,自然资源是指在地球演变过程中所形成的无机物质和有机物质的总和。[②] 这表明,随着地球的演变,自然资源的内涵也随之发生变化,因此,从动态变化的角度进行观察,自然资源不是一个静态的固定的概念,而是一个发展变化的相对概念。

《辞海》认为,自然资源是指没有经过人类劳动作用,天然形成的各种自然物质的总和。不论这种自然物质是否是在当前社会经济发展水平条件下人们需要的自然物质,或者是否是在当前技术进步条件下人们可以开发利用的自然物质。[③] 这样对自然资源进行界定,更加突出了自然资源的自然属性。

通过从主观的角度、环境功能的角度、动态变化的角度、自然属性的角度对自然资源的内涵进行阐述和比较,笔者认为,不列颠百科全书中关于自然资源内涵的界定更为准确和客观。因为主观地阐述自然资源的内涵首先就是不客观的表现,所以不可能做到准确的定义;而从动态的角度进行界定,虽然比较客观,但不够具体,同时,由于人类活动范围不断扩大,没有人类参与的劳动成果越来越少,因此,绝对强调自然资源的自然属性同样与现实情况不相符。

(二) 自然资源的分类

根据不同的研究目的、不同的分类标准,可以将自然资源划分成不同的类别。

1. 按照存在的形态。自然资源可分为八大类,主要包括土地资源、气候资源、水资源、生物资源、矿产资源、海洋资源、能源资源、环境资源等。土地资源是指地球陆地表面由地形、土壤、植被、岩石、水文和气候等因素组成的一个独立的自然综合体,例如山地、高原、丘陵、平原、盆地等。气候资源

---

① 不列颠百科全书. 国际中文版 [M]. 美国不列颠百科全书公司出版社:中国大百科全书出版社,2007.

② United Nations. Integrated Environmental and Economic Accounting [M]. UN Publishers. New York, 1993.

③ 辞海. 缩印本 [S]. 上海:上海辞书出版社,1979.

是指地球大气圈中可以被开发利用的物质和能源，例如太阳辐射、热量、降水、空气等。水资源是指在目前技术和经济条件下可以被人类利用的陆地淡水资源，例如大气水、河流水、湖泊、湿地水、地下水、冰川积雪融水等。生物资源是指生物圈中的全部动物、植物和微生物。矿产资源是指经过一定的地质过程形成的附存于地壳内或地壳上的固态、液态或气态物质，且能够满足工业利用的要求，例如黑色金属、有色金属、冶金辅助原料、化工原料、建筑材料、特种非金属、稀土稀有分散元素等。海洋资源是指其来源、形成和存在方式都直接与海水有关的物质和能量，例如海洋生物资源、海底矿产资源、海水化学资源、海洋动力资源等。能源资源是指能够提供某种形式能量的物质或物质的运动，例如石油、煤炭、天然气、地热、原子能、潮汐能等。环境资源是指能够提供一般舒适性享受等环境服务，并为旅游者提供游览、观赏、求知、乐趣、度假、疗养、休闲、探险猎奇、考察研究的景观，例如地理环境、自然景观、自然现象、自然旅游资源等。

2. 按照可持续利用程度。自然资源可分为三大类，包括储存性资源、恒定性资源、临界性资源。储存性资源是指自然供给总量是相对固定的、有限的和不可更新的资源。储存性资源可再分为两类：一类是不可回收再利用的资源，例如煤、石油、天然气等；另一类是可以回收再利用的资源，例如金属矿等。恒定性资源是指可以源源不断地进行持续利用的资源，例如阳光、降水、风、潮汐等。临界性资源是指介于储存性资源与恒定性资源之间的资源，例如动物、植物、微生物、土地资源等。

3. 按照产权归属方式。自然资源可分为两大类，包括专有资源和共享资源。专有资源是指具有明确的所有者，能通过法律或所有权的形式，对资源使用加以控制、分配和管理的资源。共享资源是指具有非排他性和非竞争性，没有明确的所有者或者其所有者难以行使所有权的资源，例如空气、公海等。共享资源和专有资源没有严格的边界，只有专有程度上的差别。

4. 按照再生性质。自然资源可以分为两大类，包括耗竭性资源和可更新资源。（1）耗竭性资源是指在任何对人类有意义的时间范围内，资源质量保持不变、资源蕴藏量不再增加的资源。耗竭性资源按其能否重复使用分为可回收的耗竭性资源和不可回收的耗竭性资源。可回收的耗竭性资源是指资源产品的效用丧失后大部分物质还能够回收利用的耗竭性资源，例如矿产资源。可回收的耗竭性资源的耗竭速率取决于人类对其开发利用的需求、资源产品的耐用性和回收利用程度。通常情况下，资源产品的使用寿命越长，开发利用的需求就越少；回收利用可以通过提高资源产品的循环使用率来减少对耗竭性资源的需求和消耗。不可回收的耗竭性资源是指在使用过程中不可逆并且在使用之后不能恢复原状的耗竭性资源，例如煤、石油、天然气等。

（2）可更新资源是指能够通过自然力以一定的增长率保持存量或增加流量的自然资源，例如太阳能、大气、水体、植物、动物、土壤等。根据财产权是否明确，可更新资源可以分为可更新商品性资源和可更新共有资源。可更新商品性资源是指财产权可以确定，能够被私人所有和享用，并能在市场上进行交易的可更新资源，例如私人土地上的土壤和森林等。可更新商品性资源具有完全明确的财产权、专有性、可转让性、受保护性等特点。可更新共有资源是指不为任何特定的个人拥有，但是却能为任何人所享用的可更新资源，例如公海鱼类资源、空气等。可更新共有资源具有消费的非竞争性、消费的非排他性等特点。

三、能源资源的分类与特性

（一）能源资源的概念

关于能源资源的解释较多，有代表性的主要有：中国《科学技术百科全书》认为"能源是可从其获得热、光和动力之类能量的资源"[①]；《不列颠百科全书》认为"能源是一个包括着所有燃料、水流、阳光和风的术语，人类适当的转化手段便可让它为自己提供所需的能量"[②]；《日本大百科全书》认为"能源是指在各种生产活动中，利用热能、机械能、光能、电能等来做功，可利用这些能量源泉的自然界中的各种载体"[③]；《能源百科全书》认为"能源是可以直接或经转换提供人类所需的光、热、动力等任何形式能量的载体资源"[④]。

基于各种代表性解释，笔者认为，能源资源是指产生和提供各种形式能量（如热能、电能、光能、机械能等）的资源。广义上讲，能源资源是指能够提

---

① 中国科学院. 科学技术百科全书 [M]. 北京：科学出版社，1981.
② United Nations. Integrated Environmental and Economic Accounting [M]. UN Publishers. New York, 1993.
③ 相贺澈夫. 日本大百科全书 [M]. 日本：株式会社，1987.
④ [美] 帕克. 程惠尔译. 能源百科全书 [M]. 北京：科学出版社，1992.

供能量的天然资源和人工资源的总称。狭义上讲，能源资源是指人们对天然能量资源进行开发加工而生产出的可提供能量的物质产品，也称为能源资源性产品，具体包括煤炭、石油、天然气和电力等。

(二) 能源资源的分类

按照来源、可再生性、利用方式、利用的历史状况等不同的分类标准对能源资源进行分类，具体如下。

1. 能源资源按来源分为第一类能源、第二类能源和第三类能源。

第一类能源，来自地球以外，主要来自太阳辐射，也包括太阳能转化而成的矿物能源（煤炭、石油、天然气）。

第二类能源，来自地球内部，如地热、核能。

第三类能源，来自地球和其他天体的运动作用，如风能、潮汐能、水能。

2. 能源资源按可再生性分为可再生能源和不可再生能源。

可再生能源是指水能、生物质能、风能、地热能、潮汐能等，在使用后可以从自然界较易得到补充的能源。这类能源的利用往往不产生或很少产生污染物，它们可能成为未来能源结构的基础。

不可再生能源是指人类开发利用后在现阶段不能再生的能源物质，如煤炭、石油、天然气等。现在我们使用的这些煤炭、石油、天然气是经历了漫长的地质年代储存下来的太阳能量，人们开采利用后难以恢复。不可再生能源是一种相对的概念。

3. 能源资源按利用方式分为一次能源和二次能源。

一次能源指对天然能量资源直接开发利用，没有再经过加工转换的能源。

二次能源也称人工资源，是人们开采或开发出来后再进行加工转换为其他形式的能源。

4. 能源资源按利用的历史状况分为常规能源和新能源。

常规能源指在目前科学技术下广泛使用的能源。

新能源指相对于常规能源，目前正在研究开发、尚未广泛利用的能源。

(三) 能源资源的特性

能源资源的特征和性质主要表现为效用性、不可再生性、稀缺性、地域性和生态环境的破坏性等方面。

1. 效用性。由于能源资源能够产生和提供热能、电能、光能、机械能等能量，因此，为人们的生活水平不断提高和生产的正常进行提供了燃料和动力。而随着城镇化进程的推进、城市人口的不断增加，人们的衣食住行对能源的依赖程度越来越高，能源对满足人们的日常需求程度也越来越高。所以从宏观上讲，能源是整个社会持续发展的必备物质条件。

2. 不可再生性。目前在我国的能源消费中几乎完全依赖于石油、煤、天然气等化石能源。实际的问题是，不论是石油、煤还者是天然气等重要能源资源，都有相当长的再生周期，通常其再生周期长达几千万年甚至上亿年，而且其再生条件也很难由人工创造和实现，因此，相对于有限的人类历史活动而言，可以认为能源资源是不可再生的。

3. 稀缺性。能源资源的稀缺性体现在人类对能源资源需求的无限性与能源资源供给的有限性这对矛盾上。具体表现为两个方面：一是稀缺性使能源资源在数量和质量上对人类发展具有一定的承载力，即能源资源能够承载经济发展规模和速度的能力；二是稀缺性通过供需关系的变化对市场上可交易能源资源的价格产生影响。

4. 地域性。受太阳辐射、大气环流、地质构造和地表形态结构等因素的影响，能源资源在地域上的分布是不均衡的，具有特殊的分布规律。例如我国总体上是西多东少、北多南少。煤炭总资源量北部占87%，西部占52%；可采储量北部占79%，西部占26%。石油陆上总资源量东北和华北占52%，西北占35%；可采储量东北和华北占50%，西北占32%。天然气陆上总资源量西北占43%，华北和东北占12%；可采储量西北占52%，华北和东北占23%。水能资源理论蕴藏量70%集中在西南，技术可开发水能资源西南占67.8%，中南占15.5%。[①]

5. 生态环境的破坏性。能源资源中的煤炭、石油、天然气等都是化石能源，即便是电力虽然可以用水力发电，但在我国大部分电力还是以煤炭发电为主。这些化石能源在使用过程中会产生大量的二氧化碳以及二氧化硫、氮氧化物和其他粉尘颗粒等。其中，二氧化碳是导致气候变暖的主要推手，而二氧化硫、氮氧化物则会导致土壤酸化、植被破坏，其他粉尘颗粒也会污染空气，所以在能源资源的使用过程中必须关注其对环境产生的影响。

---

① 魏一鸣等. 中国能源报告战略与政策研究 [M]. 北京：科学出版社，2006.

第二节 环境的相关问题

一、环境的定义

（一）环境的科学定义

所谓环境，在环境科学中，是指围绕着人的全部空间以及其中一切可以影响人的生活与发展的各种天然的与人工改造过的自然要素的总称。环境是个很大的概念，按要素可将环境分为自然环境与社会环境，其中自然环境包括大气环境、水环境、土壤环境、地质环境、矿藏环境、生物环境、星球环境、宇宙环境等；社会环境包括聚居环境、生产环境、交通环境、文化环境等。按功能可将环境分为劳动环境、生活环境、生态环境、区域环境、流域环境、全球环境等。[①]

（二）环境的法律定义

各国不同时期的法律对环境的表述方式有所不同，这反映出不同时期的人们对环境认识的发展及立法的目的。1989年12月颁布施行的《中华人民共和国环境保护法》的第二条对环境的界定是，"本法所称的环境，是指影响人类生存和发展的各种天然的和经过人工改造的自然因素的总体，包括大气、水、海洋、土地、矿藏、森林、草原、野生生物、自然遗迹、人文遗迹、自然保护区、风景名胜区、城市和乡村等。"可见，中国环保法规定的是一个"大环境"的概念，既包括自然环境，也包括人工环境；既包括生活环境，也包括生态环境。

二、环境的作用

人们对于环境的作用与功能的认识是不断发展变化的，目前人们认识到环

---

① 魏一鸣等. 中国能源报告战略与政策研究 [M]. 北京：科学出版社，2006.

境至少具有以下四个方面的作用和功能。

（一）提供资源

人们的衣、食、住、行和生产所需的各种原材料，无一不取自自然环境。环境是人类从事生产的物质基础，也是各种生物生存的基本条件。环境整体及其各组成要素都是人类生存与发展的基础。所有经济活动都是以这些初始产品为原材料或动力而进行的，环境资源的多寡同时决定着经济活动的规模。上百万年以来，环境一直给人们提供大量的资源，随着经济规模的不断扩大和人口规模的不断增长，部分不可再生资源已呈现出逐渐稀缺的趋势。

（二）消纳废物

经济活动在提供人们所需的产品时，也会产生相应的副产品。受经济发展、技术进步和人们认识所限，有些副产品不能被有效利用，从而成为废弃物排入环境。在环境自净功能允许的条件下，环境通过各种各样的物理、化学、生物反应，容纳、稀释、转化这些废弃物，同时，由存在于大气、水体和土壤中的大量微生物将其中的一些有机物分解成为稳定的无机物，最后重新进入不同元素的循环中。如果环境自净功能降低、丧失，或超出自净的范围，例如人工合成的有机物（塑料薄膜、有毒化学物品），废弃物将难以被微生物所降解，环境将受到污染和破坏。

（三）美学与精神享受

环境不仅能为经济活动提供物质资源，还能满足人们对舒适生活的追求。清洁的空气和水，既是工农业生产必需的生产要素，同时也是人们健康愉快生活的基本需求。全世界有许多优美的自然与人文景观，如中国的五岳、希腊的奥林匹克遗址、美国的黄石公园等，每年吸引着成千上万的游客。优美舒适的环境使人们心情愉快，精神放松，有利于提高人体素质，从而更加高效地工作。

（四）生命支持系统

人类不可能孤零零地生活在地球上。自然界中，由上千万种生物物种及其生态群落和各种环境因素构成的系统正在支持着人类的生存。1995 年，美国"生物圈 2 号"试验（验证人类能否生活在一个预先仔细设计好的与世隔绝的封闭系统中）的失败，表明人类的生存、生活和生产目前离不开地球环境这个生命支持系统。

三、环境价值

（一）衡量国家财富的四种资本

世界银行认为，过去常用国内生产总值（GDP）来衡量国家财富，这种做法很不全面，必须扩大对于国家财富的理解和衡量手段，通常存在着四种类型的资本。

1. 产品资本或人造资本。主要是指所使用的机器、厂房、道路以及所生产的产品与所提供的服务等，这在以往一直使用GDP来表示，它代表可转换为市场需求的能力。

2. 自然资本。主要包括水资源、农田、草原、森林、自然保护区、非木材的森林价值、金属与矿产以及石油、煤与天然气等，它代表生存与发展的物质基础。

3. 人力资本或人力资源。主要包括各类不同的劳动力、知识与技能以及对教育、保健与营养方面的投资等。它代表对于生产力发展的创造潜能。

4. 社会资本。主要是指一个社会能够发挥作用的文化基础、社会关心和制度等。它代表国家或地区的组织能力与稳定程度。

这四类资本综合地反映了人类社会为实现可持续发展所必须具备的物质基础、市场需求、人的创造潜能以及人同自然之间和人类社会内部的协调能力，无论在理论上还是在实践中都比较全面合理，因而受到了广泛的重视。

（二）自然资本的价值

国内生产总值只能反映产品资本，而可持续发展理论则尤其重视自然资本和人力资本的作用及价值，强调自然资本是人类能否生存与永续发展的基础。传统的价值理论均未赋予自然资源以价值的内涵，人们在使用自然资源过程中也从未考虑其成本，结果造成自然资源过度消耗、水源枯竭、空气恶化等。自然资源的使用价值与存在价值及其本身的有限性、稀缺性决定了它们确实是很有价值的。现在环境经济学已经提出了一系列方法可以用来估算自然资源的价值（如生产价格法、成本法、净价法、间接定价法等）。据英国《自然》杂志

1997年5月报道，科学家于20世纪90年代后期对全球自然资本不完全估算的价值（不包括不可再生燃料与矿物和大气层本身的价值），其范围从10多万亿美元到58多万亿美元，平均值为36万亿美元，而1998年全球产品资本（人造资本）的价值是39万亿美元。随着不可再生资源的消耗与匮乏，以及人口规模的继续扩大，自然资本的价值还将不断提高。[①]

四、环境的特点

自古以来，环境似乎一直是一种公共财产，人们可以自由地、免费地、长期地使用它而个人不必付出任何代价。加勒特·哈丁在《公地的悲剧》一文中提出了一个对所有人都开放的公用牧场所面临的问题。由于牧场是公用的，而牲畜是个人的，所以甚至在牛的总头数已经开始超出草地的承载力时，每个牧民都还认为，继续增加所拥有的牲畜头数对个人来说是有利的。增加一头或更多牲畜的全部收益都归个人所有，而草场过度放牧的绝大部分代价却由其他牧民承担。由于所有牧民都会这样想和这样做，结果却是公用牧场上的这种个人自由给全体牧民带来了灾难。当然，如果采取一定的措施，牧场还是比较便于管理的。但是，空气和水就不像土地那样是能够用栏杆围起来的。因此，环境作为一种公用品或公共财产，具有以下特点。

（一）稀缺性

一些不可再生资源（如煤、石油、矿藏等）会逐渐耗竭。即使如空气和水等资源，如果遭到污染，人们想要寻求干净的、无损于人体健康的空气和淡水也并不那样容易。

（二）非独占性与非排他性

公用品是指那些不能专供一个人享用而不影响其他许多人同时享用的物品。例如，国家安全和通过净化装置而"生产"出来的清洁空气，每个人都能享受，而且在一定限度内，在你享用的同时并不会降低其他人的可利用性。这种特点由于市场经济体制而势必会使它生产不支，必须由政府来加以干预。

---

① 魏一鸣等. 中国能源报告战略与政策研究［M］. 北京：科学出版社，2006.

(三) 外部性

社会之所以往往不能在经济产值同环境质量之间建立一种适当的、均衡的经济联系，其原因在于许多污染所引起的费用并非由污染者来承担，而由他人、由社会来承担，这称为"外部性"。通常的结果是环境污染与生态破坏的这种"外部性"费用并没有反映在造成这些污染或破坏的生产成本中。只要污染的代价不是由污染者来承担或由其产品的消费者来承担的现象继续存在，社会经济活动所创造的福利中的一部分，总会在再分配的过程中从污染受害者手中转移到社会的其他一些人（如污染者）的手里。如果污染的总代价（资源、生态与公众健康的损失）超过了污染者及其产品的消费者所获得的利益，这样的生产活动便是"无效"劳动，也就是说，社会的总财富并没有由于进行了该项生产活动而得到增加。

五、环境问题的实质

环境问题的实质主要表现为两个方面：一是人类经济活动索取资源的速度超过了资源本身及其替代品的再生速度；二是向环境排放废弃物的数量超过了环境的自净能力。

(一) 自然资源的补给和再生都是需要时间的

森林采伐量应不超过其可持续产量。全世界现有森林面积 36.25 亿公顷，1980~1990 年每年平均砍伐量为 1680 万公顷，相当于每年砍掉总量的 0.5%。森林具有涵养水土、储存二氧化碳、栖息动植物群落、提供林产品、调节区域气候等功能，过度砍伐使森林和生物多样性面临毁灭的威胁。土地利用应谨慎地控制其退化速度。全球土地面积的 15% 已经因人类活动而遭受到不同程度的退化，土壤侵蚀年平均速度为每公顷 0.5~2.0 吨。水并不是取之不尽的，淡水资源是一切陆地生态系统不可缺少的重要组成部分，人类消费淡水量的迅速增加导致严重的淡水资源短缺。我国华北地区出现了世界上最大的"地下水漏斗"，它不仅伴随着地面沉降、海水入侵，也预示着这一地区的可持续发展将面临更多问题。可见，可再生资源的开采量不应该超过其生长量，同时不可再生资源的开采量必须及早考虑其替代品的允许生产量。

(二) 环境容量是有限的

全球每年向环境排放大量的废水、废气和固体废物。这些废物排入环境后，有的能够稳定地存在上百年，因而使全球环境状况发生显著的变化。例如，大气二氧化碳浓度已经由工业化前的 280 升高到 353，甲烷浓度由 0.8 上升至 1.72，一氧化二氮浓度由 285 上升至 310，这些温室气体的增多已经使地球表面温度在过去的一百年中大约上升了 0.3℃～0.6℃。臭氧层的破坏则归咎于氯氟碳的使用，20 世纪 70 年代后期在南极上空发现了臭氧层空洞，目前仍然在不断扩大，南极上空低平流层中臭氧总量平均减少了 30%～40%。由于煤和石油等化石燃料作为常规能源被大规模使用，同时向大气中排放大量的硫氧化物和氮氧化物，这些氧化物与大气中的水进行结合，形成酸雨并沉降到地面，致使大片森林枯萎，大量微小的水生生物乃至鱼类死亡。工业废水和生活污水如果不经处理排入河流，会造成整条河流的污染，而且有些有害物质会渗入地下，进而破坏地下水，威胁人类的饮水安全。

第三节 能源资源的利用历史与生态环境问题

一、能源资源的利用历史

人类利用能源的历史大约可以追溯到两万年以前古猿人的钻木取火，从那时起人类学会了以薪柴为燃料来取暖和煮熟食物。后来，随着能源技术的不断提高，能源利用推动了人类文明的发展。这种进程开始是缓慢的，1 个世纪以前，非商品能源（薪柴、农业废料和动物粪便等）占全部使用能源的 52%，随着时间的推移，非商品能源所占的比重在不断下降。19 世纪末 20 世纪初，西方国家的工业迅猛发展起来，煤炭成为人们生产和生活的主要能源。20 世纪中叶以后，进入了以石油、天然气为主要能源的时代，核能也得到一定发展。到 1970 年，石油和天然气的消费量占商品能源消费量的 64%。20 世纪 70 年代以后，由于石油价格上涨，石油消费占能源消费的比重从 1970 年的 46% 下降到 1990 年的 36%，然而石油仍是能源消费中的主要能源之一。

20 世纪 70 年代的能源危机，标志着廉价能源的时代已经结束。能源尤其是化石能源的有限性明显地显现出来，世界各国都不得不以较贵的价格获得煤炭、石油和天然气等能源资源。据联合国环境署的报告，到1989年年底，已证实的全世界石油资源储量为1390万亿吨，煤炭资源储量为5340亿吨石油当量，天然气资源储量为1040亿吨石油当量。按照1990年的消费水平，石油储量将够用约46年，煤炭约205年，天然气约67年。化石能源在全球的分布非常不均衡，在已经发现的油气资源中，75%的石油和78%的天然气分布在中东、苏联和北美地区。尤其是中东地区占有全球50%以上的油气资源探明储量。而能源的这种不均衡分布也造成世界各国的能源利用方式存在着明显的差异。

生产力是社会进步的动力，而生产力的进步在很大程度上依靠能源利用的不断进步。近200年以来，虽然工业化进程使得世界发生了翻天覆地的变化，人们的生活水平得到了显著的提升，但是，能源利用的规模加大和深度不断提高对环境的污染与生态的破坏也越来越严重。在近代工业化革命短短的一二百年中，工业生产增长了50倍，化石能源的消耗增加了30倍。更重要的是，人类创造物质财富能力的80%是在20世纪50年代之后产生的，人类消耗化石燃料能力的60%也是在20世纪50年代之后产生的。

按照人类对能源资源的利用方式和利用程度的不同，可以将能源资源的发展分为四个阶段。

1. 在较低水平上的可持续使用阶段。这一阶段是指人类在进入工业化以前，能源的消耗还比较少，尽管也存在局部的能源短缺和环境破坏，但总体上不存在全球性的能源与环境问题，人类对能源的开发和利用还限制在较低水平上的可持续发展阶段。

2. 廉价能源，毫不节制的粗放式消耗阶段。自工业革命以后，人类对能源资源的开发和利用有了巨大的变化，尤其是第二次世界大战之后，原始森林的急剧减少、大规模开发利用煤炭以及价格廉价的石油有力地支持了一大批老牌工业化国家的复兴和一批新兴经济体的崛起。这一时期人类对能源的开发和利用可以说是掠夺性的，给全球生态环境造成了严重的破坏和污染，然而严重的生态破坏和环境污染却被世界经济的空前繁荣与工业化带来的物质文明所掩盖。

3. 珍惜使用即将枯竭的能源资源阶段。1973年和1979年两次石油危机，导致了世界性的经济危机，人类逐渐意识到化石燃料总会有枯竭的时间。西方工业化国家开始节省能源、提高能源利用效率并积极寻求替代能源。

4. 即使能源资源不会枯竭，环境容量也要求人类对自己的能源消费行为加以限制阶段。人们对气候的变化不断关注，从而意识到能源与环境协调发展的重要性。如果人类不对毫无节制的能源利用方式进行改变和调整，环境容量将会先于能源资源而枯竭。因此，对能源资源的利用应该先限制在环境容量允许的范围之内，否则社会经济的可持续发展将难以为继。

二、能源资源与生态环境问题

从20世纪中叶起，生态环境恶化的问题逐步显现出来，并被公众所关注。在开始阶段，生态环境问题只限制在特定的地域。现在生态环境问题已经逐渐演变成为区域性乃至全球性的问题，一个国家或地区的生态环境问题可以影响其邻国的环境甚至世界的环境，比如众所周知的酸雨、臭氧层破坏和全球变暖等问题。

（一）能源资源利用与酸雨

工业革命以来，由于化石燃料作为人类的主要能源一直被广泛利用，因此，大气中硫和氮的氧化物浓度呈现出显著增加的特征。1852年，英国污染检查团的一位早期成员在《科学》杂志上报道说，他发现在曼彻斯特附近地区的降雨中有硫酸。[①] 1872年，他在撰写的调查报告中使用了"酸雨"这一词。100年后，酸雨现象作为全球生态环境问题受到全世界的广泛关注。对酸雨一词，不同学者有着不同的阐述，比较经典的观点认为"酸雨是表示pH值低于大气中二氧化碳相平衡的蒸馏水pH值（5.6）的降水"。20世纪60年代以后，随着人们对酸雨的认识逐步扩大，"酸雨"、"酸沉降"、"酸沉降物"等说法也被广泛地使用。硫和氮的氧化物一旦与空气中的水蒸气结合，就会形成高腐蚀性的硫酸和硝酸。而硫氧化物和氮氧化物主要是从燃煤和燃油发电厂、冶炼厂和工业锅炉中以气体形式排出来的，随着汽车的越来越广泛普及，汽车尾气也成为产生硫氧化物和氮氧化物的重要来源。硫氧化物和氮氧化物与空气中的水蒸气结合以雨、雪、雾的形式返回地球，就形成了酸雨。同时，硫氧化物和氮氧化物可随风飘落到其他的国家或地区。目前欧洲、北美及东亚地区是酸雨危害较为严重的地区。

[①] 魏一鸣等. 中国能源报告战略与政策研究 [M]. 北京：科学出版社，2006.

(二) 能源资源利用与全球变暖

全球变暖是人们关注的另一个全球性环境问题,它不仅涉及地球变暖这一自然变化,还涉及其他领域,严重制约人类活动。对于温室效应变化的贡献,水汽占60%~70%,二氧化碳占25%左右。由于水汽量是由自然所决定的,因此,影响温室效应的是二氧化碳等正在持续增长的大气微量成分,而不包括水汽。

全球变暖的机理是,地球表面将来自太阳的辐射能以 4~100μm 波长的热辐射形式向外释放。大气吸收了其中的一部分,然后再向宇宙和地面放射出去,其中向下释放的热量就会产生温室效应。二氧化碳并不是唯一造成温室效应的气体,甲烷、CFC_{11}、CFC_{12} 以及氧化亚氮等气体也同样会产生温室效应,但在空气中的浓度相对较少。如果把大气比作一个游泳池,相应地只有一桶多的二氧化碳,8升的甲烷,30茶勺的氧化亚氮,1滴 CFC_{12} 和半滴 CFC_{11}。其中后面的几种微量气体的温室效应比二氧化碳要大得多,如甲烷是二氧化碳的21倍,CFC_{11} 是二氧化碳的15~800倍,因为这些微量气体在大气中的寿命较短,所以温室效应很快会消失,从长远看,危害并不大。总体来看,气候变暖有一半以上原因在于过量的二氧化碳,而矿物燃料产生的二氧化碳又占人为产生的二氧化碳总量的2/3。近200年的西方国家的工业化进程是空气中二氧化碳增加的主要原因,具体表现为在生产和生活中大量使用煤炭、石油和天然气等化石能源为工业、商业、住房及其他目的服务,导致了二氧化碳的大量排放。

在过去的100年中,全球平均温度的上升幅度在 0.3℃~0.6℃ 之间(海平面随之平均上升了 10~200cm)。如果不采取行动来控制二氧化碳的排放,全球地表平均温度将继续以每10年平均 0.3℃ 的速度上升。即使地球温度提高 1℃~2℃,也会带来严重的后果,降雨方式改变、旱灾增多、海平面上升、水灾和风暴频繁,影响农业、粮食和人体健康。为此,各国将温室问题视为政府的首要问题之一,1992年在巴西里约热内卢通过的《联合国气候变化框架公约》是世界上第一个为全面控制二氧化碳等温室气体排放以应对全球气候变暖给人类经济和社会带来不利影响的国际公约,也是国际社会在对付全球气候变化问题上进行国际合作的一个基本框架。[1]

---

[1] United Nations. United Nations Framework Convention on Climate Change [R]. 1992.

《联合国气候变化框架公约》是一个有法律约束力的公约,旨在控制大气中二氧化碳、甲烷和其他造成"温室效应"的气体的排放,将温室气体的浓度稳定在使气候系统免遭破坏的水平上。公约对发达国家和发展中国家规定的义务以及履行义务的程序有所区别。公约要求发达国家作为温室气体的排放大户,采取具体措施限制温室气体的排放,并向发展中国家提供资金以支付它们履行公约义务所需的费用。而发展中国家只承担提供温室气体源与温室气体汇的国家清单的义务,制定并执行含有关于温室气体源与汇方面措施的方案,不承担有法律约束力的限控义务。公约建立了一个向发展中国家提供资金和技术使其能够履行公约义务的资金机制。[1]

第四节 能源资源的供求现状

一、能源资源需求

2013年中国能源消费总量为37.5亿吨标准煤,同比增长3.7%。其中,煤炭消费量为36.5亿吨,同比增长3.7%;石油消费量为4.83亿吨,同比增长3.4%;天然气消费量为1653亿立方米,同比增长13%;电力消费量为53223亿千瓦时,同比增长7.5%。[2]

(一)综合能源消费

2013年能源消费总量排名前五的国家分别是中国、美国、俄罗斯、印度、日本。作为世界第一大能源消费国,中国能源消费占世界能源消费的22%,比排名第二的美国高出4.2个百分点,是排名第五的日本的5.7倍。2013年中国日均能源消费1028万吨标准煤,人均能源消费2.76吨标准煤,人均能源消费仅略高于世界平均水平。

从能源消费结构看,2013年中国煤炭、石油消费比重不断下降,天然气和非化石能源比重进一步上升。2013年中国煤炭消费量占能源消费量的比重

---

[1] United Nations. United Nations Framework Convention on Climate Change [R]. 1992.
[2] 中国能源研究会. 中国能源发展报告 [M]. 北京:中国电力出版社,2014.

达到66.1%,比2012年下降0.5个百分点;石油消费比重为18.4%,比2012年下降0.4个百分点;天然气消费比重为5.7%,比2012年提高0.5个百分点;水电、核电、风电等非化石能源消费比重为9.8%,比2012年提高0.4个百分点;清洁能源占一次能源消费比重为15.5%,比2012年提高了0.9个百分点。与国际上其他国家相比,中国清洁能源比重仍然偏低。2012年世界清洁能源消费平均占比为37.0%,其中俄罗斯、美国、日本、印度分别为65.2%、43.1%、28.4%、16.6%。中国清洁能源占比仅为13.8%,不仅低于世界平均水平,而且低于同为发展中国家的印度。

从部门能源消费看,中国工业用能比重是世界平均水平的1.7倍,交通用能占比为世界平均水平的47%。近年来,中国工业用能占比呈现出下降趋势,生活用能和第三产业用能占比不断上升。2012年工业用能占比首次降至70%以下,生活用能和第三产业用能占比分别为11%和15.7%。石油加工、炼焦和核燃料加工,化学原料和化学制品制造业,非金属矿物制品业,黑色金属冶炼和压延加工业,有色金属冶炼和压延加工业,电力、热力生产和供应业等六大高耗能行业占能源消费比重降至50%。

从地区能源消费看,中国能源消费主要集中在东部经济发达的省份,但呈现出向西转移的趋势。人均能源消费排序与能源消费总量排序存在较大差异,东部经济发达地区能源消费总量水平较高,由于西部经济欠发达地区大力发展能源密集型产业,导致人均能源消费水平高于经济发达地区。2012年能源消费总量排名前6位的省份分别为山东、河北、广东、江苏、河南和辽宁,能源消费总量均高于2亿吨标准煤;排名后6位的省、市、区分别为海南、青海、宁夏、甘肃、北京和江西,其中海南、青海和宁夏能源消费总量均低于5000万吨标准煤。中国人均能源消费量地区差异明显。2012年,内蒙古以人均消费近8吨标准煤排名首位,人均能源消费量超过5吨标准煤的省、市、区有7个,分别是内蒙古、宁夏、青海、天津、山西、辽宁和新疆;排名后四位的是江西、安徽、海南和广西,这些省份的人均能源消费量均在2吨标准煤以下。人均能源消费呈现出的主要特征是:能源消费总量高的地区人均能源消费量比较靠后,能源消费总量低的地区人均能源消费量比较靠前。

从能源消费强度看,2013年中国能源消费弹性系数为0.48,能耗强度下降3.7%。与世界上其他国家相比,中国能耗强度仍然偏高,是世界平均水平的1.9倍、美国的2.5倍、日本的4.1倍,节能降耗的形势依然严峻。2012年单位GDP能源消费量排名前5位的省、市、区分别为宁夏(1.95吨标准煤/万元)、青海（1.86吨标准煤/万元）、山西（1.60吨标准煤/万元）、新疆（1.58吨标准煤/万元）、贵州（1.44吨标准煤/万元），排名后5位的省、市、区分别为北京（0.40吨标准煤/万元）、广东（0.51吨标准煤/万元）、浙江（0.52吨标准煤/万元）、江苏（0.53吨标准煤/万元）、江西（0.56吨标准煤/万元）。能耗强度最高的宁夏是能耗强度最低的北京的近5倍。

(二) 煤炭消费

2013年中国煤炭消费36.5亿吨，同比增长3.7%，继续保持低速增长。中国是世界第一大煤炭消费国，煤炭消费量占全球煤炭消费总量的1/2以上；人均煤炭消费2.7吨，是世界平均水平的2.6倍。中国分部门煤炭消费结构持续优化，发电用煤比重不断上升，煤炭利用效率进一步提高；煤炭消费主要集中在经济和资源大省。同时，受环境和资源约束的限制，中国煤炭消费重心逐渐由东向西转移。

从部门煤炭消费看，工业耗煤占比超过95%，生活消费占比不断下降，煤炭消费持续向主要耗煤行业集中。煤炭在工业中主要应用于电力、煤气及水生产和供应业、制造业和采掘业。具体来讲，电力、热力生产和供应业，石油加工、炼焦和核燃料加工业，黑色金属冶炼和压延加工业，非金属矿物制品业，化学原料和化学制品制造业，煤炭开采和洗选业六大行业合计煤炭消费量达到31亿吨，占煤炭消费总量的87.8%。

从地区煤炭消费看，中国各省份煤炭消费差异明显。从消费总量上看，山东煤炭消费量超过4亿吨，位居全国首位；从人均消费量上看，内蒙古人均煤炭消费量高达15吨，远远高于其他省份；从消费变化趋势上看，东中部地区煤炭消费增速放缓，煤炭消费向西转移的趋势明显；从煤炭消费密度上看，华北和华东地区的煤炭消费密度较高，由此引发的环境和污染问题值得关注。东南沿海地区作为中国经济最发达的地区，火电、钢铁、水泥、化工生产较为集中，2012年该区域煤炭消费量占全国消费总量的1/4以上。由于东南沿海地区多数省份煤炭产量低，因此，主要依靠从主要产煤省份调入或进口，煤炭供需受进口的影响较大。近年来，随着产业结构和能源结构的调整，以及环境保护要求的不断提高，该区域的煤炭消费增速呈现出下降的趋势。"三西"地区（山西、陕西、内蒙古西部）是中国的主要煤炭产区，同时也是中国能源产业与重工业较为集中的地区，2012年该区域煤炭消费占全国的比重为20%。近年来，由于"三西"地区经济增长较快，所以推动煤炭消费的快速增长。"十二五"期间，服务于"西电东送"通道建设以及大型能源基地建设的需要，该区域一批发电厂和煤化项目开工建设，"三西"地区煤炭就地转化比重不断上升。华中地区在"中部崛起"发展战略的支持下，工业化、城镇化进程逐步加快，受此影响，该区域对能源需求不断扩大，煤炭供需关系脆弱。京津冀地区是中国煤炭消费的重要地区。近年来，华北地区雾霾天气严重，环境问题凸显，同时钢铁、水泥、玻璃等主要耗煤行业面临产能过剩。河北省作为重要的钢铁和水泥生产大省，随着治理污染力度的加大以及淘汰过剩产能措施的实施，煤炭消费的增速呈现下降的趋势。

（三）石油消费

2013年中国石油消费量突破5亿吨大关，增速为1.9%，是世界第二大石油消费国。虽然石油消费量占世界消费总量的12%，但是人均消费水平仅为世界的61%。分部门看，工业用油比重趋于下降，交通运输业用油比重快速上升；分地区看，石油消费集中在东部经济发达、交通便利的省份；分品种看，成品油增速明显放缓，各品种的消费增速呈现出分化的趋势，具体表现为，汽油、煤油消费保持较快增长，柴油消费较为低迷。

从部门石油消费看，中国的石油消费主要集中于工业和交通运输业。近年来，工业石油消费占比呈现下降趋势，交通运输业石油消费占比呈现持续上升的特征。2012年交通运输、仓储和邮政业石油消费占比达到37.4%，首次取代工业成为中国第一大石油消费部门。从终端消费结构看，汽油、柴油和煤油主要用于交通运输业，而燃料油主要作为炼油原料用于工业部门。2012年汽油消费主要集中在交通运输和居民生活消费，所占比重分别为46%和21%，工业汽油消费比重仅为7%；柴油消费主要集中在交通运输业、工业与农业，所占比重分别为63%、18%，生活消费比重仅为6%；煤油消费绝大部分集中在交通运输，占比高达91%；燃料油消费主要集中在工业、交通运输业，比重分别为61%、38%。

从地区石油消费看，中国石油消费主要集中在东部经济发达省份，人均石油消费与石油总量消费的地区分布基本一致。中国原油消费主要集中在石油资源丰富、交通运输便利和炼油能力较强的省份，如辽宁和山东两省原油消费占全国原油消费总量的28%。中国成品油消费主要集中在经济发展较好、交通物流便利的东部省份，其中煤油消费主要集中在几个大的航空运输的节点区域，如北京、上海、广东和四川。人均石油消费量的地区差异较为明显，东部经济发达省份和西部人口稀薄的资源大省的人均石油消费水平较高,中部和西部经济较不发达的人口大省人均石油消费水平较低。

(四)天然气消费

2013年中国天然气消费总量为1653.2亿立方米,同比增长13%,日均天然气消费量为4.5亿立方米,人均天然气消费量为121.8立方米,是世界第四大天然气消费国,但人均天然气消费量仅为世界平均水平的25%,远低于发达国家消费水平。分部门看,天然气消费主要集中在工业、交通运输业以及生活领域。分地区看,华东地区的天然气消费量不仅最高,而且增速较快。

从部门天然气消费看,中国的天然气消费主要集中在工业、居民生活和交通运输部门;工业内部中制造业的天然气消费比重呈现出上升趋势,而采掘业和电力、煤气及水生产供应业的天然气消费比重呈现出下降趋势。2012年工业天然气消费总量为947亿立方米,同比增长12.7%,占消费总量的64.7%,占比环比上升0.4%。居民生活天然气消费量为288.3亿立方米,同比增长9.0%,占消费总量的19.7%,占比环比下降0.5%。交通运输、仓储和邮政业天然气消费总量为154.5亿立方米,同比增长11.7%,占消费总量的10.6%,占比环比基本保持不变。2012年制造业天然气消费占工业天然气消费量的比重为60.5%,占比环比上升3%;采掘业天然气消费占比为14.7%,占比环比下降1%;电力、煤气及水生产供应业占比为24.8%,占比环比下降2%。

从地区天然气消费看,近年来,由于天然气长距离运输管网的不断完善,华东、华中、东北、华北等地区天然气消费增长较快,而西北、西南等传统资源大省的天然气消费增长放缓。由于各地区产业结构的差别,天然气的人均消费量与人均生活消费量的地区排序存在一定的差异。

(五)电力消费

2013年中国电力消费总量为5.32万亿千瓦时,同比增长7.5%,是世界第一大电力消费国;日均用电量为145.8亿千瓦时,人均用电量为3921千瓦时。虽然中国电力消费量占世界电力消费总量的比重超过20%,但人均用电水平不及美国的25%、日本的50%。分部门看,工业电力消费占比呈现出下降的趋势,第三产业和居民生活电力消费占比呈现上升趋势。分地区看,东部地区电力消费占比仍然较高,但西部地区电力消费占比呈现逐渐上升的趋势。

分部门电力消费看，电力消费结构不断优化，但工业用电比重仍高于70%，第三产业和居民生活电力消费比重远低于世界平均水平。工业是最主要的电力消费部门，2006年以来工业用电占全社会用电量的比重始终处于70%以上。2012年电力消费量中工业用电36122亿千瓦时，同比增长4.1%。其中，化学原料及化学制品制造业、非金属矿物制品业、黑色金属冶炼及压延加工业、有色金属冶炼及压延加工业四个部门的电力消费量共计15662亿千瓦时，占工业用电量的43.4%，占总用电量的31.5%。

分地区电力消费看，西部地区电力消费增长较快，在电力消费总量中的占比呈上升趋势；东部地区电力消费增速放缓，但占比仍然最大。从人均情况看，人均用电量的地区分布与人均生活用电量的地区分布差异明显，西部资源大省人均用电量较高，而人均生活用电量较高的省份主要集中在东部经济发达地区。用电结构方面，各地区情况不尽相同，大体上工业用电比重相对较高，基本在65%~80%之间，北京是全国唯一一个第三产业电力消费比重高于第二产业的地区。

二、能源资源供应

2013年中国一次能源生产总量为33.9亿吨标准煤，同比增长2.1%。2013年中国能源自给率为90.4%，较2012年下降1.6%。其中，煤炭产量为36.8亿吨，同比增长0.8%；原油产量为2.09亿吨，同比增长1.8%；天然气产量为1170.5亿立方米，同比增长9.4%；发电量为5.35万亿千瓦时，同比增长7.5%。在一次能源生产中，煤炭产量占比为75.5%，比2012年下降1%；原油产量占比为8.9%，与2012年基本持平；天然气占比为4.6%，较2012年提高0.3%。

2013年能源进口继续增长，能源对外依存度进一步提高。净进口煤炭首次突破3亿吨大关，达到3.2亿吨，同比增长12.7%，对外依存度达到8.0%；净进口原油2.80亿吨，同比增长4.4%，净进口石油3.01亿吨，对外依存度高达59.1%；净进口天然气527亿立方米，同比增长25.3%，对外依存度突破30%[1]。

---

[1] 中国能源研究会. 中国能源发展报告 [M]. 北京：中国电力出版社，2014.

(一) 煤炭供应

中国拥有丰富的煤炭资源,且近年来煤炭进口保持较快增长,煤炭供应能力持续增强,煤炭库存持续增加。2012年考虑生产、进出口与库存变动后,当年煤炭供应量为38亿吨,增速有所放缓,占世界煤炭供应量的49.3%,人均供应量为2.81吨。煤炭探明剩余可采储量居世界第三,但储采比、人均储量低于世界平均水平。煤炭资源量地区差异显著,新增储量主要集中在西部地区,山西、内蒙古、新疆的煤炭基础储量位居全国前三位。

(二) 石油供应

2013年中国油气开发形势稳定,主力油田稳产。全年原油产量2.09亿吨,同比增长1.8%,连续4年产量保持2亿吨以上,位居世界第四,低于俄罗斯、沙特阿拉伯和美国。成品油生产中,汽油、煤油保持较快增长,柴油增速继续放缓。中国的油气开发和生产主要集中在西北、东北和华北地区。塔里木、鄂尔多斯及四川等西部盆地和海上油田在中国油气储产量增长中的作用越来越明显。原油进口保持较高水平,全年净进口原油2.08亿吨;汽柴煤保持全面净出口,全年净出口成品油944万吨。石油、原油的对外依存度进一步提高,分别达到59.1%、57.3%。原油和成品油的净调入省份差别较大,原油调入集中在经济实力雄厚及炼油能力较强的省份,成品油调入集中在原油资源匮乏和炼油能力较弱的省份。

(三) 天然气供应

2013年中国天然气产量达到1170.5亿立方米,同比增长9.4%。页岩气产量增长较快,为2012年产量的8倍。中国天然气产品占世界的3%,仅为美国的16%、俄罗斯的18%。天然气进口量达到527亿立方米,较2012年增加106.4亿立方米,同比增长25%,对外依存度突破30%。中国的天然气产量主要集中在西北地区和西南地区,两地区的产量之和占全国天然气总产量的82%;华中、华东和华北地区天然气产量最少,占比分别为0.7%、0.8%和3%。天然气储采比仅为国际平均水平的1/2,资源约束明显。2012年中国天然气储采比为28.9,约为世界平均水平(55.7)的1/2。在天然气年产量超过1000亿立方米的国家中,只有伊朗和卡塔尔的储采比超过100,沙特阿拉伯的储采比为80.1,俄罗斯为55.6,而挪威、加拿大和美国的储采比分别为18.2、

12.7 和 12.5。天然气的调动方向主要从西部的产气省份向东部的经济发达省份调入，陕西和江苏分别列全国净调出和净调入的首位。

(四) 电力供应

2013 年中国发电量达到 53474 亿千瓦时，同比增长 7.5%，增长率较 2012 年有所反弹。日均发电量为 147 亿千瓦时，较 2012 年增加 10.2 亿千瓦时。2013 年中国 6000 千瓦及以上电厂发电设备平均利用小时数为 4511 小时，比 2012 年减少 68 小时。分地区看，四川、青海、云南、西藏和湖北五省、市、区火力发电占比低于 50%，水力发电在这些地区中占主导地位。2013 年中国电力供应结构中，水电、火电、核电、风电和太阳能等其他能源发电量分别为 8963 亿千瓦时、41900 亿千瓦时、1121 亿千瓦时、1401 亿千瓦时和 89 亿千瓦时，分别占发电总量的 16.8%、78.4%、2.1%、2.6% 和 0.2%。与 2010 年相比，火力发电比重下降 2.5%，风力发电比重上升 1.5%，非化石能源发电比重有所提高。

第三章

生态环境质量约束的能源资源定价机制构建

能源资源定价机制是以相关的定价理论为基础，运用相应的定价方法对能源资源性产品进行定价的有机体系。本章主要从基于的定价理论、运用的定价方法、对能源资源特征的刻画、相关研究文献的数量等方面对各类能源资源定价机制进行比较，以此为切入点提出生态环境质量约束的能源资源定价机制，并分别从定价理论模块、定价模型模块和定价方法模块三个方面阐述生态环境质量约束的能源资源定价机制的理论框架体系。

本章主要研究两个重要问题：一是对政府定价机制、市场定价机制、政府—市场定价机制、资源资产定价机制、环境成本定价机制、重置成本定价机制、边际机会成本定价机制、替代价格定价机制、影子价格定价机制、能值定价机制等能源资源定价机制进行分类概述，在此基础上，从定价理论、定价方法、资源性产品特征的刻画、相关研究文献的数量等方面对各种不同的能源资源定价机制进行比较，得出现有定价机制的总体特征。二是生态环境质量约束的能源资源定价机制的构建。生态环境质量约束的能源资源定价机制是由三个模块构成的有机体系，这三个模块分别是定价理论模块、定价模型模块和定价方法模块，其中定价理论模块主要阐述定价理论基础的基本思想，定价模型模块是对定价理论模块的数学描述，定价方法模块是为定价模型模块提供技术支持。

第三章　生态环境质量约束的能源资源定价机制构建

第一节　能源资源定价机制的分类与比较

一、能源资源定价机制的分类

定价理论是基础，定价方法是手段和工具，定价理论指导着定价方法，而定价方法是为定价理论服务的，因此，以什么样的定价理论为基础，就决定了选择什么样的定价方法。本书第一章主要从文献研究综述的角度对能源资源性产品定价机制进行梳理和归纳，以此得出本书的研究思路；本章主要从基于的定价理论和运用的定价方法的角度，通过对能源资源定价机制进行分类和比较，以此得出构建生态环境质量约束的能源资源定价机制的理论依据。

（一）政府定价机制

由于能源资源性产品在国民经济中通常具有基础性和战略性的地位，而且能源资源性产品的价格波动往往会导致国民经济中其他行业产品价格的波动，从而增加国民经济运行不稳定性的风险，所以对于能源资源性产品的定价，不论我国还是外国，不论是发展中国家还是发达国家，都会采取谨慎的做法。一般情况下，对于重要资源性产品的定价，不论是过去还是现在，都会采取政府干预的方式进行，只不过不同的国家和地区、不同的时期干预的程度不同。因此，以马克思劳动价值论为理论基础[①]、以生产成本法为定价手段形成的能源资源政府定价机制成为能源资源定价中较早采用的定价机制。

马克思劳动价值理论是在继承李嘉图劳动价值论的基础上发展起来的，是马克思主义政治经济学的理论基础，在马克思主义政治经济学中占有重要地位。马克思劳动价值理论认为，价值是凝结在商品中的一般人类劳动，商品的价值量取决于生产商品所需要的社会必要劳动时间，即在现有的社会正常生产条件下，社会平均劳动熟练程度和劳动强度下制造某种使用价值所需要的劳动时间，商品的价值量与生产商品的社会必要劳动时间成正比。劳动形成商品的价值，是创造价值的唯一源泉。

---

① ［德］马克思．朱登缩译．资本论［M］．海南：南海出版社，2007．

马克思劳动价值理论在一定的历史条件下发挥过巨大的作用，但在解释今天的经济现实时遇到了较大的困难，表现出相应的局限性：(1) 马克思劳动价值理论认为劳动是创造价值的唯一源泉，资本、技术、信息、管理等生产要素只是参与生产过程，并没有创造价值，是劳动创造的价值的分配者，这与现代的经济发展需要和宏观经济政策并不相符。(2) 马克思劳动价值理论认为只有人类劳动才创造价值，能源资源中不包括人类劳动，因此，能源资源没有价值，不承认能源资源的价值，这样处理的结果必然导致社会对能源资源的轻视和浪费。

生产成本法的理论基础是劳动价值论，因而认为能源资源的价值主要是由其前期开采成本、中间运输成本以及后期加工成本三个部分组成的，至于能源资源自身的价值并没有加以考虑。生产成本法只是从生产的角度而没有从需求的角度考虑能源资源的价值，能源资源的定价中只包含加工成本，不包含能源资源本身的价值，因此，生产成本法所确定的能源资源的价格并不能客观、合理、准确地反映能源资源的价值。生产成本法通常适用于完全竞争或接近于完全竞争的产品的定价，但对于垄断性产品的定价并不适用。

(二) 市场定价机制

供求分析是市场经济理论的基础。市场定价机制是基于供求价值理论，采用边际效用法和生产成本法实现供求价格均衡的定价模式。在各个经济单位独立决策其生产和消费行为，存在完全且公平的市场竞争条件下，市场定价机制符合实现帕累托效率的资源配置要求，即可使社会资源达到最优配置，满足追求最大社会福利的目标，因此，从规范的角度来说，这是一种最优的定价方式。

市场定价机制是基于供求价值理论①，采用边际效用法和生产成本法实现供求价格均衡的定价机制。虽然能源资源具有不同于一般产品的性质和特征，但这并不妨碍市场定价机制成为能源资源定价的重要定价机制。供求价值理论认为，商品价值是由其供给量和需求量共同决定的，或者说是由生产者和消费者共同决定。马歇尔通过把成本价值论和效用价值论两种理论综合起来，提出现代经济学的标准价值论，认为边际效用决定了商品的需求，生产成本决定了商品的供给，需求曲线向下倾斜，供给曲线向上倾斜，两者的交点决定了商品

---

① Milton Friedman. Price Theory [M]. Transaction Publishers. New York, 2007.

的均衡价格和数量，需求和供给的移动影响均衡价格和数量。

边际效用法是以边际效用价值论为理论基础，认为商品的价值是由边际效用决定的，不是由其总效用决定的，能源资源的价值随着其可采储量的减少，其边际效用越来越高，价值也越来越高。生产成本法的理论基础是劳动价值论，由此得到能源资源的价值主要由其前期开采成本、中间运输成本以及后期加工成本三个部分组成。

虽然市场定价机制是能源资源的主要定价模式，但是对能源资源进行定价并不应完全按市场价格来计算。首先，市场交易价格有时不能反映能源资源的真实价值。由于能源资源公有造成所有者虚置，人们的关心度较低，所以往往造成对能源资源的免费使用。其次，即使能源资源有明确的所有者，也不能保证其价格能反映其长期价值，由于人的预见能力有限，在提前变现的驱使下，能源资源价值往往被低估。

(三) 政府—市场定价机制

政府与市场共同定价是指某些商品价格由政府和生产经营者共同确定。其主要表现是政府指导价，即政府价格主管部门对某些商品规定基准价及浮动幅度，而具体价格水平由企业在规定的最高或最低价格标准范围内自行决定。目前政府—市场定价只限于少数国家垄断生产经营和关系国计民生的重要商品，以及某些生产资料价格和农产品收购价格。

政府—市场定价机制是一种具有明显过渡性的产品定价模式。不论对石油、天然气还是煤炭而言，我国在特定时期所采用的政府—市场定价模式是为当时的社会经济发展服务的，而这种定价模式其实是连接政府定价模式与市场定价模式的桥梁。因此，政府—市场定价机制所基于的定价理论和在定价中采用的定价方法会同时具有政府定价机制和市场定价机制的特点。具体来说，政府—市场定价机制中政府指导价的制定与政府定价机制比较相似，即基于劳动价值理论采用生产成本法来实施；而政府—市场定价机制中企业的定价部分与市场定价机制比较相似，即基于供求价值理论采用边际效用法和生产成本法来实施。

(四) 资源资产定价机制

资源资产定价机制是以国民经济核算体系为理论基础，采用收益还原法对能源资源性产品进行定价的模式。SNA2008认为，如果条件允许，首先应使用市场价格对资源资产进行估价；如果没有市场价格，就以持有或使用该资产的未来收益的净现值作为其价值，即运用收益还原法计算其现值。[1] 经济理论认为，大多数非金融资产尤其是能源资源的市场价格采用收益还原法确定是比较合理的。[2]

收益还原法[3]包括三种形式，分别是净现值法、净租法、使用者成本备抵法。

净现值法是通过运用适当的资本化率，将能源资源未来预期的净收益折现到估价时点后累加，从而得到能源资源在该时点价值的一种估价方法。利用净现值法测算能源资源的存量价值和核算期经济过程对能源资源的耗减价值，要求所有未来的资本报酬、资本的使用年限以及折现率已知。[4]

净租法是收益还原法的一种特殊形式，通常只适用于总量有限的不可再生的环境资源。净租法通常有两种形式：第一种形式为，根据 Hotelling 模型假定，在特定市场条件下，当能源资源稀缺时，不可再生能源资源的租金会以等于折现率（或利息率）的速度递增。依此假定，能源资源存量价值等于每单位能源资源的当前租金乘以能源资源存量规模。因为租金在时间上增加的速度刚好抵消了折现率，所以就没有必要折现未来收入。第二种形式为，对于已探明储量的能源资源，无论是当年开采还是未来某一年开采，作为同一物品，它们都应该具有相同的内在价值。因此，不能因为人为开采能力的限制，或对产量的限制因素，影响到对能源资源本身价值的客观评价。基于这种认识，在测算能源资源的价值时，不需要对未来开采的能源资源价值进行折现，可直接应用估价模型计算能源资源存量价值。[5]

使用者成本备抵法只能用于计算能源资源的耗减价值即流量价值，而不能

---

[1] Commission of the European Communities, International Monetary Fund, Organisation for Economic Cooperation and Development, United Nations, World Bank. System of National Accounts 2008 [M]. UN Publishers. New York, 2008.

[2] Landefeld, J. S. and J. R. Hines. National Accounting for Non – renewable Natural Resources in the Mining Industries [J]. In Review of Income andWealth, 1995, Vol. 31, pp. 1 – 20.

[3] Repetto R. et al, Wasting Assets: Natural Resources in the National Income Accounts [M]. Washington, D. C: World Resources Institute. 1989.

[4] El Serafy, S. The Proper Calculation of Income From Depletable Natural Resources [J]. In Environmental Accounting for Sustainable Development, Y. J. Ahmad, S. El serafy and E. Lutz eds. Washington, DC: The World Bank, 1989, pp. 10 – 18.

[5] El Serafy, S. Green accounting and economic policy. Ecological Economics [J], vol. 21, 1997, pp. 217 – 219.

用于计算能源资源的存量价值。使用者成本备抵法认为，尽管净租法比较简单，但其结果与能源资源成长率等于利率的假设有关。使用者成本备抵法对成长率采用了不同的假设。使用者成本备抵法把能源资源所产生的总收益分为两部分：一部分为实际收益；另一部分为开采耗竭性资源的收益（称为使用者成本）。[①] 该方法认为，要满足可持续发展的原则，资源的开采者应该将其在有限时间内开采耗竭性能源资源的收益用于投资，利用投资得到未来持续可得的收益才是实际收益。使用者成本备抵法在计算成长率时，假设每年每单位总收益固定且开采水平不变，这意味着，即使价格及开采成本变动，使用者成本备抵法的估计值仍然不变。

通过对资源资产估价方法进行比较，可以看出净现值法、净租法、使用者成本备抵法三种方法虽然在计算公式、假设条件、使用过程中有所差异，但其本质却是相同的。当成长率是随着市场利率增加时，净现值法可以转换为净租法；当成长率在任何时间都固定不变时，净现值法可以转换为使用者成本备抵法。从另一个角度来讲就是，净现值法是收益还原法的一般形式，而净租法和使用者成本备抵法是使用者成本备抵法的特殊形式。从应用范围讲，净现值法和净租法既可以计算能源资源的存量价值，又可以计算能源资源的流量价值，但使用者成本备抵法却只能用于计算能源资源的流量价值，而不能计算能源资源的存量价值。

（五）环境成本定价机制

可持续发展是指不仅满足当前社会经济发展对资源和环境的需求，同时还能够满足未来社会经济发展对资源和环境的需要的发展模式。可持续发展理论提出了"外部不经济内在化"的观点，并提出利用价格机制、税收、信贷、赔偿等经济杠杆，以使社会损失包含在私人厂商的生产成本，把外部因素内在化，使环境资源得到保护。[②]

环境成本定价机制以可持续发展理论为理论基础，采用环境成本法对能源资源进行定价。环境成本法是一种广义的生产成本法。生产成本法是以劳动价值论为理论基础，认为商品的价值是由其前期开采成本、中间运输成本以及后

[①] El Serafy, S. Weak and Strong Sustainability: Natural Resources and National Accounting – Part 1 [J]. In Environmental Taxation and Accounting, Volume 1, No. 1, pp. 21 – 48.

[②] The world Commission on Environment and Development. Our Common Future [M]. New York: United Nations. 2008.

期加工成本三个部分组成的。由于能源资源具有不同于一般产品的特殊性，能源资源的成本除了生产成本外，还应包括环境成本，因此，所谓环境成本法就是以可持续发展理论为理论基础，能源资源的价值等于生产成本加上环境成本的定价方法。

（六）重置成本定价机制

补偿价值论的主要观点认为，可再生资源的价值等价于通过人工活动使其还原到原来状态需要的支出和成本。其基本思想是，假定资源可以保持不变，所以经过人类劳动作用后能够使其恢复原状，资源的价值可以用补偿、恢复的代价来衡量。[①] 这一思路有其合理性，即资源如果没有损耗则其价值就没有减少，因此，资源价值的减少就是其恢复成本。补偿价值理论反映了自然资源的有限性，体现了可再生资源的恢复和更新要求。在自然资源被开发利用的范围和幅度有限的情况下，可再生资源可自然再生和恢复，但当今人类开发利用自然资源的规模和强度常常超过了自然资源自身恢复的能力，要使其再生和恢复就必须花费一定的成本，这种成本就是资源的补偿价值。这种方法不仅是合理的，而且是较为实用的，所以自然资源价格尤其是可再生自然资源的价格可以依据补偿的费用来确定。补偿价值理论的缺点是，既不适用于不可再生资源，也不能反映资源的效用价值。在自然资源可以自然恢复的情况下，按补偿价值论自然资源是没有价值的，这当然是不正确的。

重置成本法也称恢复成本法，其理论基础是补偿价值论，即重新购建与被估计资源相同或类似的全新资源所需要的全部费用（重置成本），扣除磨损、贬值等因素，作为被评估资源价值的方法。用公式表示为：

$$V = C_{re} - D_f - D_p - D_e$$

其中，V 为被评估资源价值；C_{re} 为重置成本；D_f 为功能性贬值；D_p 为实体性贬值；D_e 为经济性贬值。

功能性贬值是指由于技术进步造成的贬值。实体性贬值是指资源使用或开采所造成的折旧，可以用观察法和使用年限法来估算。经济性贬值是指由于通货膨胀、市场变化等引起的贬值。

重置成本法有其合理性，比较适用于对资源或环境损失的估价。但也有缺

[①] 中国环境与发展国家合作委员会. 中国自然资源定价研究 [M]. 北京：中国环境科学出版社，1997.

点：一是不能反映资源的效用价格、需求价格；二是对不可恢复资源（如石油、煤炭）用重置成本法是无法估测其价格的；三是资源的完全重置基本上不可能，有些只能是部分的重置。

重置成本定价机制虽然比较适用于可再生资源的定价，但对于不可再生资源并不适用；同时，对资源的供求关系、稀缺程度等特征反映得不够深入和全面，因此，重置成本定价机制也存在着局限性。

（七）边际机会成本定价机制

机会成本是指在其他条件相同时把一定的资源用于某种用途时所放弃的其他用途的最大效益，或是指在其他条件相同时利用一定的资源获得某种收入所放弃其他用途的最大收益。新古典经济学派提出了机会成本理论，用机会成本确定自然资源价格，不仅意味着将一部分资源开发利润计入成本，也意味着必须将未来所牺牲的收益计入成本。用机会成本间接计算资源价格，是一种可行的方法，因而机会成本理论被广泛地用于能源资源定价。

对于能源资源来说，其价值用边际机会成本进行衡量主要包括三个部分：一是能源资源生产过程中所投入的人力、物力和财力等生产成本；二是能源资源生产过程中产生的废水、废气、废固等对社会经济和生态环境造成的损失；三是由于能源资源的稀缺性对能源资源性产品价格变化的影响。因此，从机会成本理论的角度看，能源资源价值应该等于其边际机会成本。[1]

边际机会成本由边际生产成本、边际使用者成本和边际环境成本组成，其计算公式为：

$$MOC = MPC + MUC + MEC$$

其中，MOC 为边际机会成本；MPC 为边际生产成本；MUC 为边际使用者成本；MEC 为边际环境成本。

边际生产成本指为获得能源资源必须直接投入的边际费用。包括收获能源资源必须支付的原材料、动力、工资、设备等，或分为包括边际勘探成本、再生产成本、管理成本等，或分为短期的固定成本和可变成本以及长期的可变成本。边际使用者成本指以某种方式使用能源资源的边际数量所放弃的以其他方式利用能源资源可能获得的最大边际净效益，可以是现在使用该能源资源所放

---

[1] [美] 保罗·A. 萨缪尔森，威廉·D. 诺德豪斯. 萧琛译. 经济学（第19版）[M]. 北京：商务印书馆，2013.

弃的将来使用所带来的纯收益，或能够获取的边际私人纯收益，或是将来在某一价格水平上被使用替代品或替代技术的价格。边际环境成本指在能源资源开发利用过程中对外部环境造成的当代或者未来的非市场性的边际损失。

能源资源的边际机会成本定价机制从理论上能够较好地反映能源资源效用和稀缺程度变化的影响，并且突破传统的定价过程中只考虑当前利益和企业自身利益的局限性，在考虑能源资源性产品生产过程中所投入的人力、物力和财力等生产成本的同时，又兼顾能源资源性产品生产过程中因产生的废物对社会经济和生态环境造成的损失，较好地体现了环境成本内部化的可持续发展要求。尽管如此，边际机会成本定价机制仍存在一定的局限性，表现在以下两个方面：一是数据获取的难度较大。根据边际机会成本计算公式的需要，边际生产成本数据的获得相对容易，而边际使用者成本、边际环境成本则比较困难。二是缺乏可比性。由于同一能源资源在不同地区的边际使用者成本、边际环境成本的计算内容和方法不同，从而导致边际机会成本的结果不具有对比的前提条件，不能够用于研究其动态变化和区域差异性。

（八）替代价格定价机制

边际效用价值论主要有两个学派，分别是奥地利学派和数理学派。其中，奥地利学派的主要代表有庞巴维克、门格尔、维塞尔，数理学派的主要代表有杰文斯、洛桑。[①] 不论是奥地利学派还是数理学派，均认为商品的价值不取决于生产要素的贡献，而是取决于商品使用过程中消费者的主观评判。也就是说，商品对人们的效用是决定和衡量商品价值的尺度，即商品价值的大小取决于人的主观感受，而非生产关系和生产要素。

替代价格法是针对没有市场价格的能源资源，通过搜寻和确定其相似的替代物，并根据替代物的价格测算没有市场价格能源资源的价值。替代价格法的理论基础是效用价值论，基本思想是，如果商品的边际效用相同，那么其价值也是相同的，即商品的价值可以通过边际效用来衡量。不可再生性稀缺能源资源的替代价格就是发现、开发和获取替代能源资源的成本费用。替代价格法使用的关键是确定哪些可交易的市场物品是能源资源可以接受的替代物。替代价格的确定还取决于科技进步，如果一种资源的可开采储量即将用完却还没有找

---

① ［美］罗伯特·S. 平狄克，丹尼尔·L. 鲁宾费尔德. 微观经济学［M］. 北京：中国人民大学出版社，2012.

到有效的替代品，那么它的稀缺性就会增加，市场价格就会直线上升。

(九) 影子价格定价机制

影子价格定价机制基于的理论主要有两类：一是资源最优配置理论[①]；二是机会成本和福利经济学理论[②]。计算影子价格的方法主要有两种：一是非线性规划；二是古典最优化。这两种方法的共同点是：两者都是基于约束条件下的最优化，都是通过构造拉格朗日函数求最优解，而且拉格朗日乘数就是对应的影子价格。两种方法不同点是：非线性规划可以允许角点解和内部解，而古典最优化不允许角点解和内部解；非线性规划允许一些约束在最优点处无效，而古典最优化要求对所有的约束在最优点处都有效。通过对两种计算方法的比较可以得知，与古典最优化方法相比，非线性规划方法有着更宽松的应用条件，而这与现实应用中非线性规划方法使用较多相一致。

影子价格是劳动、资本、资源、技术进步等各种生产要素达到最佳配置从而整个社会经济达到最优状态的价格。能源资源的影子价格定价机制的不足主要表现为：一是虽然影子价格定价机制能够反映能源资源的边际贡献，但边际贡献很大程度上取决于能源资源制造的商品的价格，在能源资源价格扭曲的时候，商品的价格也必然扭曲。二是利用影子价格理论求解能源资源价格需要求解线性规划，所需数据量巨大，且计算复杂，有很大的困难。三是影子价格定价机制对能源资源的稀缺程度反映得比较充分，但对能源资源供求关系、环境成本等特征反映得较少。

(十) 能值定价机制

生态劳动价值论是包括自然界劳动的劳动价值论。[③] 从生态劳动价值论的角度，可以将商品价值表述为由自然界劳动和人类劳动所创造的价值共同构成的。[④] 而由 H. T. Odum 所提出的能值概念，则为实现自然界劳动和人类劳动所创造价值的统一提供了度量标准和测量工具。在生态系统中，任何资源、产

[①] 张维迎. 博弈论与信息经济学 [M]. 上海：上海人民出版社，1996.
[②] [英] 亚瑟·C. 庇古. 何玉长，丁晓钦译. 福利经济学 [M]. 上海：上海财经大学出版社，2009.
[③] 杨缅昆. EDP 核算理论问题的再探讨 [J]. 统计研究，2003 (12)：51-54.
[④] 唐思文. 对马克思价格理论的质疑与马克思主义经济学的暂时冷落 [J]. 当代经济研究，2007 (12)：30-33.

品、劳务的形成、生产和提供都需要直接和间接的能量,任何形式的能量均来源于太阳能,因此,通常用太阳能为标准来测算各种能量的能值。同样能源资源也可以用能值作为测量工具衡量其价值。[①]

能值定价机制以生态劳动价值论作为定价的理论基础,以能值测度方法作为定价方法,这不仅改变了人们对于传统劳动价值理论的认识,拓展了价值理论的范围,而且从方法上为实现自然界劳动所创造价值和人类劳动所创造价值的统一提供了计量技术。然而,由于能值作为测量工具本身还有较多不够完善的地方,以及如何与现行货币形式的产品价值进行对接也存在许多难题,因此,能值定价机制目前还无法真正用于实际的定价问题中。对于能源资源定价问题而言,能值定价机制虽然能够对能源资源的稀缺程度、环境成本等特征有所反映和刻画,但对其供求关系的特征关注较少。

二、能源资源定价机制的比较

在对不同能源资源定价机制进行归纳、分类的基础上,从基于的定价理论、运用的定价方法、对能源资源特征的刻画、相关研究文献的数量等方面对各种不同的能源资源定价机制进行比较,详细结果见表3-1。

表3-1　　　　　　　　不同能源资源定价机制的比较

定价机制	定价理论	定价方法	能源资源的特征			研究文献的数量
			稀缺程度	供求关系	环境成本	
政府定价机制	劳动价值论	生产成本法	无反映	无反映	无反映	较多
市场定价机制	供求价值论	边际效用法 生产成本法	有反映	有反映	无反映	很多
政府—市场定价机制	劳动价值论 供求价值论	生产成本法 边际效用法	有反映	有反映	无反映	一般
资源资产定价机制	国民经济核算体系	收益还原法	有反映	无反映	无反映	很少
环境成本定价机制	可持续发展理论	环境成本法	无反映	无反映	有反映	较少
重置成本定价机制	补偿价值论	重置成本法	无反映	无反映	有反映	较少

---

① H. T. Odum. Environmental Accounting: Energy and Environmental Decision Making [M]. New York: John Wiley & Sons, 1996.

续表

定价机制	定价理论	定价方法	能源资源的特征			研究文献的数量
			稀缺程度	供求关系	环境成本	
边际机会成本定价机制	机会成本论	边际机会成本法	有反映	无反映	有反映	较少
替代价格定价机制	边际效用价值论	替代价格法	有反映	无反映	无反映	很少
影子价格定价机制	资源最优配置理论 福利经济学	非线性规划法 古典最优化	有反映	无反映	无反映	较少
能值定价机制	生态劳动价值论	能值分析法	有反映	无反映	有反映	很少

(一) 基于的定价理论比较

从基于的定价理论来看，以价值论作为定价基础的有六种定价机制，以其他理论作为定价基础的有四种定价机制，因此，从定价理论的分布来看，基于价值论的定价机制仍是能源资源定价的主要模式，同时其他理论也为能源资源的定价提供了新的指导和借鉴。除政府—市场定价机制、影子价格定价机制以外，其他八种定价机制都以单一的定价理论作为定价的基础。虽然政府—市场定价机制以劳动价值论和供求价值论为理论基础，但不论是劳动价值论还是供求价值论，从价值论的角度来说同属于一个范畴，即没有超越价值论的范围去讨论能源资源的定价问题。同样，影子价格定价机制的定价理论既可以是资源最优配置理论也可以是福利经济学，但都体现了最优化的基本思想，因此，可以归为同一类理论。总体来讲，这十种能源资源定价机制在定价理论上表现出的主要特征就是单一性，即从某一个角度、侧面来选择和确定能源资源的定价理论。由于定价理论是定价方法选择、定价机制形成的基础，所以定价理论的单一性特征也就决定了以此为基础建立的定价机制在描述、刻画、反映能源资源特征中的片面性和局限性。

(二) 运用的定价方法比较

从采用的定价方法看，除非线性规划方法以外其他定价方法基本上都属于由概念或定义推导出的计算方法，这类定价方法的特点是能够比较直接、比较准确地描述需要解决的问题，同时往往也比较抽象。正是由于这样的特点，这类定价方法从表面上观察是无懈可击、非常完美的方法。但如果深入挖掘其内在的本质会发现，基于概念或定义推导出的定价方法在应用上和计算上往往存在着较大的缺陷。而这样的缺陷在某些情况下可能是由于现有的统计数据还不能够满足其计算的需要造成的，但更多的情况是因为这些方法本身设计上的局限性所导致的。基于概念或定义推导出的定价方法其本质是一种定性的计算方法，并不适合于定量的计算，所以运用这类定价方法所进行的能源资源定价研究中都是关于定性问题的讨论，很少能见到定量问题的分析。

（三）对能源资源特征反映的比较

按照定价机制对能源资源特征的总体反映情况可将其分为三类：第一类是对能源资源特征的总体反映较为充分的定价机制，包括市场定价机制、政府—市场定价机制、边际机会成本定价机制、能值定价机制等，这类定价机制对能源资源三个特征中的两个特征都有所描述和刻画，反映的程度也相对充分，而这与实际定价问题中三种定价机制的广泛应用是一致的，即定价机制对能源资源特征的反映越充分，其应用就越广泛。第二类是对能源资源特征的总体反映一般的定价机制，包括资源资产定价机制、环境成本定价机制、重置成本定价机制、替代价格定价机制、影子价格定价机制等，这类定价机制仅对能源资源的某一个特征有所反映，虽然解决问题的方向比较明确但对能源资源的特征反映不够充分，同时，在实际应用中往往使用得较少。第三类是对能源资源特征的总体没有反映的定价机制，主要是政府定价机制，该定价机制对能源资源三个特征基本上都没有反映，虽然政府定价机制在我国的特定时期被广泛用于能源资源的定价，但这并不能够掩盖其存在的局限性。

按照定价机制对能源资源单一特征的反映情况，可以从三个方面进行比较。一是反映稀缺程度特征的定价机制，主要有市场定价机制、政府—市场定价机制、资源资产定价机制、边际机会成本定价机制、替代价格定价机制、影子价格定价机制、能值定价机制等。二是反映供求关系特征的定价机制，主要有市场定价机制、政府—市场定价机制等。三是反映环境成本特征的定价机制，主要有环境成本定价机制、重置成本定价机制、边际机会成本定价机制、能值定价机制等。由此可以看出，现有能源资源定价机制中大多数都对能源资源稀缺程度的特征有所反映，而对供求关系、环境成本等特征关注得相对则比较少。即使如此，对供求关系特征的反映不论是市场定价机制还是政府—市场定价机制都是以供求价值论为理论基础进行的研究，对能源资源使用造成的环境成本的反映目前还停留在定性研究阶段，定量测算还很少。可见，对能源资源供求关系、环境成本特征的研究仍是未来能源资源定价中所需解决的重点和难点问题。

（四）研究文献分布的比较

从对不同定价机制的研究文献来看，市场定价机制的研究文献很多，此外是政府定价机制、政府—市场定价机制的研究文献，而环境成本定价机制、重置成本定价机制、边际机会成本定价机制、影子价格定价机制的研究文献则相对较少，其中资源资产定价机制、替代价格定价机制、能值定价机制的研究文献数量更少。通过对研究文献数量的比较可以看出，虽然政府定价机制、政府—市场定价机制的研究文献数量较多，但这并不能够代表能源资源定价的研究方向，因为政府定价机制是特定时期的产物，它的产生和发展只是为了满足特定时期社会经济发展的需要，而政府—市场定价机制只不过是连接政府定价机制与市场定价机制的过渡定价模式，所以市场定价机制仍是未来能源资源定价的代表方向之一。尽管环境成本定价机制、重置成本定价机制、边际机会成本定价机制的研究文献数量较少，但这些定价机制关于能源资源使用造成的环境成本的反映也同样代表了未来能源资源定价中需要重点关注的问题。

（五）能源资源定价机制的总体特征

通过对不同定价机制基于的定价理论、采用的定价方法、刻画的能源资源特征情况、相关研究文献的数量等方面进行对比，可以推出现有定价机制的总体特点是：(1)定价理论是以价值论为主的单一定价理论。(2)定价方法基本上是以概念或定义推导出的定价方法，很难用于实际问题的定量计算。(3)虽然有些定价机制对能源资源特征的反映比较充分，但没有一种定价机制能够全面地反映、刻画能源资源的特征。(4)研究文献数量最多的市场定价机制仍是未来能源资源定价的代表方向之一，而环境成本的研究将成为未来能源资源定价中需要关注的重点问题。

第二节 生态环境质量约束的能源资源定价机制框架

通过对能源资源定价机制的归纳、分类、比较可知，现有的能源资源定价机制虽然在能源资源的定价问题中发挥过积极的作用，但其在定价理论选择上的单一性、在定价方法运用上的不可计量性、在能源资源特征刻画上的不充分性等方面存在的问题更值得关注，而正是由于这些问题的存在使得按照现行定价机制测算的能源资源的价格并不能真实反映其价值。为解决这些问题，笔者以能源资源使用中造成的环境成本为切入点，用生态环境质量去测算难以定量衡量的环境成本，突破单一定价理论、定义式定价方法的思维方式，通过构建生态环境质量约束的能源资源定价机制去全面、客观、准确地刻画能源资源性产品的特征，同时为准确、真实地测算能源资源性产品的价值提供理论依据。根据定价理论与定价方法之间的辩证关系，生态环境质量约束的能源资源定价机制从内容上和逻辑关系上主要分为三个模块，即定价理论模块、定价模型模块和定价方法模块。① 其中，定价理论模块是生态环境质量约束的能源资源定价机制的理论基础，定价模型模块是对定价理论模块的数学描述，定价方法模块主要为定价模型模块提供技术支持，这三个模块之间的相互关系和作用机制详见图 3-1。

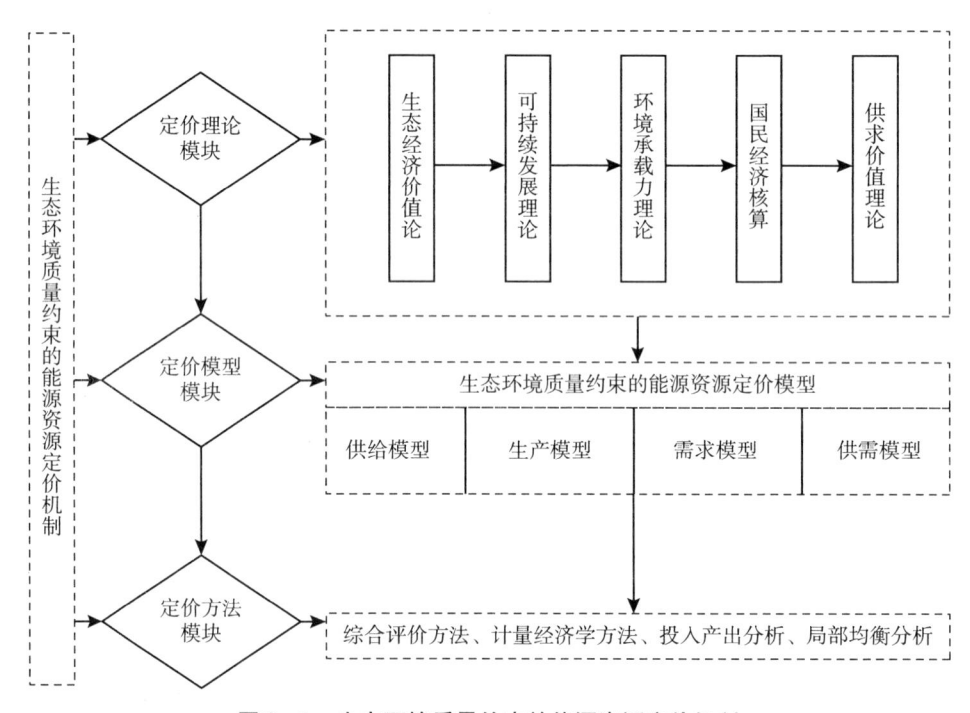

图 3-1 生态环境质量约束的能源资源定价机制

---

① 韩君. 生态环境约束的能源资源定价机制——一种分析框架的构建 [J]. 生态经济, 2015 (10): 53-58.

一、定价理论模块

生态环境质量约束的能源资源定价机制基于的定价理论是生态经济价值论、可持续发展理论、环境承载力理论、国民经济核算体系、供求价值论等理论。其中，生态经济价值论阐释了能源资源有价值的观点；在承认能源资源有价值的基础上，可持续发展理论提出减少环境污染、节约资源、促进社会经济可持续发展的重要途径就是将能源资源在使用中造成的环境成本外部化转换为环境成本内部化，而实现的方式就是将环境成本包含在能源资源的价值中；环境承载力理论阐述了经济发展的生态环境约束问题，为建立环境—经济系统的有机联系、实现环境成本的定量化奠定了理论基础；国民经济核算体系主要阐释了国民经济各行业对能源资源需求的数量关系和数量特征，这为测算生态环境质量约束条件下国民经济对能源资源的需求量提供了理论路径。供求价值理论则为求解生态环境质量约束条件下能源资源的均衡价格、反映生态环境质量约束条件下能源资源的稀缺程度和供求关系特征提供理论指导。定价理论模块中生态经济价值论、可持续发展理论、环境承载力理论、国民经济核算体系、供求价值论等理论的详细内容阐述参见第四章"生态环境质量约束的能源资源定价理论基础"。

二、定价模型模块

生态环境质量约束的能源资源定价模型是对其所基于的定价理论的数学描述，该模型主要包括四个子模型，分别是生态环境质量约束的能源资源供给模型、生态环境质量约束的生产模型、生态环境质量约束的能源资源需求模型、生态环境质量约束的能源资源供需模型。（1）生态环境质量约束的能源资源供给模型以生态经济价值论、可持续发展理论为理论基础，运用计量经济学方法建立环境质量与能源资源消费量的数量模型，将生态环境质量外生给定即在保持生态环境质量水平不变的约束下根据该数量模型所揭示的生态环境质量与能源资源消费量之间的数量关系规律测算能源资源的供给量；而该模型中生态环境质量衡量的研究将在第五章中详细讨论，这里不再阐述。（2）生态环境质量约束的生产模型以环境承载力理论为理论基础，通过计算生态环境质量约束条件下的能源资源供给量与实际能源资源供给量的差量，并根据这个差量借助环境承载力理论的思想运用投入产出分析方法测算生态环境质量约束条件下的各行业的总产值、国民经济总产值。(3) 生态环境质量约束的能源资源需求模型以国民经济核算体系为理论基础,根据国民经济各行业对能源资源需求的数量关系和数量特征,运用投入产出分析方法测算生态环境质量约束条件下各行业的能源资源需求量及国民经济的能源资源总需求量。(4) 生态环境质量约束的能源资源供需模型以供求价值论为理论基础,根据生态环境质量约束的能源资源供给模型、需求模型分别测算得到生态环境质量约束条件下的国民经济的能源资源总供给量、总需求量,运用局部均衡分析的方法求解生态环境质量约束条件下的能源资源均衡价格。定价模型模块中生态环境质量约束的能源资源供给模型、生态环境质量约束的生产模型、生态环境质量约束的能源资源需求模型、生态环境质量约束的能源资源供需模型四个子模型的推导过程详见第五章"生态环境质量约束的能源资源定价模型研究"。

三、定价方法模块

在定价方法的选择上,根据生态环境质量约束的能源资源定价模型研究的需要,本书改变以往采用概念式或定义式定价方法难以用于定量计算的现状,主要运用综合评价方法、计量经济学方法、投入产出分析、局部均衡分析等应用性较强和可计算性较强的方法解决能源资源价格的定量测算问题。其中,综合评价方法用于构建生态环境质量评价指标体系去描述、刻画生态环境质量的复杂性和抽象性,并运用综合评价方法测算生态环境质量结果。计量经济学方法用于建立生态环境质量与能源资源消费量的数量模型,在此基础上将生态环境质量外生给定即保持生态环境质量水平不变的约束下测算能源资源的供给量,从而建立环境—能源系统的内在数量联系。投入产出分析方法用于对基本型投入产出表进行分解、调整、合并构建能源资源型投入产出表,然后利用能源资源型投入产出表测算生态环境质量约束下的各部门和国民经济总产值,进而测算生态环境质量约束下的能源资源需求量。局部均衡分析方法用于根据生态环境质量约束条件下的国民经济的能源资源总供给量、总需求量求解静态和动态生态环境质量约束条件下的能源资源价格。定价方法模块中综合评价方法、计量经济学、投入产出分析、局部均衡分析等方法在生态环境质量约束的能源资源定价中的具体应用详见第五章第五节"生态环境质量约束的能源资源定价方法"。

本 章 小 结

本章通过对不同的能源资源定价机制进行归纳、分类和比较，以及在此基础上针对现有定价机制对能源资源特征描述上存在的局限性，进行生态环境质量约束的能源资源定价机制的构建研究，主要得到以下结论。

1. 按照基于的定价理论、运用的定价方法、对能源资源特征的刻画等标志的不同，能源资源定价机制可分为政府定价机制、市场定价机制、政府—市场定价机制、资源资产定价机制、环境成本定价机制、重置成本定价机制、边际机会成本定价机制、替代价格定价机制、影子价格定价机制、能值定价机制等模式。

2. 对不同能源资源定价机制比较表明，现有定价机制的总体特征是：定价理论是以价值论为主的单一定价理论；定价方法基本上是以概念或定义推导出的定价方法，很难用于实际问题的定量计算。虽然有些定价机制对能源资源特征的反映比较充分，但没有一种定价机制能够全面刻画能源资源的特征。研究文献分布不均衡，市场定价机制仍是未来能源资源定价的代表方向之一；而环境成本将成为未来能源资源定价中需要重点关注的问题。

3. 生态环境质量约束的能源资源定价机制以难以量化的环境成本为切入点，通过将环境成本用生态环境质量评价指标体系来刻画，以此建立能源资源在生态环境质量约束条件下的定价模式。生态环境质量约束的能源资源定价机制从内容上和逻辑关系上分为三个模块，即定价理论模块、定价模型模块和定价方法模块。

4. 定价理论模块是生态环境质量约束的能源资源定价机制的理论基础，是以生态经济价值论、可持续发展理论、环境承载力理论、国民经济核算体系、供求价值论等理论组成的综合定价理论。

5. 定价模型模块是对定价理论模块的数学描述，该模块主要包括生态环境质量约束的能源资源供给模型、生态环境质量约束的生产模型、生态环境质量约束的能源资源需求模型、生态环境质量约束的能源资源供需模型四个模型。

6. 定价方法模块主要为定价模型模块提供技术支持，该模块包括综合评价方法、计量经济学方法、投入产出分析、局部均衡分析等具有较强可计算性和可行性的方法。

第四章

生态环境质量约束的能源资源定价理论基础

定价理论是能源资源定价的基石，决定着定价的方向和目标，因此，选择什么样的定价理论作为定价的基础，就决定了得到什么样的定价结果。传统的定价理论，不论是威廉·配第的价值论、亚当·斯密的价值论、马克思的劳动价值论，还是效用价值论、地租理论、补偿价值论等价值理论，由于都是以经济系统为中心进行定价，所以均认为商品的价值是仅由人类劳动所创造的价值来决定，忽视了商品尤其是能源资源的生态价值，而这导致能源资源被无价或低价过度开采、使用的局面，并造成生态破坏和环境污染的严重问题。

解决这些问题的关键就是将传统的以经济系统为中心转变为以生态经济系统为中心去研究资源的价值问题。本章作为生态环境质量约束的能源资源定价机制定价理论模块内容展开和详细阐述，主要对生态环境质量约束能源资源定价机制的理论基础——生态经济价值理论、可持续发展理论、环境承载力理论、国民经济核算体系和供求价值论的基本思想进行剖析，并就各理论在定价机制问题中的作用和地位以及相互关系进行研究。

第一节 生态经济价值理论

生态环境质量约束的能源资源定价机制是以生态经济价值理论、可持续发展理论、环境承载力理论、国民经济核算体系、供求价值论等综合理论为定价的理论基础，而生态经济价值理论又是这个定价理论基础的基础。要对能源资源进行客观、准确的定价，首先应改变能源资源本身无价的认知，即承认能源资源本身是有价值的。那么，威廉·配第的价值论、亚当·斯密的价值论、马克思的劳动价值论等古典价值理论以及效用价值论、地租理论、补偿价值论等理论是否承认能源资源本身是有价值的；如果没有，这些理论与生态经济价值理论之间又是什么样的联系与区别，显然，这都是需要进行剖析的问题。

一、能源资源无价值理论

能源资源无价值理论主要是指站在经济系统的角度对能源资源进行定价，认为能源资源的价值是由在开采、运输、加工能源资源等生产过程中投入的人类劳动所决定的，纯粹不认为或不承认能源资源本身是有价值的价值理论。主要包括威廉·配第的价值论、亚当·斯密的价值论、马克思的劳动价值论。这些价值理论的基本思想具体表现如下。

（一）威廉·配第的价值论

威廉·配第（William Petty）生活在重商主义向古典经济学转化的时期，他提出了著名的论断"劳动是财富之父，土地是财富之母"[1]，认为财富是通过劳动创造出来的，只是在生产环节才创造财富，在流通环节并不创造财富；至于通过贱买贵卖的方式来获得财富，只能是局部的现象，并不能增加财富的总量。虽然威廉·配第的价值理论为古典经济学的建立奠定了基础并做了很大的贡献，但是误认为财富论就是价值论，混淆了财富论与价值论的概念，而且在他的理论中并没有指明自然资源是有价值的。

（二）亚当·斯密的价值论

亚当·斯密（Adam Smith）最先明确提出了劳动价值论，他认为，在没有土地私有且资本积累的条件下，劳动时间决定商品的价值；但在土地私有且资本积累的条件下，劳动时间同资本的利润与土地的地租共同决定商品的价值。[2] 显然，亚当·斯密的价值论是双重的价值论，虽然他意识到土地公有且无资本时代的价值规律和土地私有且资本时代的价值规律是不同的，但不论是哪种情况，关于自然资源是有价值的问题仍然没有回答。

---

[1] ［英］威廉·配第. 薛东阳译. 赋税论［M］. 武汉：武汉大学出版社，2011.
[2] ［英］亚当·斯密. 孙善春，李春长译. 国富论［M］. 北京：中国华侨出版社，2010.

(三) 马克思的劳动价值论

卡尔·马克思（Karl Marx）在继承亚当·斯密、大卫·李嘉图的劳动价值学说的基础上，提出了具有划时代意义的劳动价值论。他认为商品的价值是凝结在商品中的一般人类劳动，也就是说，生产商品花费的劳动时间决定商品的价值，当然这里的劳动时间不是简单的劳动时间，而是社会平均劳动时间；商品的价值由劳动的工资、资本的利润和土地的地租构成，至于工资、利润和地租之间的比例关系并不影响商品的价值。① 马克思的劳动价值论认为仅有人类劳动这种生产要素才创造价值，而能源资源本身不包括人类劳动，因而能源资源没有价值，不承认能源资源的价值。

二、狭隘的能源资源有价值理论

与能源资源的无价值理论相比，虽然狭隘的能源资源有价值理论从表面上看认为或承认能源资源是有价值的，但仍然站在经济系统的角度对能源资源进行定价，无法掩盖能源资源本身没有价值的本质。狭隘的能源资源有价值理论主要包括效用价值论、地租理论、补偿价值论，这些价值理论的基本思想具体表现如下。

(一) 效用价值论

效用价值论认为商品的价值取决于其带给人们的效用。效用价值论是从消费者的角度来讨论价值问题，认为商品之所以有价值，是因为商品对人们有用；对于不具有使用价值的商品，其消耗的劳动量再多或者生产成本再高，该商品也是没有价值的。② 因此，在生产所有商品的原材料都离不开自然资源的条件下，按照效用价值论的观点，自然资源无疑是有用的，即是有价值的。虽然效用价值论解释了自然资源是有价值的问题，但需要强调的是，这种资源的有价观具有一定的狭隘性：首先，将自然资源特别是将能源资源等同于一般商品进行处理，忽略了能源资源自身的特征对于其定价问题的影响；其次，这种解释自然资源是有价值的角度仍然只是从经济系统出发考虑的，并没有兼顾生

---

① [德] 马克思. 朱登缩译. 资本论 [M]. 海南：南海出版社，2007.
② [美] 罗伯特·S. 平狄克，丹尼尔·L. 鲁宾费尔德. 微观经济学 [M]. 北京：中国人民大学出版社，2012.

态环境系统在定价问题中的作用。

(二) 地租理论

地租理论认为地租是土地占有者借助对土地的所有权获得的要素收入,而能源等自然资源的特性与土地的特性是一样的,因此,对于能源等自然资源的价值形成和决定可以用地租理论进行分析。地租通常有两种形式,即级差地租和绝对地租,这两种地租的共同点是都是由垄断产生的,只不过级差地租是由经营垄断产生的,而绝对地租是由所有权垄断产生的。[1] 虽然劳动价值论者通常用地租理论来解释资源的价值,但认为资源的价值只是一种"虚拟价值",即本身并无真实的价值,而这种所谓的价值实际是对其他由劳动创造的价值的剥夺。

(三) 补偿价值论

补偿价值论的主要观点可以阐述为可再生资源的价值等价于通过人工劳动使其还原到原来状态需要的支出和成本。其基本思想是,在假定资源可以保持不变的条件下,经过人类劳动作用后能够使其恢复原状,资源的价值可以用补偿、恢复的代价来衡量。[2] 补偿价值理论反映了自然资源的有限性,体现了可再生资源的恢复和更新要求。在自然资源被开发利用的范围和幅度有限的情况下,可再生资源可自然再生和恢复,但当今人类开发利用自然资源的规模和强度常常超过了自然资源自身恢复的能力,要使其再生和恢复就必须花费一定的成本,这种成本就是资源的补偿价值。虽然自然资源的价值尤其是可再生自然资源的价值可以根据补偿价值论来确定,但需要强调的是,补偿价值论不适用于不可再生资源,也不能反映资源的效用价值;而在自然资源可以自然恢复的情况下,按补偿价值论自然资源是没有价值的,这当然是不正确的。

三、生态经济价值论

通过对威廉·配第的价值论、亚当·斯密的价值论、马克思的劳动价值论、效用价值论、地租理论、补偿价值论进行梳理、分类和总结可知,由于不

---

[1] [德] 马克思. 朱登缩译. 资本论 [M]. 海南:南海出版社, 2007.
[2] 中国环境与发展国家合作委员会. 中国自然资源定价研究 [M]. 北京:中国环境科学出版社, 1997.

同的价值理论关于价值的决定阐述不同，所以对自然资源的价值构成和决定也随之发生变化。而不论是资源无价值理论还是狭隘的资源有价值理论，在自然资源价值的研究过程中，关注的重点均为自然资源的市场价值或者是自然资源的经济价值。经济价值或市场价值是一个动态的概念，是随着生产力的发展、社会经济水平的不断提高，不断演变而产生、发展和变化的产物；在资源系统与经济系统相互作用的过程中，自然资源的价值得以体现。所以现有关于"价值"的讨论都是从经济系统的角度研究的结果，是经济学意义上的价值。

自然资源经济价值或市场价值的观点表明，自然资源的价值量是由自然资源在开采、运输、加工等过程中投入的无差别劳动所决定的。同时，因为自然资源具有不同于一般商品的属性和特征，所以自然资源的再生产过程有其自身独特的规律性，其价值量的大小完全由自然资源再生产过程中所投入的社会必要劳动时间来决定的解决思路是不客观的，是存在偏差的。由于煤炭、石油、天然气等化石能源是通过几千万年甚至上亿年的生长周期才得以形成和产生，所以在短时期内要实现再生几乎是不可能完成的任务；同时，这些能源资源的生成条件与地球的演变是非常密切的，也是非常复杂的，人工是无法复制的。这类资源的价值量仅仅由勘探、挖掘、开采、收集、运输中的劳动投入来决定，很显然是不完整的，也是不准确的。[①] 因此，对自然资源价值的认识和理解，不能仅仅站在经济系统中而是要站在自然生态系统中来进行，应该转换观察的视角，站在整个自然生态环境系统中进行分析和研究。基于这样的角度，虽然自然资源的经济价值是随着生产力的发展、社会经济水平的不断提高，不断演变而产生、发展和变化的产物，是资源系统与经济系统相互作用的产物，但自然资源的经济价值并不是自然资源价值的全部构成。

威廉·配第的价值论、亚当·斯密的价值理论、马克思的劳动价值论、效用价值论、地租理论、补偿价值论等价值理论之所以都不能对自然资源的价值做出满意的解释，是因为这些价值理论对自然资源价值定价角度的片面性、内容的不完整性使得对自然资源的特征反映不够全面和客观，因此，自然资源的价值测算结果并非足够准确。解决这些问题的关键就是将传统的以经济系统为中心转变为以生态经济系统为中心去研究资源的价值问题。在目前自然资源日益匮乏、谋求可持续发展成为全球各国共同关注的情况下，应该拓展对劳动的内涵和外延的认识；通过改变以往只是将自然资源作为生产必要条件的思维方

---

① 黄玉源，钟晓青. 生态经济学［M］. 北京：中国水利水电出版社，2009.

式,将自然界劳动所创造的价值与人类劳动所创造的价值同等对待和处理。对于能源资源来讲,从生态经济系统的角度对其价值进行重新定位和衡量,需要认识和理解两个方面的问题:(1)由于能源资源特别是化石能源资源的形成过程有着漫长的时间周期,这与一般产品的生产周期相比很容易让人们产生错觉和误解,因此,能源资源往往被认为是自然界免费赐给人类使用的生产和生活资料;之所以出现这样的认识是因为从经济系统的角度去考虑这个问题。如果从生态经济系统的角度则会得到不同的结论,即能源资源并不是自古就有的,而是经过几十亿年错综复杂的物理运动和化学运动才逐渐形成的,它体现的是自然界的劳动,虽然这种劳动目前难以被大多数所理解和接受,但却是客观存在的。(2)在将可持续发展作为社会经济发展目标的背景下,不能再将能源资源作为一般的原材料简单参与生产过程来处理,而是要考虑其自身的特殊性质和特殊贡献,需要单独作为生产要素与劳动、资本等同样纳入经济增长理论和经济增长模型中来对待。

因此,本书中所提出和讨论的生态经济价值论,其主要观点可以简要地概括为:商品价值是由自然界劳动所创造的价值和人类劳动所创造的价值共同决定的。本书中关于能源资源定价机制研究的角度就是在生态经济这个大系统中去讨论和研究的,而定价理论的立足点就是生态经济价值论。

第二节 可持续发展观理论

一、可持续发展内涵的阐释

能源资源是国民经济正常运行的物质基础,生态环境是人类生产和生活的前提条件。自工业化社会以来,为保持较高的经济增长速度和满足人们日益增长的物质需求,一方面大量消耗能源资源,使得能源资源的供求矛盾不断加剧;另一方面废水、废气、废固的排放不断增加,使得生态破坏和环境污染日益严重。然而,不论是能源资源的供求矛盾,还是生态环境的日益恶化,究其原因都与社会经济发展有着密切关系。能源资源在没有进入经济系统之前并不会对生态环境产生不利的影响,也就是说,能源资源天生并不是用来污染和破坏生态环境的,只有当能源资源进入经济系统以后,由于能源资源中的煤炭、石油、天然气等都是化石能源,其在生产和使用过程中会产生和排放二氧化碳、二氧化硫、氮氧化物、其他的粉尘颗粒、废水和废固等,这些排放物是造成生态破坏和环境污染的主要推手。因此,如果没有经济系统的影响,能源系统与生态环境系统之间客观上并不存在着必然联系。正是为了满足经济系统运行的需要,才形成了能源系统向经济系统提供其正常运转的燃料和动力,而经济系统在使用能源资源的过程中向生态环境系统排放有害物质并导致生态环境质量下降的作用机制,所以节约能源的使用其实就意味着减少污染物的排放,而减少污染物的排放就意味着保护环境。

因此,从能源系统、经济系统、生态环境系统三者相互作用机理的角度讲,所谓可持续发展就是维持能源系统、经济系统、生态环境系统之间的协调关系与均衡状态。具体来说,(1)能源资源需求与供给从总量上保持均衡、结构上保持合理的关系。(2)通过借助价格、技术进步等手段,改变人类生产和生活方式,提高能源资源的利用效率,减少能源资源的消耗,减少污染物的排放。(3)对生态环境的利用是在生态环境系统自我稳定与调节机制范围内的,不存在生态环境资源的大量闲置浪费或破坏。

二、可持续发展与环境成本内部化

经济学中外部性理论表明,当环境成本外部性存在时,能源资源的价格并不能够反映其真实的价值,由于生产和使用能源资源过程中会产生和排放废物进而污染环境和破坏生态,因此,往往造成负外部性的影响,由此导致市场失灵和能源资源的价格通常要低于其真实的价值。[1] 而能源资源被低价销售和使用的情况则会造成能源资源的大量消耗和严重浪费,能源资源的大量消耗和严重浪费又会造成污染物的大量排放、环境污染和生态破坏。显然,这样的发展模式不仅不能够维持能源系统、经济系统、生态环境系统之间的协调与均衡,不能够促进社会经济的可持续发展,而且还会加剧能源资源供求矛盾和生态环境日益恶化的局面,因此,要实现能源系统、经济系统、生态环境系统之间的协调和健康运行,实现社会经济的可持续发展,必须改变环境成本外部化的状况,通过环境成本内部化方式将环境成本反映在能源资源的价格中,在此基础

---

[1] The world Commission on Environment and Development. Our Common Future [M]. New York: United Nations. 2008.

上借助市场供求的手段改变人们生产和生活对能源资源的利用方式，提高能源资源的利用效率，减少污染物的排放，提高生态环境质量。

通过从能源系统、经济系统、生态环境系统三者相互作用的角度对可持续发展理论的内涵以及可持续发展与环境成本内部化的关系进行阐释可知，可持续发展理论存在的前提条件是以生态经济价值论为指导，提出的社会经济发展目标是减少环境污染和生态破坏、节约资源、促进社会经济可持续发展，而实现这个目标的重要途径就是将资源在使用中造成的环境成本外部化转换为环境成本内部化，实现的方式就是在资源的定价过程中考虑环境成本的影响，或者说将环境成本包含在资源的价值中。

第三节 环境承载力理论

一、环境承载力的内涵

由于不同学者研究的角度不同，因此，环境承载力的概念和内涵也不尽相同，在描述上也存在着差异。对已有的环境承载力概念进行系统的梳理，根据其内涵的不同，可以归纳为四类。

（一）"数量"式的环境承载力

生态学领域中主要从数量的角度对环境承载力进行界定，阐述的方式如"某区域在一定时期能够维持特定物种正常生存的最大数量"[1]；或者是"在生态环境质量不降低的条件下，能够持续维持某一物种正常生活的最大数量"[2]；或者是"特定环境支撑某一物种生存和生活质量不降低的情况下该物种最大的数量规模"[3]。"数量"式环境承载力的内涵更接近于环境容量的概念，而这里提到的"数量"通常可以有三种理解：（1）特定环境状态能够维持的某物

---

[1] 崔凤军. 环境承载力初探 [J]. 中国人口·资源与环境, 1995 (1): 36-39.

[2] Pulliam HR, Haddad N M. Human population growth and the carrying capacity concept [J]. Bulletin of the Ecological Society of America, 1994, 75: 141-157.

[3] Abernethy V D. Carrying capacity: the tradition and policy implications of limits [J]. Ethics of Science and Environmental Politics, 2001, 9-18.

种的最大数量。(2) 在环境状态改善和提升的条件下能够维持的某物种最大数量也不会发生变化。(3) 从几何意义的角度进行阐释，环境能够维持的某物种最大数量就是对数方程曲线渐近线的上限。

(二)"负荷"式的环境承载力

"负荷"式环境承载力关于环境承载力的阐述是"在生态环境质量不降低的条件下或者未来支撑能力不下降的条件下，某环境能够在较长时期持续地维持某物种正常生存的最大负荷"[1]，这里所指的"负荷"可以用人口数量与需求量的乘积来描述，目的在于能够客观、准确地刻画人类活动对环境造成的全面影响[2]。

(三)"速度"式的环境承载力

"速度"式环境承载力认为，"环境承载力是在生态环境系统的生产能力不退化以及生态环境系统的主要功能保持完好的条件下，某环境对物种维持其资源利用的最大速度和废物产生的最大速度"[3]。如果说"数量"式环境承载力和"负荷"式环境承载力中强调环境承载的绝对数特征，那么"速度"式环境承载力则突出了环境承载的相对数特征。

(四)"能力"式的环境承载力

社会经济领域中主要从综合能力的角度对环境承载力进行界定，阐述的方式如"某区域在一定时期特定环境维持人类正常生存和发展活动的能力上限"[4]；或者是"在环境系统结构保持完整和环境功能不退化的情况下，某区域在一定时期特定环境能够支撑人类生活和生产正常运行的能力"[5]。"能力"式环境承载力更关注环境系统的结构和功能，能够全面地反映人类活动对环境

---

[1] William R, Carton JR. The World's most polymorphic species: carrying capacity transgressed two ways [J]. BioScience, 1986, 37 (6).

[2] Harris J M, Kennedy S. Carrying capacity in agriculture: global and regional issues [J]. Ecological Economics, 1999, 29 (3).

[3] Scamecchia D L. Concepts of carrying capacity and substitution ratios: a systems approach [J]. Journal of Range Management, 1990, 43 (6).

[4] 彭再德，杨凯，王云. 区域环境承载力研究方法初探 [J]. 中国环境科学，1996 (01).

[5] Meyer P S, Ausubel J H. Carrying capacity: a model with logistically varying limits [J]. Technological Forecasting and Social Change, 1999, 61 (3).

系统的影响，主要用于衡量区域环境系统结构与区域社会经济活动协调程度问题的研究。

二、环境承载力与可持续发展

环境承载力和可持续发展的提出源于工业化在全球不断拓展和深化的背景，以及人类的正常生活和生产受到自然界种种约束与限制的严峻形势。环境承载力是在资源供求矛盾不断加剧、生态环境质量日益下降，人类的生存和发展面临挑战时提出的。在全球气候变暖和空气污染不断蔓延的背景下，可持续发展同样被提出和受到世界各国肯定。① 因此，环境承载力与可持续发展之间的总体关系表现为研究的共同点都是人口、资源、环境与发展问题；不同点是可持续发展为环境承载力研究提供理论指导，而环境承载力则是可持续发展的核心问题之一，是可持续发展量化的重要判据，是建立环境系统与经济系统之间定量联系的重要途径。因此，环境承载力是刻画人与自然相互关系、相互作用的综合指标，既不是单独反映生态环境状态的指标，也不是纯粹描述经济社会运行的指标。环境承载力理论的提出为研究生态环境系统与经济系统的关系提供了理论基础。

随着经济发展的变化，环境承载力与可持续发展之间具体的关系可以分为三个阶段，如图4-1所示。

不可持续发展 环境承载力	可持续发展 环境承载力	不可持续发展 环境承载力	经济发展
不合理的 环境承载力	合理的 环境承载力	极限的 环境承载力	

图4-1 环境承载力与可持续发展对应关系

第一阶段是不可持续发展环境承载力阶段。该阶段的特征是，由于国民经

---

① Papageorgiou K, Brotherton I. A management planning framework based on ecological, perceptual and economic carrying capacity: The case study of Vikos - Aoos Natinal Park, Greece [J]. Journal of environmental management, 1999, 56 (4).

济各部门、各行业、各环节之间不能够协调运行，导致经济系统在经济增长、产业结构、消费结构、城市化、能耗水平及结构、收入差距、污染水平等方面存在问题。由此致使经济系统与生态环境系统之间出现不匹配的状况，即虽然生态环境资源没有超载，仍然还有潜力可以去挖掘，但由于粗放的经济发展方式导致经济发展的不可持续性，因此，这种经济发展模式对应的环境承载力是不合理的环境承载力。①

第二阶段是可持续发展环境承载力阶段。该阶段的特征是国民经济各部门、各行业、各环节之间能够协调运行，经济发展是"低投入、低消耗、低排放、高效益"的发展模式；在实现经济效益最大化的同时，也实现了社会效益和生态环境效益的最大化，实现了经济、社会、生态环境的和谐发展。这种经济发展方式对应的经济发展规模虽然超过第一阶段的发展规模，但对生态环境资源的使用是在生态环境系统自我稳定与调节机制范围内的，同时不存在生态环境资源的大量闲置浪费或受破坏，所以可持续经济发展模式对应的环境承载力无疑是合理的环境承载力。②

第三阶段是不可持续发展环境承载力阶段。虽然从名称和表面上看，该阶段与第一阶段是相同的，其实两个阶段存在着本质的差异。第一阶段是由于粗放的经济发展方式导致经济发展的不可持续性，但生态环境资源没有超载，仍然还有潜力可以去挖掘。第三阶段的特征是，由于经济发展规模不断扩大，即便有合理的经济发展模式和技术进步作为支撑，仍然无法解决经济发展对生态环境资源无限需求与生态环境资源供给相对有限之间的矛盾。由此导致经济发展的不可持续性，同时生态环境对经济的承载能力也将达到极限，因此，该阶段虽然是不可持续发展阶段，但对应的环境承载力却是极限环境承载力。

总之，通过对环境承载力与可持续发展之间关系进行系统的研究表明，环境承载力理论不仅阐述了经济发展的生态环境约束问题，而且为建立生态环境系统与经济系统的有机联系提供了理论依据，因此，环境承载力理论一方面为解决可持续发展理论中能源资源环境成本内部化问题、阐释生态环境系统与经济系统的相互作用机理起到承上的作用；另一方面为运用国民经济核算体系分析经济系统与能源系统的关联问题起到启下的作用。

---

① Irmi Seidl, Clem A. Carrying capacity reconsidered: from Malthus' population theory to cultural carrying capacity [J]. Ecological economics, 1999, 31 (3).
② 高吉喜. 可持续发展理论探索——生态承载力理论、方法与应用 [M]. 北京：中国环境科学出版社，2001.

第四节 国民经济核算体系

一、国民经济核算基本概念

"国民经济"是一个整体的概念，通常可以从两个维度进行阐释。①

一个维度是从横向来看，国民经济包括从事各种经济活动的微观单位，即数以万计的企事业单位、政府机构、社团组织和居民户等。这些经济单位按照生产性质分类后就形成不同的国民经济部门。因此，从横向的角度讲，国民经济就是由各单位、各部门构成的集合。

另一个维度是从纵向来看，国民经济包括各种经济单位和部门从事的各种各样的经济活动——生产经营活动、市场交易活动、收支分配活动、消费及投资活动等。这些经济活动互为因果、相互衔接、不断循环，形成国民经济的运行或社会再生产过程。因此，从纵向的角度讲，国民经济是社会再生产各环节的总和，是一个不断循环的宏观经济运行过程。②

从系统论的观点看，国民经济不仅仅是各单位、各部门与再生产各环节的简单总和，而是一个庞大、复杂的系统。国民经济中各单位、各部门与再生产各环节总是紧密联系、纵横交错的，因此，在国民经济系统中，必然存在着一定的结构比例关系和相互作用的机制机理，或者可以说，各单位、各部门、各环节、各要素之间存在着相互依存和相互作用的关系。③

国民经济核算以国民经济为整体，是一个结构复杂、理论完整、内容丰富、方法完善的有机体系，研究的目的是揭示宏观经济运行的数量关系和数量规律。国民经济核算不仅研究国内的经济活动，而且还研究国际间的经济活动；不仅研究总量特征，而且还研究内部结构和比例特征；不仅研究各种经济变动、经济交易的流向和流量，而且还研究相应经济存量的成因和规模。因此，国民经济核算的主要功能体现在两个方面：一是提供基本的数据为宏观经

---

① 杨灿. 国民核算与分析通论 [M]. 北京：中国统计出版社，2005.
② 杨灿，周国富. 国民经济统计学（国民经济核算原理）[M]. 北京：中国统计出版社，2008.
③ 高敏雪等. 国民经济核算原理与中国实践 [M]. 北京：中国人民大学出版社，2007.

济分析服务；二是为研究国民经济运行提供相应的分析方法和理论框架。①

二、经济系统与能源系统的关联分析

国民经济系统是一个复杂的大系统，能源是国民经济系统正常运行的物质基础，因此，能源部门在整个国民经济中的地位十分重要，同时与其他部门之间存在着相互作用、相互依赖的错综复杂关系。② 具体来讲，在国民经济系统中，能源部门与其他经济部门通过相互提供产品、相互消耗产品形成密切的技术经济联系，这种联系受到客观条件的制约，具有一定的数量界限和规律，需要设计和运用专门的统计方法加以研究。投入产出核算作为国民经济核算体系中的重要理论与研究方法，是以适当的国民经济部门分类为基础，通过专门的平衡表和消耗系数描述经济部门与能源部门之间错综复杂的投入——产出数量关系，并建立相应的经济数学模型来分析这种数量关系③。因此，借助于国民经济核算体系可以更加详细地、更加客观地、更加准确地阐释和分析国民经济各行业对能源资源需求的数量关系和数量特征，这为测算生态环境质量约束条件下国民经济对能源资源的需求量提供了理论思想、技术支持和研究路径。

第五节　供求价值理论

均衡本是物理学中的重要概念，为研究经济问题的需要，经济学中加以引入和借用。经济学中的意义是，虽然事物或现象受到各种经济因素的作用和影响，但各种因素产生的影响如果能够相互抵消或制约，则事物或现象就处于相对静止的状态，这就是所谓的均衡状态。供求价值理论即均衡价值论，就是以均衡原理为基础，认为商品价值是供给和需求同时决定的，即由需求者和生产者同时决定。马歇尔通过把成本价值论和效用价值论两种理论综合起来，提出现代经济学的标准价值论，认为边际效用决定了商品的需求，生产成本决定了商品的供给，需求曲线向下倾斜，供给曲线向上倾斜，两者的交点决定了商品的均衡价格和数量，需求和供给的移动影响均衡价格和数量。在各个经济单位

---

① 赵彦云．国民经济核算 [M]．北京：中国统计出版社，2005．
② 邱东等．当代国民经济统计学主流 [M]．大连：东北财经大学出版社，2004．
③ [美] 沃西里·里昂惕夫．崔书香译．投入产出经济学 [M]．北京：商务印书馆，1980．

独立决策其生产和消费行为、存在完全且公平的市场竞争条件下，运用供求价值论作为定价的理论基础能够实现帕累托效率的资源配置要求，即可使社会资源达到最优配置，满足追求最大社会福利的目标。

供求价值论关于均衡价格和均衡数量的分析方法通常有两种类型：一类是局部均衡分析；另一类是一般均衡分析。这两类均衡分析方法的基本思想是：（1）局部均衡分析是由马歇尔提出的。局部均衡分析仅以单个市场某一种商品为研究对象，在分析任何商品的供求和价格时，抽象掉其他商品的价格和供求对该商品的影响，使得任何商品价格的变化仅取决于该商品供求的变化，而该商品供求的变化仅由该商品价格的变化所决定。（2）一般均衡分析是由法国经济学家瓦尔拉斯提出的。一般均衡分析假设所有市场各种商品的供给、需求和价格，各种生产要素的供给、需求和价格，以及所有商品市场和生产要素市场的供求和价格，是相互依存、相互作用的。

供求价值论确定均衡价格和均衡数量的分析工具是供求曲线，运用供求曲线对均衡价格和数量进行分析的思路通常有两种情况：（1）在供给不变的条件下，研究需求变动对均衡价格和均衡数量的影响。（2）在需求不变的条件下，研究供给变动对均衡价格和均衡数量的影响。具体来讲，需求变动通常分别引起均衡价格和均衡数量的同方向变动；供给变动通常分别引起均衡价格的反方向变动和均衡数量的同方向变动。[①]

因此，以供求理论为基础，可以研究生态环境质量约束条件下的能源资源性产品供给曲线、需求曲线的变化规律，并依据供求曲线的规律求解生态环境质量约束条件下能源资源性产品的均衡价格，该均衡价格可以反映、刻画生态环境质量约束条件下能源资源性产品的稀缺程度和供求关系特征。

本 章 小 结

本章主要对生态经济价值理论、可持续发展理论、环境承载力理论、国民经济核算体系、供求价值论等理论的基本思想进行阐释，同时对各种理论在生态环境质量约束的能源资源定价机制问题中的作用和地位以及相互关系进行研究。主要得到以下结论。

---

① 高鸿业. 西方经济学 [M]. 北京：中国人民大学出版社，2011.

1. 生态环境质量约束条件下的能源资源定价机制以生态经济价值理论、可持续发展理论、环境承载力理论、国民经济核算体系、供求价值论等理论为定价的理论基础。

2. 生态经济价值论阐释了能源资源有价值的观点，而这种价值理论的观点从本质上有别于传统的能源资源无价值理论，也不是狭隘的能源资源有价值理论，而是从生态经济系统的角度讨论能源资源价值问题。

3. 在承认能源资源有价值的基础上，可持续发展理论提出减少环境污染、节约能源资源、促进社会经济可持续发展是未来社会经济发展的目标；而实现这个目标的重要途径就是将能源资源在使用中造成的环境成本外部化转换为环境成本内部化，而实现的方式就是将环境成本包含在能源资源的价值中。

4. 环境承载力理论阐述了经济发展的环境约束问题，为建立环境—经济系统的有机联系、实现环境成本的定量化奠定了理论基础。

5. 国民经济核算体系主要阐释了经济系统与能源系统的相互作用、相互依赖关系，在此基础上研究了国民经济各行业对能源资源需求的数量关系和数量特征，这为测算生态环境质量约束条件下国民经济对能源资源的需求量提供了理论思想、技术支持和研究路径。

6. 供求价值理论则为求解生态环境质量约束条件下能源资源的均衡价格，反映生态环境质量约束条件下能源资源的稀缺程度和供求关系特征提供理论指导。

第五章

生态环境质量约束的能源资源定价模型研究

生态环境质量约束的能源资源定价模型是对其所基于的定价理论的数学描述，为能源资源价值的测算建立定量平台，是生态环境质量约束的能源资源定价机制研究的核心问题。生态环境质量约束的能源资源定价模型主要由生态环境质量约束的能源资源供给模型、生态环境质量约束的生产模型、生态环境质量约束的能源资源需求模型、生态环境质量约束的能源资源供需模型四个子模型组成。

对于这四个子模型研究的基本思路是，以定价理论和经济规律为前提，运用演绎的方法推理和构建相应的模型。其中：(1) 生态环境质量约束的能源资源性产品供给模型是从生态经济价值观的视角，以可持续发展理论和环境承载力理论为基础，突破环境—能源模型的"能源→环境的主动作用关系和方向"的研究模式和思维，从"环境→能源的约束作用关系和方向"的角度，通过将生态环境质量恢复到某一较高水平上，求解相应的受约束的能源资源数量。(2) 生态环境质量约束的生产模型是在能源资源的供给数量受到约束的条件下，以能源型投入产出表作为研究平台，研究国民经济各部门以及国民经济总体受到的影响方向和影响程度。(3) 生态环境质量约束的能源资源需求模型是在生态环境质量约束的国民经济总体及各部门总产出水平的基础上，根据能源型投入产出表的行平衡关系，调整原有国民经济各部门的中间产出，形成生态环境质量约束条件下各部门之间的技术经济系数，求解生态环境质量约束的能源资源需求量。(4) 生态环境质量约束的能源资源供需模型是以供求价值理论为基础，研究生态环境质量约束条件下能源资源的供求弹性和供求规律，借此反映生态环境质量约束条件下能源资源的供求关系和稀缺程度。

第一节　生态环境质量约束的能源资源供给模型

生态环境质量约束的能源资源供给模型包括四个子模型，即生态环境质量模型、经济—能源模型、环境—经济模型、环境—能源模型。这四个子模型之间的作用机理具体表现为：（1）生态环境质量作为用来衡量能源资源使用造成环境损失成本的替代指标，同时又是构建生态环境质量约束的能源资源供给模型的约束条件和重要指标。生态环境质量模型主要用于探讨生态环境质量的研究路径，以及在此基础上从定量的角度描述和刻画生态环境质量的本质和特征。（2）能源资源在人类没有能力开采和利用之前并没有对生态环境产生不利的影响，也就是说，能源资源天生并不是用来污染和破坏环境的，只是被人类开采并用于生产和生活作为燃料以后，由于在生产和生活使用能源过程中排放了诸如废气、废水、废固等有害物质，而这些有害物质实际上则是污染和破坏生态环境的直接推手。因此，如果没有人类的影响，能源资源与生态环境之间客观上并不存在着必然的联系，正是由于人类活动的影响，经济系统成为连接能源系统与生态环境系统的重要媒介。概括来讲，能源系统、经济系统、生态环境系统三者的作用机理是：能源系统→经济系统→生态环境系统。（3）根据经济系统与能源系统、生态环境系统之间的相互关系和作用机理，本书首先建立经济—能源模型用于描述经济活动对能源消耗的数量关系和规律；其次建立环境—经济模型用于描述环境随着经济的发展所呈现出的数量关系和数量特征；最后，在经济—能源模型和环境—经济模型两个模型的基础上推理出环境—能源模型，用于描述生态环境随能源消耗变化的数量规律。（4）依据建立的环境—能源模型，突破"能源→环境的主动作用关系和方向"的研究模式和研究思维，从"环境→能源的约束作用关系和方向"的角度，通过将生态环境质量限制在某一水平上，求解相应的受约束的能源数量，该能源数量即为生态环境质量约束条件下能源的供给水平。

一、能源资源供给量的界定与辨析

基于不同的研究视角，能源资源供给量有不同的内涵和口径，因此，为了客观、准确地研究生态环境质量约束的能源资源供给问题，必须对不同的能源资源供给量进行阐述和辨析。笔者认为，从不同的角度理解，能源资源供给量有三种不同的表现形式，即实际能源资源供给量、实际均衡的能源资源供给量、生态环境质量约束的能源资源供给量。以下从实物量的计量角度对三种能源资源供给量进行对比。

实际能源资源供给量，是指在不受生态环境质量约束条件下某一区域在一定时期能源资源的供给数量。它主要取决于该区域能源生产部门的生产能力和产出水平，而本期的实际能源资源供给可能用于本区域本期的经济活动，可能用于本区域其他时期的经济活动，也可能通过出口用于其他区域的经济活动等，因此，本期的实际能源资源供给量与本期的能源资源消费量无论从内容上还是从数量上都不对等。

实际均衡的能源资源供给量，是指在不受生态环境质量约束条件下某一区域在一定时期能源资源的均衡供给数量。它与本期的能源资源消费量相对应，并且等于本期的能源资源消费量。由于在开放经济条件下，不论某一区域实际的能源资源供给量与能源资源消费量是否相等，总能够通过进出口的方式保证其能源资源供给量等于能源资源消费量，而这里所指的能源资源供给量就是实际均衡的能源资源供给量。

生态环境质量约束的能源资源供给量，是指在受环境质量约束条件下某一区域在一定时期能源资源的均衡供给数量。它与生态环境质量约束条件下本期的均衡能源资源需求量相对应，主要由生态环境质量约束的能源资源供给模型所决定。

通过对实际能源资源供给量、实际均衡的能源资源供给量、生态环境质量约束的能源资源供给量进行界定和辨析可知，实际能源资源供给量不完全等于能源资源消费量；在均衡状态下，实际均衡的能源资源供给量等于能源资源消费量；生态环境质量约束的能源资源供给量是均衡的能源资源供给量，在均衡状态下等于生态环境质量约束的能源资源需求量。

二、生态环境质量模型

（一）生态环境质量的研究途径

由于生态环境质量是一个抽象的概念，要对其进行直接的衡量存在着很大的困难，况且在实际的资料和数据中也找不到与之相对应的指标，因此，关于生态环境质量的衡量问题只能用替代指标的方法去处理。目前用替代指标法进行近似描述生态环境质量的研究思路和途径主要有两种表现形式。

1. 单一指标替代法。用单一指标衡量生态环境质量的方法比较简单、比较直接，通常运用的替代指标主要有工业粉尘排放量、工业烟尘排放量、工业二氧化硫排放量、工业废水排放量、工业固体废物排放量。尽管单一指标替代法解决问题的程序简单，操作方便，但替代指标对生态环境质量特征的反映程度和代表性取决于所要研究的区域经济发展水平和具体指标的选择。

Grossman & Krueger（1991）、Shafik（1994）、Bruyn & Opschoor（1998）、包群和彭水军（2006）、许士春和何正霞（2007）、李瑞娥和张海军（2008）、周茜（2011）、韩君（2012）等通过对环境库兹涅茨曲线进行实证检验表明：（1）总体上讲，经济发展水平越高的地区，用单一指标对生态环境质量特征的反映越充分，代表性越好；经济发展水平越低的地区，用单一指标对生态环境质量特征的反映越不充分，代表性越差。（2）运用工业粉尘排放量、工业烟尘排放量、工业二氧化硫排放量等单一指标替代生态环境质量的效果整体上较好，运用工业废水排放量、工业固体废物排放量等单一指标替代生态环境质量的整体效果较差。因此，运用单一指标衡量生态环境质量要考虑具体的研究区域和具体的替代指标，从理论上讲，这种做法就失去了普遍性和一般性。

2. 综合指标替代法。由于用单一指标衡量生态环境质量的研究途径不仅在理论上存在着缺乏普遍性和一般性的问题，而且运用单一指标仅从某个角度描述和刻画抽象、复杂生态环境质量问题还存在着主观性和片面性的问题，因此，要解决这些问题，必须改变单一指标替代法的研究思维和研究模式。

综合评价方法是指运用多个评价指标对被评价对象进行合理、客观、公正的全面评价。其基本思想是，从不同的角度、不同的侧面、不同的层次选择多个指标去描述和刻画要研究的问题，并通过一定的数量模型将多个指标转化为一个综合指标，运用这个综合指标反映、衡量所要研究的复杂和抽象问题。综合评价理论与方法在理论上是管理科学与工程领域中重要的研究方法，同时，在实际工作中也是经济管理、企业决策等经常使用的分析工具，有着宽阔的应用前景和重要的使用价值。[①]

综合指标替代法正是基于综合评价基本思想用来衡量生态环境质量的方法和研究途径，基本思路是，根据生态环境质量的内涵，从不同的角度、不同的

---

① 杜栋等. 现代综合评价方法与案例精选［M］. 北京：清华大学出版社，2012.

侧面、不同的层次选择多个指标构建生态环境质量评价指标体系，从定性的角度全面、客观描述生态环境质量问题，在此基础上收集评价指标体系中各指标的数据，并运用综合评价方法计算生态环境质量综合结果，以此作为生态环境质量的替代指标。综合指标替代法相对于单一指标替代法而言，对生态环境质量的描述和刻画更全面、更客观、更准确，同时在理论上也更具有普遍性和一般性。

（二）生态环境质量综合评价模型

1. 生态环境质量评价指标体系。能源资源在使用过程中主要通过产生和排放废气、废水、废固等有害物质对大气、植被、土地、水资源进行污染、破坏而影响生态环境[1]，因此，结合生态环境质量的内涵，根据全面性、科学性、独立性、可行性的原则，可以从大气环境、植被质量、土地质量、水环境、环境质量五个方面选择指标构成生态环境质量评价指标体系。这五个一级指标均可以分解为不同的二级指标，即用二级指标去详细描述一级指标所反映的问题进而刻画整个生态环境质量问题。关于二级指标的选择和生态环境质量指标体系的构建问题，在本书第五章作详细讨论和研究，本章重点阐释生态环境质量模型的构建思路。

2. 生态环境质量综合评价模型。若生态环境质量评价指标体系中的大气环境、植被质量、土地质量、水环境、环境质量五个一级指标分别用 A、B、C、D、E 表示，假定各指标对应的指标值表示为 x_A、x_B、x_C、x_D、x_E，且 x_A、x_B、x_C、x_D、x_E 均为极大型指标值，同时假定大气环境、植被质量、土地质量、水环境、环境质量在生态环境质量评价指标体系中的权重分别为 ω_A、ω_B、ω_C、ω_D、ω_E。由此运用综合评价方法的基本思想和基本原理，可以计算生态环境质量综合结果（EQ）。即：

$$EQ = \frac{\omega_A x_A + \omega_B x_B + \cdots + \omega_E x_E}{\omega_A + \omega_B + \cdots + \omega_E}$$

或

$$EQ = \sqrt[\omega_A + \omega_B + \cdots + \omega_E]{x_A^{\omega_A} \times x_B^{\omega_B} \times \cdots \times x_E^{\omega_E}}$$

或

$$EQ = \sqrt{\frac{\omega_A x_A^2 + \omega_B x_B^2 + \cdots + \omega_E x_E^2}{\omega_A + \omega_B + \cdots + \omega_E}}$$

由于该模型中各指标均为极大型指标，因此，计算得到的生态环境质量综

---

[1] 张征. 环境评价学 [M]. 北京：高等教育出版社，2006.

合结果的经济意义是：生态环境质量综合结果越大，表明生态环境质量越好，生态环境水平越高；生态环境质量综合结果越小，表明生态环境质量越差，生态环境水平越低。①

三、经济—能源模型

（一）经济增长理论的发展

1. 古典经济增长理论。Adam Smith（1776）和 Malthus（1798）作为古典经济增长理论的代表，主要探讨和研究了劳动、土地、资源等影响经济增长基本要素之间的相互关系问题。虽然研究的问题比较简单，但开创了经济增长理论研究的先河。

2. 新古典经济增长理论。Harrod、Domar、Solow 和 Swan 都是新古典经济增长理论的重要代表，其中 Harrod（1939）和 Damar（1946）提出并强调资本积累是促进经济增长的主要推动力。Solow 和 Swan（1956）认为劳动和资本是推动经济增长的基本要素。新古典经济增长理论的共同点是都认为技术进步是外生给定的要素，所以说通常将新古典经济增长理论等同于外生经济增长理论。

3. 新经济增长理论。Romer（1986）和 Lucas（1988）是新经济增长理论的代表，认为不仅劳动和资本是促进经济增长的主要因素，而且技术进步也是内生的，与劳动和资本一样也是推动经济增长的重要因素，所以通常将新经济增长理论等同于内生经济增长理论。与新古典经济增长理论相比，新经济增长理论关于促进经济增长要素的论述更加全面。

（二）考虑能源贡献的经济增长论述

Barbier（1999）认为新经济增长理论中没有讨论和分析能源资源对经济增长的贡献，并提出通过在新经济增长模型中加入能源资源因素来测算能源对经济增长的贡献问题。Christian Groth 和 Poul Schou（2002）认为，能源资源已经成为当今经济发展和促进经济增长的一个重要因素，而且由于其特殊性使得在

---

① Robert P. McIntosh. The Background of Ecology：Concept and Theory ［M］. New York：Cambridge University Press. 1986.

内生经济增长模型的检验中都要加入能源资源。曹玉书、尤卓雅（2010）认为，传统的经济增长理论在讨论推动经济增长的生产要素时，通常把能源资源作为一般的原材料计入生产成本中，能源资源的特殊性质并没有被体现出来，其在生产过程中的不可被替代的作用也没有被重视，因此，要促进经济的可持续发展，必须将能源资源作为生产要素加入经济增长模型中考虑其对经济增长的贡献。刘耀彬、杨新梅（2011）认为，能源资源是促进经济可持续增长的至关重要因素，所以要将能源资源的使用纳入内生经济增长理论中，构建资源约束的内生经济增长模型。国内外关于经济增长问题的最新研究表明，在将可持续发展作为社会经济发展目标的背景下，不能再将能源资源作为一般的原材料简单参与生产过程来处理，而是要考虑其自身的特殊性，单独作为生产要素纳入经济增长理论和经济增长模型中来对待。

（三）经济—能源模型的构建

1. 建模的基本思想。通过对经济增长理论的发展进行阐述表明，虽然考虑能源资源贡献的经济增长问题研究成果还够成熟，但这个研究方向已经成为经济增长理论研究的新动态和新趋势。本书中关于经济—能源模型构建的基本思想正是基于将能源资源作为单独的生产要素纳入经济增长模型中来考虑的。

2. 模型的理论基础。经济—能源模型的理论基础有两个方面，即生态经济价值理论和可持续发展理论。生态经济价值理论表明能源资源是有自身价值的，因此，从价值量的角度来讲，能源资源是构成产品价值总量的重要组成部分，这为在经济增长模型中单独研究能源资源的贡献提供了基础和前提。可持续发展理论表明能源资源是保证社会经济持续发展的重要物质基础，能源资源具有不可再生性、稀缺性等特殊性质使得能源资源有不同于一般原材料的特殊地位和作用，这为在经济增长模型中单独研究能源资源的贡献提供了必要条件。

3. 模型假设。（1）能源资源是经济活动所必需的和基本的要素。能源资源与经济产出之间满足经济增长理论关于生产要素的基本假设，即经济产出是关于生产要素的增函数且边际生产力递减。（2）假定劳动、资本、技术进步、能源资源是对经济增长贡献的主要生产要素，满足柯布—道格拉斯生产函数且规模报酬不变。[①]

[①] D. Romer. Advanced Macroeconomics: Third Edition [M]. New York: McGraw - Hill Companies, Inc, 2001.

4. 经济—能源模型的构建。根据假设一和假设二构建考虑能源资源的经济增长模型：

$$Y = AK^\alpha L^\beta En^\gamma e^u$$

其中，Y 表示产出；A 表示技术进步；K 表示资本投入；L 表示劳动投入；En 表示能源资源投入（实际均衡的能源资源供给量）；u 表示除技术进步、资本、劳动、能源资源外其他随机因素对经济增长的影响；$\alpha, \beta, \gamma > 0$，且 $\alpha + \beta + \gamma = 1$。

将考虑能源资源的经济增长模型两边同时取自然对数可变换模型为：

$$\ln Y = \ln A + \alpha \ln K + \beta \ln L + \gamma \ln En + u$$

为更好地研究经济系统与能源系统之间的关系和规律，假定劳动、资本、技术进步等生产要素是保持不变的，即 $\ln A$、$\ln K$、$\ln L$ 均为常数，用 GDP 替代产出 Y，构建经济—能源模型：

$$\ln GDP = C + \gamma \ln En + u$$

其中，GDP 为国内生产总值，表示经济系统总的生产成果；En 为能源资源消费量（实际均衡的能源资源供给量），表示能源资源的投入和消耗；C 为常数项；u_t 为随机扰动项。经济—能源模型表明国内生产总值与能源资源消费量（实际均衡的能源资源供给量）之间存在对数线性关系。

四、环境—经济模型

（一）环境—经济模型的基本思想

经济系统产出的生产成果数量与其生产过程中排放的废气、废水、废固等有害物质数量存在着密切关系。通常情况下，在人们环保观念和技术进步等因素不改变的情况下，生产成果数量越多，排放的有害物质就会越多，对生态环境的破坏就会越大，生态环境质量水平就会越低；在人们环保观念增强和技术进步提高的情况下，产出相同的生产成果，排放的有害物质就会减少，对生态环境的破坏就会减小，生态环境质量水平相对就会改善。构建环境—经济模型的目的就是用于描述生态环境随着经济的发展所呈现出的数量关系和数量特征。

1993 年 Panayotou 借用 1955 年 Kuznets 揭示的人均收入水平与收入差距之间的倒 U 型曲线，首次将生态环境质量与经济发展之间的关系称为环境库兹涅茨曲线（EKC）或环境库兹涅茨模型。① 环境库兹涅茨模型表明，在经济发展初期阶段，生态环境质量随着经济发展水平的提高而退化；经济发展到一定阶段，生态环境质量随着经济发展水平提高而改善，即生态环境质量与经济发展水平之间呈倒 U 型曲线关系。环境库兹涅茨模型作为定量描述和刻画生态环境质量随经济发展变化关系和规律的经典模型，其研究目的与环境—经济模型是一致的，因此，这里所要构建的环境—经济模型可以借助较为成熟的环境库兹涅茨模型进行研究。

（二）环境—经济模型的设定

环境库兹涅茨模型的设定主要有二次函数型、三次函数型和对数三次型等形式，其中，基于 Selden 和 Song 理论②的对数三次型已成为标准的环境库兹涅茨模型，因此，环境—经济模型采用对数三次多项式形式建立模型：

$$\ln EQ_t = \beta_0 + \beta_1 \ln GDP_t + \beta_2 \ln^2 GDP_t + \beta_3 \ln^3 GDP_t + \theta_t$$

其中，$\ln EQ_t$ 为第 t 年的生态环境质量；$\ln GDP_t$ 为第 t 年的国内生产总值；β_0、β_1、β_2、β_3 为总体参数；θ_t 为随机扰动项。

当 $\beta_1 = \beta_2 = \beta_3 = 0$ 时，环境—经济模型呈"无显著"特征。

当 $\beta_1 \neq 0$，$\beta_2 = \beta_3 = 0$ 时，环境—经济模型呈"线性关系"特征。

当 $\beta_1 > 0$，$\beta_2 < 0$，$\beta_3 = 0$ 时，环境—经济模型呈"倒 U 型"特征。

当 $\beta_1 < 0$，$\beta_2 > 0$，$\beta_3 = 0$ 时，环境—经济模型呈"U 型"特征。

当 $\beta_1 > 0$，$\beta_2 < 0$，$\beta_3 > 0$ 时，环境—经济模型呈"N 型"特征。

当 $\beta_1 < 0$，$\beta_2 > 0$，$\beta_3 < 0$ 时，环境—经济模型呈"倒 N 型"特征。

五、环境—能源模型

（一）环境—能源模型的基本思想

能源资源在没有进入经济系统之前并不会对生态环境产生不利的影响，也

---

① Panayotou T. Empirical Tests and Policy Analysis of Environmental Degradation at Different Stages of Economic Development [C]. WorkingPaperWP238, Technology and Employment Programme, International Labor Office, Geneva, 1993.

② Selden T. M, Song D. Environmental Quality and Development Is There a Kuznets Curve for Air Pollution [J]. Journal of Environmental Economics and Management 1994, 27.

就是说，能源资源天生并不是用来污染和破坏生态环境的，只有当能源资源进入经济系统以后，作为燃料参与经济活动并保证国民经济正常运行过程中产生和排放废气、废水、废固等有害物质，正是这些有害物质造成污染和破坏生态环境。因此，如果没有经济系统的影响，能源系统与生态环境系统之间客观上并不存在着必然联系。正是由于经济系统的存在，才形成了能源系统向经济系统提供其正常运转的燃料和动力，而经济系统在使用能源资源的过程中向生态环境系统排放有害物质并导致生态环境质量下降的作用机理。

根据能源系统、经济系统、生态环境系统三者的作用机理可知，经济系统是连接能源系统与生态环境系统的重要媒介。因此，为了研究生态环境系统与能源系统之间的数量关系和数量规律，必须分别研究能源系统与经济系统之间的数量特征和经济系统与生态环境系统之间的数量规律，而所构建的经济—能源模型和环境—经济模型分别描述、刻画了能源系统与经济系统之间、经济系统与生态环境系统之间的数量特征，这为建立环境—能源模型奠定了基础。

（二）环境—能源模型的推导

经济—能源模型为：

$$\ln GDP_t = C + \gamma \ln En_t + u_t$$

这表明国内生产总值与能源资源消费量（实际均衡的能源资源供给量）之间存在对数线性关系。

又因为环境—经济模型为：

$$\ln EQ_t = \beta_0 + \beta_1 \ln GDP_t + \beta_2 \ln^2 GDP_t + \beta_3 \ln^3 GDP_t + \theta_t$$

这表明生态环境质量与国内生产总值之间存在对数三次多项式关系，而且随着总体参数 β_1、β_2、β_3 的变化，环境—经济模型呈现出"无显著"、"线性关系"、"倒 U 型"、"U 型"、"N 型"和"倒 N 型"的特征。

因此，将 $\ln GDP_t = C + \gamma \ln En_t$ 代入环境—经济模型中可以推出：

$$\ln EQ_t = \beta_0 + \beta_1(C + \gamma \ln En_t) + \beta_2(C + \gamma \ln En_t)^2 + \beta_3(C + \gamma \ln En_t)^3$$

整理可得：

$$\ln EQ_t = \beta_0 + \beta_1 C + \beta_2 C^2 + \beta_3 C^3 + (\beta_1 \gamma + 2\beta_2 C\gamma + 3\beta_3 C^2 \gamma)\ln En_t \\ + (\beta_2 \gamma^2 + 3\beta_3 C\gamma^2)\ln^2 En_t + \beta_3 \gamma^3 \ln^3 En_t$$

令

$$\alpha_0 = \beta_0 + \beta_1 C + \beta_2 C^2 + \beta_3 C^3$$
$$\alpha_1 = \beta_1 \gamma + 2\beta_2 C\gamma + 3\beta_3 C^2 \gamma$$
$$\alpha_2 = \beta_2 \gamma^2 + 3\beta_3 C\gamma^2$$

$$\alpha_3 = \beta_3 \gamma^3$$

可得：

$$\ln EQ_t = \alpha_0 + \alpha_1 \ln En_t + \alpha_2 \ln^2 En_t + \alpha_3 \ln^3 En_t + \varepsilon_t$$

该模型为环境—能源模型，其中，$\ln EQ_t$ 为第 t 年的生态环境质量的对数；$\ln En_t$ 为第 t 年的能源资源消费量（实际均衡的能源资源供给量）的对数；α_0、α_1、α_2、α_3 为总体参数；ε_t 为随机扰动项。环境—能源模型也满足对数三次多项式模式。

当 $\alpha_1 = \alpha_2 = \alpha_3 = 0$ 时，环境—能源模型呈"无显著"特征。

当 $\alpha_1 \neq 0$，$\alpha_2 = \alpha_3 = 0$ 时，环境—能源模型呈"线性关系"特征。

当 $\alpha_1 > 0$，$\alpha_2 < 0$，$\alpha_3 = 0$ 时，环境—能源模型呈"倒 U 型"特征。

当 $\alpha_1 < 0$，$\alpha_2 > 0$，$\alpha_3 = 0$ 时，环境—能源模型呈"U 型"特征。

当 $\alpha_1 > 0$，$\alpha_2 < 0$，$\alpha_3 > 0$ 时，环境—能源模型呈"N 型"特征。

当 $\alpha_1 < 0$，$\alpha_2 > 0$，$\alpha_3 < 0$ 时，环境—能源模型呈"倒 N 型"特征。

（三）环境—能源模型特征的讨论

在经济发展的初期阶段，通常情况下能源资源的投入量越大，经过经济系统消耗后排放的有害物质就会越多，相应地对生态环境系统的损害就会越严重，生态环境质量就会越差。经济发展到一定阶段，随着人们节能和环保观念的增强、能源消费结构的改善以及技术进步带来的能源利用效率的提高，生态环境质量会随着能源资源投入的增加而改善，但不排除当经济系统向生态环境系统排放的有害物质超出环境自我恢复能力和承载力时，生态环境质量再次出现下降的可能性。

生态环境质量综合评价模型表明，生态环境质量综合结果越大，生态环境质量越好；生态环境质量综合结果越小，生态环境质量越差。因此，本书中用于替代和反映生态环境实际情况的生态环境质量综合结果是正指标。"倒 U 型"和"N 型"的环境—能源模型表明，在经济发展的初期阶段，随着能源资源的投入量增多，生态环境质量综合结果也随着增大，即生态环境质量越来越好，显然这与生态环境系统和能源系统的作用机理和变化规律是矛盾的，因此，环境—能源模型不可能出现"倒 U 型"和"N 型"的特征。在生态环境质量综合结果能够客观、准确刻画生态环境质量变化的情况下，环境—能源模型同样不会呈现出"无显著"特征和"线性关系"特征，所以能够体现生态环境系统和能源系统的作用机理与变化规律的环境—能源模型是"U 型"和

"倒 N 型"。具体来说，由于我国经济处于社会主义初级阶段，经济发展水平较低，因此，用"U 型"和"倒 N 型"环境—能源模型的下降部分描述相应的生态环境系统与能源系统之间的关系更为确切，即：随着能源资源投入量的增大，生态环境质量也随之下降。

（四）生态环境质量约束的能源资源供给量的确定

环境—能源模型构建过程遵循的研究思路是，经济系统需要多少能源资源，就向能源系统索取多少能源资源；同时，在生产过程中需要排放多少有害物质，就向生态环境系统排放多少有害物质；不论是能源资源的投入，还是有害物质的排出，均没有受到约束和限制。显然，这是典型的站在人类自身角度和纯粹经济角度研究问题的思维，与当前世界范围内所提倡的可持续发展思想是背道而驰的。可持续发展的目标是实现生态环境系统、经济系统、能源系统的协调和可持续发展，而要实现这个目标就必须改变研究问题的角度，改变原来对能源资源投入和有害物质排放不受约束的经济发展方式，改变"高投入、高消耗、高排放"的经济发展局面。

生态环境质量约束的能源资源供给模型是站在生态经济的角度，以可持续发展理论和环境承载力理论为基础，对在生态环境质量约束条件下能源系统可以提供的能源资源进行的数量描述。具体的思路是，突破环境—能源模型的"能源→生态环境的主动作用关系和方向"的研究模式和思维，从"生态环境→能源的约束作用关系和方向"的角度，通过将生态环境质量恢复到某一较高水平上，求解相应的受约束的能源数量。一般情况下，提高生态环境质量水平意味着要减少有害物质的排放，而要减少有害物质的排放必须减少能源资源的供给和使用，因此，将生态环境质量恢复到较高水平对应的能源资源数量即为生态环境质量约束条件下能源系统能够提供的最大能源资源数量。

环境—能源模型是描述生态环境系统与能源系统之间数量关系和数量规律的模型，具体来讲是反映和刻画生态环境质量与能源消费量（实际均衡的能源资源供给量）之间数量特征的模型，其建立和存在的客观条件是现实的经济发展水平、技术进步水平、生产工艺水平等，因此，环境—能源模型是对生态环境系统与能源系统之间关系的客观描述。要求解生态环境质量约束条件下能源资源的最大供给量，必然离不开客观存在的经济因素。所以生态环境质量约束能源资源供给量的确定，其实就是在环境—能源模型基础上，从"生态环境→能源的约束作用关系和方向"在给定生态环境质量 EQ' 的条件下，求解出相应的能源资源数量，即生态环境质量约束的能源资源供给量 En'（该能源资源供给量为实物量）。

第二节 生态环境质量约束的生产模型

生态环境质量约束的能源资源供给模型表明，在生态环境质量保持不变的情况下，能源系统所提供的能源资源数量要受到相应的约束。根据能源系统、经济系统、生态环境系统三者的作用机理可知，当能源系统提供的能源资源数量受到限制时，经济系统的运行尤其是经济产出也要受到影响。生态环境质量约束的生产模型就是基于能源系统产出的能源资源数量或者能源资源的供给数量受到约束的条件下，研究国民经济各部门以及国民经济总体受到的影响方向和影响程度。

国民经济是由各单位、各部门与再生产各环节组合而成的一个庞大、复杂的系统，且各单位、各部门、各环节、各要素之间存在着相互依存和相互作用的关系。投入产出表作为用于反映国民经济各部门中间投入、中间产出、最初投入、最终产出的棋盘式平衡表，为研究国民经济各部门之间相互提供、相互消耗的错综复杂的技术经济关系及其数量规律性提供了数据支持。因此，构建生态环境质量约束的生产模型的平台就是投入产出表，具体的研究思路是：（1）简要阐述基本型投入产出表（即价值型投入产出表）的结构、行列的平衡关系、技术经济系数和平衡模型，为编制能源型投入产出表提供基本思想、基本理论与方法。（2）在基本型投入产出表的基础上，为满足研究能源系统产出或者能源资源供给数量受到约束条件下对国民经济各部门以及国民经济总体影响问题的需要，将国民经济部门重新组合和分类并分为非能源部门和能源部门两种类型，根据研究要求将非能源部门和能源部门在投入产出表中重新排列形成能源型投入产出表，用于描述非能源部门与能源部门之间错综复杂的投入—产出数量关系。（3）依据能源型投入产出表，计算与能源型投入产出表相对应的技术经济系数，主要包括直接消耗系数、完全消耗系数等。借助能源型投入产出表和各种技术经济系数建立投入产出平衡模型。（4）根据能源型投入产出表的投入产出平衡模型，推导和建立生态环境质量约束条件下能源资源供给量对国民经济各部门产出以及国民经济总产出影响的产出模型。

一、基本型投入产出表

投入产出表作为研究国民经济各部门之间数量关系和数量规律性的重要数据表，随着研究目的和研究需要的不同呈现出不同的形式。根据研究的计量方式不同，有价值型、实物型投入产出表；根据研究的资料支持情况不同，有对称型、U-V型投入产出表；根据研究的空间范围不同，有全国型、地区型、企业型投入产出表；根据研究的时间范围不同，有静态型、动态型投入产出表。[①]

在各类型的投入产出表中，最有代表性、最为完善、分析技术最为成熟的就是价值型、对称型的静态投入产出表，本书中简称为基本型投入产出表。这同时也是编制能源型投入产出表和建立环境质量约束生产模型的平台。

（一）基本型投入产出表的构成

基本型投入产出表（见表5-1）由四大象限构成，分别是，刻画中间投入与中间产出的"第Ⅰ象限"，刻画最终产出的"第Ⅱ象限"，刻画最初投入的"第Ⅲ象限"，以及暂时没有开发的"第Ⅳ象限"。各象限在投入产出表中所处的位置和主要功能具体表现如下。

"第Ⅰ象限"位于投入产出表的左上角，该象限的横行为提供中间产品的部门，纵栏为消耗中间产品的部门，具有严格的棋盘式结构，是整个投入产出表的核心组成部分。该象限中每项数据都具有"产出"和"消耗"的双重含义，其主要功能在于刻画和衡量国民经济各部门之间相互提供和相互消耗中间产品的数量关系，反映国民经济内部的技术经济联系。

"第Ⅱ象限"位于投入产出表的右上角，该象限的横行为国民经济各产品部门，纵栏为最终产品。其主要功能在于反映国民经济各部门提供最终产品的数量及其构成情况。

"第Ⅲ象限"位于投入产出表的左下角，该象限的横行为最初投入及其组成部分，纵栏为国民经济各产品部门。其主要功能在于反映国民经济各部门的最初投入数量及构成情况。

---

① 杨灿. 国民核算与分析通论 [M]. 北京：中国统计出版社，2005.

"第Ⅳ象限"位于投入产出表的右下角,在投入产出核算中暂时空缺。

表 5–1　　　　　　　　　　　基本型投入产出表

		投入部门(中间产品)				最终产品	总产出
		部门 1	部门 2	⋯	部门 n	小计		
产出部门 (中间投入)	部门 1	x_{11}	x_{12}	⋯	x_{1n}	$\sum x_{1j}$	f_1	q_1
	部门 2	x_{21}	x_{22}	⋯	x_{2n}	$\sum x_{2j}$	f_2	q_2
	⋮	⋮	⋮	⋱	⋮	⋮	⋮	⋮
	部门 n	x_{n1}	x_{n2}	⋯	x_{nn}	$\sum x_{nj}$	f_n	q_n
	小计	$\sum x_{i1}$	$\sum x_{i2}$	⋯	$\sum x_{in}$	$\sum\sum x_{ij}$	$\sum f_i$	$\sum q_i$
最初投入	固定资产折旧	d_1	d_2	⋯	d_n	$\sum d_j$		
	劳动者报酬	v_1	v_2	⋯	v_n	$\sum v_j$		
	生产税净额	s_1	s_2	⋯	s_n	$\sum s_j$		
	营业盈余	m_1	m_2	⋯	m_n	$\sum m_j$		
	增加值	y_1	y_2	⋯	y_n	$\sum y_j$		
总投入		q_1	q_2	⋯	q_n	$\sum q_j$		

(二) 基本型投入产出表的平衡关系

投入产出表内部存在着多种平衡关系,最重要、最基本的平衡主要有三种表现形式,即各行的平衡、各列的平衡、各行列的对应平衡。

1. 各行的平衡。从投入产出表横向的角度看,中间产品 + 最终产品 = 总产出,即:

$$\sum_{j=1}^{n} x_{ij} + f_i = q_i \quad i = 1, 2, \cdots, n$$

2. 各列的平衡。从投入产出表纵向的角度看,中间投入 + 最初投入 = 总投入,即:

$$\sum_{i=1}^{n} x_{ij} + y_j = q_j \quad j = 1, 2, \cdots, n$$

3. 各行列的对应平衡。从投入产出表各行、列对应的角度同时看,各部门总产出 = 该部门总投入,即:

$$\sum_{j=1}^{n} x_{kj} + f_k = q_k = \sum_{i=1}^{n} x_{ik} + y_k \quad k = 1, 2, \cdots, n$$

从投入产出表所有行、列对应的角度看,所有部门总产出 = 所有部门总投入,即:

$$\sum_{i=1}^{n}\sum_{j=1}^{n} x_{ij} + \sum_{i=1}^{n} f_i = \sum_{j=1}^{n}\sum_{i=1}^{n} x_{ij} + \sum_{j=1}^{n} y_j \quad i = 1, 2, \cdots, n \quad j = 1, 2, \cdots, n$$

(三)技术经济系数与基本模型

1. 技术经济系数。技术经济系数是指通过一定的投入产出比例反映各部门之间相对稳定技术经济联系的综合指标。常用、重要的技术经济系数主要有直接消耗系数、完全消耗系数、完全需求系数。

直接消耗系数是国民经济中第 j 部门每生产单位总产出对第 i 部门产品的直接消耗量。记直接消耗系数为 a_{ij}。即:

$$a_{ij} = \frac{x_{ij}}{q_j} \quad i, j = 1, 2, \cdots, n$$

完全消耗系数是国民经济中第 j 部门每生产单位最终产品对第 i 部门产品的完全消耗量。记完全消耗系数为 b_{ij}。即:

$$b_{ij} = \frac{完全消耗量}{最终产品量}$$

完全需求系数是 j 部门每生产单位最终产品对 i 部门产品的完全需求量。记完全需求系数为 $\bar{b}_{ij}$。即:

$$\bar{b}_{ij} = \frac{完全需求量}{最终产品量}$$

2. 基本模型。在投入产出表平衡关系的基础上,运用技术经济系数可以建立反映国民经济各部门技术经济联系的投入产出模型,主要包括投入产出行模型和投入产出列模型。

投入产出行模型为:

$$AQ + F = Q$$

或者

$$F = (I - A)Q$$

或者

$$Q = (I - A)^{-1} F$$

其中,A 为直接消耗系数矩阵;Q 为总产出列向量;F 为最终产品列向量。投入产出行模型表明总产出与最终产品之间的基本平衡关系:当总产出已知时,根据行模型可以推算最终产品;当最终产品已知时,根据行模型可以推算总产出。

投入产出列模型为：
$$\Lambda Q + Y = Q$$
其中，Λ 为中间投入系数对角矩阵；Q 为总投入列向量；Y 为最初投入（增加值）列向量。投入产出列模型表明总投入与最初投入（增加值）之间的基本平衡关系：当总投入已知时，根据列模型可以推算最初投入（增加值）；当最初投入（增加值）已知时，根据列模型可以推算总投入。

二、能源资源型投入产出表的编制

基本型投入产出表从一般的角度描述国民经济各部门之间普遍意义上存在的数量关系和数量特征。因此，为满足研究生态环境质量约束生产模型关于非能源部门与能源部门相互依赖、相互作用关系问题的要求，需要将国民经济部门按照非能源部门与能源部门重新进行组合、分类、排列，并编制能源型投入产出表，用于描述非能源部门与能源部门之间错综复杂的投入—产出数量关系。[1]

（一）能源型投入产出表的结构

能源型投入产出表是以基本型投入产出表为基础编制的，因此，能源型投入产出表同样属于对称型、价值型、静态型的投入产出表。能源型投入产出表将基本型投入产出表中的 n 个产品部门划分为两类，其中，非能源生产部门有 $n-m$ 个，能源生产部门 m 个。[2] 从整体结构上看，能源型投入产出表与基本型投入产出表具有相同的特征，即能源型投入产出表也由四个象限构成，分别是：(1) 位于能源型投入产出表左上角的"第Ⅰ象限"，又称"中间产品"或"中间消耗"象限。(2) 位于能源型投入产出表右上角的"第Ⅱ象限"，又称"最终产品"象限。(3) 位于能源型投入产出表左下角的"第Ⅲ象限"，又称"最初投入"象限。(4) 位于投入产出表右下角的"第Ⅳ象限"，暂时空缺。具体见表 5-2。

---

[1] 韩君，梁亚民. 生态环境约束的能源定价模型构建及应用 [J]. 兰州大学学报（社会科学版），2016（02）.

[2] McNicoll, Blackmore. Taking the Environment into Account at the local level: A Environment Input-output Table for Lipa City [J]. CEM working paper, 1993 (04).

表 5-2　能源型投入产出表

产出部门（中间投入）		投入部门（中间产品）								最终产品	总产出
		非能源生产部门				能源生产部门					
		1	2	...	$n-m$	$n-m+1$	...	n			
非能源生产部门	1	x^E_{11}	x^E_{12}	...	$x^E_{1(n-m)}$	$x^E_{1(n-m+1)}$	...	x^E_{1n}		f^E_1	q^E_1
	2	x^E_{21}	x^E_{22}	...	$x^E_{2(n-m)}$	$x^E_{2(n-m+1)}$	...	x^E_{2n}		f^E_2	q^E_2
	...	...	...	⋱	...	...	...	...		...	...
	$n-m$	$x^E_{(n-m)1}$	$x^E_{(n-m)2}$	...	$x^E_{(n-m)(n-m)}$	$x^E_{(n-m)(n-m+1)}$	...	$x^E_{(n-m)n}$		f^E_{n-m}	q^E_{n-m}
能源生产部门	$n-m+1$	$x^E_{(n-m+1)1}$	$x^E_{(n-m+1)2}$	...	$x^E_{(n-m+1)(n-m)}$	$x^E_{(n-m+1)(n-m+1)}$	...	$x^E_{(n-m+1)n}$		f^E_{n-m+1}	q^E_{n-m+1}
	$n-m+2$	$x^E_{(n-m+2)1}$	$x^E_{(n-m+2)2}$	...	$x^E_{(n-m+2)(n-m)}$	$x^E_{(n-m+2)(n-m+1)}$	...	$x^E_{(n-m+2)n}$		f^E_{n-m+2}	q^E_{n-m+2}
	...	...	...	⋱	...	...	...	...		...	...
	n	x^E_{n1}	x^E_{n2}	...	$x^E_{n(n-m)}$	$x^E_{n(n-m+1)}$	...	x^E_{nn}		f^E_n	q^E_n
最初投入		y^E_1	y^E_2	...	y^E_{n-m}	y^E_{n-m+1}	...	y^E_n			
总投入		q^E_1	q^E_2	...	q^E_{n-m}	q^E_{n-m+1}	...	q^E_n			

第五章　生态环境质量约束的能源资源定价模型研究

虽然能源型投入产出表与基本型投入产出表在总体结构上是相同的，但在具体的环节方面还存在着差异。由于能源型投入产出表更加注重描述和分析非能源部门与能源部门之间的投入产出关系，因此，在"第Ⅰ象限"即"中间产品"或"中间消耗"象限的设置上与基本型投入产出表有着重要的区别。在能源型投入产出表的"第Ⅰ象限"中，由于产品部门不再按照基本型投入产出表中产品部门的普通方式排列，而是在对产品部门进行分类的基础上按非能源生产部门和能源生产部门分别集中组合的方式排列（见表5-2），因此，根据新的产品部门排列模式可将能源型投入产出表"第Ⅰ象限"分解为四个子象限，即"非能源生产部门—非能源生产部门的中间消耗"子象限、"非能源生产部门—能源生产部门的中间消耗"子象限、"能源生产部门—非能源生产部门的中间消耗"子象限、"能源生产部门—能源生产部门的中间消耗"子象限。[①]

"非能源生产部门—非能源生产部门的中间消耗"子象限对应的中间消耗矩阵为：

$$X^E_{(n-m)(n-m)} = \begin{bmatrix} x^E_{11} & x^E_{12} & \cdots & x^E_{1(n-m)} \\ x^E_{21} & x^E_{22} & \cdots & x^E_{2(n-m)} \\ \vdots & \vdots & \ddots & \vdots \\ x^E_{(n-m)1} & x^E_{(n-m)2} & \cdots & x^E_{(n-m)(n-m)} \end{bmatrix}$$

该子象限的横行标题为非能源生产部门，纵栏标题为非能源生产部门。其主要功能在于反映非能源生产部门之间相互提供和相互消耗中间产品的数量关系。

"非能源生产部门—能源生产部门的中间消耗"子象限对应的中间消耗矩阵为：

$$X^E_{m(n-m)} = \begin{bmatrix} x^E_{(n-m+1)1} & x^E_{(n-m+1)2} & \cdots & x^E_{(n-m+1)(n-m)} \\ x^E_{(n-m+2)1} & x^E_{(n-m+2)2} & \cdots & x^E_{(n-m+2)(n-m)} \\ \vdots & \vdots & \ddots & \vdots \\ x^E_{n1} & x^E_{n2} & \cdots & x^E_{n(n-m)} \end{bmatrix}$$

该子象限的横行标题为能源生产部门，纵栏标题为非能源生产部门。其主

[①] Stahmer C. The Magic Triangle of Input-output Tables [J]. Papers of 13th International Conference on Input-output Techniques, University of Macerata, Italy, 2000.

要功能在于反映能源生产部门向非能源生产部门提供中间产品、非能源生产部门消耗能源生产部门所生产的中间产品的数量关系。

"能源生产部门—非能源生产部门的中间消耗"子象限对应的中间消耗矩阵为：

$$X^E_{(n-m)m} = \begin{bmatrix} x^E_{1(n-m+1)} & x^E_{1(n-m+2)} & \cdots & x^E_{1n} \\ x^E_{2(n-m+1)} & x^E_{2(n-m+2)} & \cdots & x^E_{2n} \\ \vdots & \vdots & \ddots & \vdots \\ x^E_{(n-m)(n-m+1)} & x^E_{(n-m)(n-m+2)} & \cdots & x^E_{(n-m)n} \end{bmatrix}$$

该子象限的横行标题为非能源生产部门，纵栏标题为能源生产部门。其主要功能在于反映非能源生产部门向能源生产部门提供中间产品、能源生产部门消耗非能源生产部门所生产的中间产品的数量关系。

"能源生产部门—能源生产部门的中间消耗"子象限对应的中间消耗矩阵为：

$$X^E_{mm} = \begin{bmatrix} x^E_{(n-m+1)(n-m+1)} & x^E_{(n-m+1)(n-m+2)} & \cdots & x^E_{(n-m+1)n} \\ x^E_{(n-m+2)(n-m+1)} & x^E_{(n-m+2)(n-m+2)} & \cdots & x^E_{(n-m+2)n} \\ \vdots & \vdots & \ddots & \vdots \\ x^E_{n(n-m+1)} & x^E_{n(n-m+2)} & \cdots & x^E_{nn} \end{bmatrix}$$

该子象限的横行标题为能源生产部门，纵栏标题为能源生产部门。其主要功能在于反映能源生产部门之间相互提供和相互消耗中间产品的数量关系。

（二）能源型投入产出表的平衡关系

与基本型投入产出表的平衡原理相同，能源型投入产出表的平衡关系主要有三种表现形式，即各行的平衡、各列的平衡、各行列的对应平衡。

1. 行平衡关系。非能源部门消耗的非能源部门生产的中间产品 + 能源部门消耗的非能源部门生产的中间产品 + 非能源部门生产的最终产品 = 非能源生产部门总产出，即：

$$\sum_{j=1}^{n-m} x^E_{ij} + \sum_{j=n-m+1}^{n} x^E_{ij} + f^E_i = q^E_i \quad i = 1, 2, \cdots, (n-m)$$

矩阵表达式为：

$$X^E_{(n-m)(n-m)} I_{(n-m)} + X^E_{(n-m)m} I_{(n-m)} + F^E_{(n-m)} = Q^E_{(n-m)}$$

其中：

第五章 生态环境质量约束的能源资源定价模型研究

$$F^E_{(n-m)} = \begin{bmatrix} f^E_1 \\ f^E_2 \\ \vdots \\ f^E_{n-m} \end{bmatrix} \quad Q^E_{(n-m)} = \begin{bmatrix} q^E_1 \\ q^E_2 \\ \vdots \\ q^E_{n-m} \end{bmatrix} \quad I_{(n-m)} = \begin{bmatrix} 1 \\ 1 \\ \vdots \\ 1 \end{bmatrix}$$

能源部门消耗的非能源部门生产的中间产品 + 能源部门消耗的能源部门生产的中间产品 + 能源部门生产的最终产品 = 能源生产部门总产出,即:

$$\sum_{j=1}^{n-m} x^E_{ij} + \sum_{j=n-m+1}^{n} x^E_{ij} + f^E_i = q^E_i \quad i = (n-m+1), (n-m+2), \cdots, n$$

矩阵表达式为:

$$X^E_{m(n-m)} I_m + X^E_{mm} I_m + F^E_m = Q^E_m$$

其中:

$$F^E_m = \begin{bmatrix} f^E_{n-m+1} \\ f^E_{n-m+2} \\ \vdots \\ f^E_n \end{bmatrix} \quad Q^E_m = \begin{bmatrix} q^E_{n-m+1} \\ q^E_{n-m+2} \\ \vdots \\ q^E_n \end{bmatrix} \quad I_m = \begin{bmatrix} 1 \\ 1 \\ \vdots \\ 1 \end{bmatrix}$$

2. 列平衡关系。非能源生产部门对非能源部门产品的中间投入 + 非能源生产部门对能源部门产品的中间投入 + 非能源生产部门最初投入 = 非能源生产部门总投入,即:

$$\sum_{i=1}^{n-m} x^E_{ij} + \sum_{i=n-m+1}^{n} x^E_{ij} + y^E_j = q^E_j \quad j = 1, 2, \cdots, (n-m)$$

矩阵表达式为:

$$X'^E_{(n-m)(n-m)} I_{(n-m)} + X'^E_{m(n-m)} I_m + Y^E_{(n-m)} = Q^E_{(n-m)}$$

其中:

$$Y^E_{(n-m)} = \begin{bmatrix} y^E_1 \\ y^E_2 \\ \vdots \\ y^E_{n-m} \end{bmatrix}$$

$X'^E_{(n-m)(n-m)}$ 为 $X^E_{(n-m)(n-m)}$ 的转置矩阵,$X'^E_{m(n-m)}$ 为 $X^E_{m(n-m)}$ 的转置矩阵。

能源生产部门对非能源部门产品的中间投入 + 能源生产部门对能源部门产品的中间投入 + 能源生产部门最初投入 = 能源生产部门总投入,即:

$$\sum_{i=1}^{n-m} x^E_{ij} + \sum_{i=n-m+1}^{n} x^E_{ij} + y^E_j = q^E_j \quad j = (n-m+1), (n-m+2), \cdots, n$$

矩阵表达式为:

$$X'^{E}_{(n-m)m}I_{(n-m)} + X'^{E}_{mm}I_m + Y^E_m = Q^E_m$$

其中:

$$Y^E_m = \begin{bmatrix} y^E_{n-m+1} \\ y^E_{n-m+2} \\ \vdots \\ y^E_n \end{bmatrix}$$

$X'^{E}_{(n-m)m}$ 为 $X^E_{(n-m)m}$ 的转置矩阵, X'^{E}_{mm} 为 X^E_{mm} 的转置矩阵。

3. 各行列的对应平衡。

非能源生产部门总产出 = 非能源生产部门总投入,即:

$$\sum_{j=1}^{n-m} x^E_{kj} + \sum_{j=n-m+1}^{n} x^E_{kj} + f^E_k = q^E_k = \sum_{i=1}^{n-m} x^E_{ik} + \sum_{i=n-m+1}^{n} x^E_{ik} + y^E_k \quad k = 1, 2, \cdots, (n-m)$$

能源生产部门总产出 = 能源生产部门总投入,即:

$$\sum_{j=1}^{n-m} x^E_{hj} + \sum_{j=n-m+1}^{n} x^E_{hj} + f^E_h = q^E_h = \sum_{i=1}^{n-m} x^E_{ih} + \sum_{i=n-m+1}^{n} x^E_{ih} + y^E_h$$
$$h = (n-m+1), (n-m+2), \cdots, n$$

所有部门总产出 = 所有部门总投入,即:

$$\sum_{i=1}^{n}\sum_{j=1}^{n} x^E_{ij} + \sum_{i=1}^{n} f^E_i = \sum_{i=1}^{n}\sum_{j=1}^{n} x^E_{ij} + \sum_{j=1}^{n} y^E_j \quad i = 1, 2, \cdots, n \quad j = 1, 2, \cdots, n$$

三、能源型投入产出表的技术经济系数与平衡模型

能源型投入产出表"第Ⅰ象限"的四个子象限分别表示不同的投入产出关系和投入产出特征,因此,根据技术经济系数的内涵和计算方法分别推算能源型投入产出表"第Ⅰ象限"四个子象限的直接消耗系数、完全消耗系数和完全需求系数。在此基础上结合能源型投入产出表的平衡关系,建立能源型投入产出表的行模型和列模型。

(一) 技术经济系数的推导

1. 直接消耗系数。"非能源生产部门—非能源生产部门的中间消耗"子象限的直接消耗系数矩阵为:

$$A_{(n-m)(n-m)}^{E} = X_{(n-m)(n-m)}^{E} \hat{Q}_{(n-m)}^{E-1} = \begin{bmatrix} a_{11}^{E} & a_{12}^{E} & \cdots & a_{1(n-m)}^{E} \\ a_{21}^{E} & a_{22}^{E} & \cdots & a_{2(n-m)}^{E} \\ \vdots & \vdots & \ddots & \vdots \\ a_{(n-m)1}^{E} & a_{(n-m)2}^{E} & \cdots & a_{(n-m)(n-m)}^{E} \end{bmatrix}$$

$$= \begin{bmatrix} x_{11}^{E} & x_{12}^{E} & \cdots & x_{1(n-m)}^{E} \\ x_{21}^{E} & x_{22}^{E} & \cdots & x_{2(n-m)}^{E} \\ \vdots & \vdots & \ddots & \vdots \\ x_{(n-m)1}^{E} & x_{(n-m)2}^{E} & \cdots & x_{(n-m)(n-m)}^{E} \end{bmatrix} \begin{bmatrix} q_{1}^{E-1} & 0 & \cdots & 0 \\ 0 & q_{2}^{E-1} & \cdots & 0 \\ \vdots & \vdots & \ddots & \vdots \\ 0 & 0 & \cdots & q_{(n-m)}^{E-1} \end{bmatrix}$$

该矩阵中的直接消耗系数表明非能源生产部门每生产单位产出对非能源生产部门产品的直接消耗量。

"非能源生产部门—能源生产部门的中间消耗"子象限的直接消耗系数矩阵为：

$$A_{m(n-m)}^{E} = X_{m(n-m)}^{E} \hat{Q}_{(n-m)}^{E-1} = \begin{bmatrix} a_{(n-m+1)1}^{E} & a_{(n-m+1)2}^{E} & \cdots & a_{(n-m+1)(n-m)}^{E} \\ a_{(n-m+2)1}^{E} & a_{(n-m+2)2}^{E} & \cdots & a_{(n-m+2)(n-m)}^{E} \\ \vdots & \vdots & \ddots & \vdots \\ a_{n1}^{E} & a_{n2}^{E} & \cdots & a_{n(n-m)}^{E} \end{bmatrix}$$

$$= \begin{bmatrix} x_{(n-m+1)1}^{E} & x_{(n-m+1)2}^{E} & \cdots & x_{(n-m+1)(n-m)}^{E} \\ x_{(n-m+2)1}^{E} & x_{(n-m+2)2}^{E} & \cdots & x_{(n-m+2)(n-m)}^{E} \\ \vdots & \vdots & \ddots & \vdots \\ x_{n1}^{E} & x_{n2}^{E} & \cdots & x_{n(n-m)}^{E} \end{bmatrix} \begin{bmatrix} q_{1}^{E-1} & 0 & \cdots & 0 \\ 0 & q_{2}^{E-1} & \cdots & 0 \\ \vdots & \vdots & \ddots & \vdots \\ 0 & 0 & \cdots & q_{(n-m)}^{E-1} \end{bmatrix}$$

该矩阵中的直接消耗系数表明非能源生产部门每生产单位产出对能源生产部门产品的直接消耗量。

"能源生产部门—非能源生产部门的中间消耗"子象限的直接消耗系数矩阵为：

$$A_{(n-m)m}^{E} = X_{(n-m)m}^{E} \hat{Q}_{m}^{E-1} = \begin{bmatrix} a_{1(n-m+1)}^{E} & a_{1(n-m+2)}^{E} & \cdots & a_{1n}^{E} \\ a_{2(n-m+1)}^{E} & a_{2(n-m+2)}^{E} & \cdots & a_{2n}^{E} \\ \vdots & \vdots & \ddots & \vdots \\ a_{(n-m)(n-m+1)}^{E} & a_{(n-m)(n-m+2)}^{E} & \cdots & a_{(n-m)n}^{E} \end{bmatrix}$$

$$= \begin{bmatrix} x^E_{1(n-m+1)} & x^E_{1(n-m+2)} & \cdots & x^E_{1n} \\ x^E_{2(n-m+1)} & x^E_{2(n-m+2)} & \cdots & x^E_{2n} \\ \vdots & \vdots & \ddots & \vdots \\ x^E_{(n-m)(n-m+1)} & x^E_{(n-m)(n-m+2)} & \cdots & x^E_{(n-m)n} \end{bmatrix} \begin{bmatrix} q^{E^{-1}}_{(n-m+1)} & 0 & \cdots & 0 \\ 0 & q^{E^{-1}}_{(n-m+2)} & \cdots & 0 \\ \vdots & \vdots & \ddots & \vdots \\ 0 & 0 & \cdots & q^{E^{-1}}_n \end{bmatrix}$$

该矩阵中的直接消耗系数表明能源生产部门每生产单位产出对非能源生产部门产品的直接消耗量。

"能源生产部门—能源生产部门的中间消耗"子象限的直接消耗系数矩阵为：

$$A^E_{mm} = X^E_{mm}\hat{Q}^{E^{-1}}_m = \begin{bmatrix} a^E_{(n-m+1)(n-m+1)} & a^E_{(n-m+1)(n-m+2)} & \cdots & a^E_{(n-m+1)n} \\ a^E_{(n-m+2)(n-m+1)} & a^E_{(n-m+2)(n-m+2)} & \cdots & a^E_{(n-m+2)n} \\ \vdots & \vdots & \ddots & \vdots \\ a^E_{n(n-m+1)} & a^E_{n(n-m+2)} & \cdots & a^E_{nn} \end{bmatrix}$$

$$= \begin{bmatrix} x^E_{(n-m+1)(n-m+1)} & x^E_{(n-m+1)(n-m+2)} & \cdots & x^E_{(n-m+1)n} \\ x^E_{(n-m+2)(n-m+1)} & x^E_{(n-m+2)(n-m+2)} & \cdots & x^E_{(n-m+2)n} \\ \vdots & \vdots & \ddots & \vdots \\ x^E_{n(n-m+1)} & x^E_{n(n-m+2)} & \cdots & x^E_{nn} \end{bmatrix}$$

$$\begin{bmatrix} q^{E^{-1}}_{(n-m+1)} & 0 & \cdots & 0 \\ 0 & q^{E^{-1}}_{(n-m+2)} & \cdots & 0 \\ \vdots & \vdots & \ddots & \vdots \\ 0 & 0 & \cdots & q^{E^{-1}}_n \end{bmatrix}$$

该矩阵中的直接消耗系数表明能源生产部门每生产单位产出对能源生产部门产品的直接消耗量。

能源型投入产出表的直接消耗系数矩阵为：

$$A^E_{nn} = \begin{bmatrix} A^E_{(n-m)(n-m)} & A^E_{(n-m)m} \\ A^E_{m(n-m)} & A^E_{mm} \end{bmatrix}$$

2. 完全消耗系数。能源型投入产出表的完全消耗系数矩阵为：

$$B^E_{nn} = (I - A^E_{nn})^{-1} - I = \begin{bmatrix} B^E_{(n-m)(n-m)} & B^E_{(n-m)m} \\ B^E_{m(n-m)} & B^E_{mm} \end{bmatrix}$$

其中：

第五章 生态环境质量约束的能源资源定价模型研究

$$B^E_{(n-m)(n-m)} = \begin{bmatrix} b^E_{11} & b^E_{12} & \cdots & b^E_{1(n-m)} \\ b^E_{21} & b^E_{22} & \cdots & b^E_{2(n-m)} \\ \vdots & \vdots & \ddots & \vdots \\ b^E_{(n-m)1} & b^E_{(n-m)2} & \cdots & b^E_{(n-m)(n-m)} \end{bmatrix}$$

该矩阵中的完全消耗系数表明非能源生产部门每生产单位最终产品对非能源生产部门产品的直接和间接消耗量之和。

$$B^E_{m(n-m)} = \begin{bmatrix} b^E_{(n-m+1)1} & b^E_{(n-m+1)2} & \cdots & b^E_{(n-m+1)(n-m)} \\ b^E_{(n-m+2)1} & b^E_{(n-m+2)2} & \cdots & b^E_{(n-m+2)(n-m)} \\ \vdots & \vdots & \ddots & \vdots \\ b^E_{n1} & b^E_{n2} & \cdots & b^E_{n(n-m)} \end{bmatrix}$$

该矩阵中的完全消耗系数表明非能源生产部门每生产单位最终产品对能源生产部门产品的直接和间接消耗量之和。

$$B^E_{(n-m)m} = \begin{bmatrix} b^E_{1(n-m+1)} & b^E_{1(n-m+2)} & \cdots & b^E_{1n} \\ b^E_{2(n-m+1)} & b^E_{2(n-m+2)} & \cdots & b^E_{2n} \\ \vdots & \vdots & \ddots & \vdots \\ b^E_{(n-m)(n-m+1)} & b^E_{(n-m)(n-m+2)} & \cdots & b^E_{(n-m)n} \end{bmatrix}$$

该矩阵中的完全消耗系数表明能源生产部门每生产单位最终产品对非能源生产部门产品的直接和间接消耗量之和。

$$B^E_{mm} = \begin{bmatrix} b^E_{(n-m+1)(n-m+1)} & b^E_{(n-m+1)(n-m+2)} & \cdots & b^E_{(n-m+1)n} \\ b^E_{(n-m+2)(n-m+1)} & b^E_{(n-m+2)(n-m+2)} & \cdots & b^E_{(n-m+2)n} \\ \vdots & \vdots & \ddots & \vdots \\ b^E_{n(n-m+1)} & b^E_{n(n-m+2)} & \cdots & b^E_{nn} \end{bmatrix}$$

该矩阵中的完全消耗系数表明能源生产部门每生产单位最终产品对能源生产部门产品的直接和间接消耗量之和。

3. 完全需求系数。能源型投入产出表的完全需求系数矩阵为:

$$\bar{B}^E_{nn} = (I - A^E_{nn})^{-1} = B^E_{nn} + I = \begin{bmatrix} \bar{B}^E_{(n-m)(n-m)} & \bar{B}^E_{(n-m)m} \\ \bar{B}^E_{m(n-m)} & \bar{B}^E_{mm} \end{bmatrix}$$

其中:

$$\bar{B}^E_{(n-m)(n-m)} = \begin{bmatrix} \bar{b}^E_{11} & \bar{b}^E_{12} & \cdots & \bar{b}^E_{1(n-m)} \\ \bar{b}^E_{21} & \bar{b}^E_{22} & \cdots & \bar{b}^E_{2(n-m)} \\ \vdots & \vdots & \ddots & \vdots \\ \bar{b}^E_{(n-m)1} & \bar{b}^E_{(n-m)2} & \cdots & \bar{b}^E_{(n-m)(n-m)} \end{bmatrix}$$

该矩阵中的完全需求系数表明非能源生产部门每生产单位最终产品对非能源生产部门产品的初始需求与完全消耗量之和。

$$\bar{B}^E_{m(n-m)} = \begin{bmatrix} \bar{b}^E_{(n-m+1)1} & \bar{b}^E_{(n-m+1)2} & \cdots & \bar{b}^E_{(n-m+1)(n-m)} \\ \bar{b}^E_{(n-m+2)1} & \bar{b}^E_{(n-m+2)2} & \cdots & \bar{b}^E_{(n-m+2)(n-m)} \\ \vdots & \vdots & \ddots & \vdots \\ \bar{b}^E_{n1} & \bar{b}^E_{n2} & \cdots & \bar{b}^E_{n(n-m)} \end{bmatrix}$$

该矩阵中的完全需求系数表明非能源生产部门每生产单位最终产品对能源生产部门产品的初始需求与完全消耗量之和。

$$\bar{B}^E_{(n-m)m} = \begin{bmatrix} \bar{b}^E_{1(n-m+1)} & \bar{b}^E_{1(n-m+2)} & \cdots & \bar{b}^E_{1n} \\ \bar{b}^E_{2(n-m+1)} & \bar{b}^E_{2(n-m+2)} & \cdots & \bar{b}^E_{2n} \\ \vdots & \vdots & \ddots & \vdots \\ \bar{b}^E_{(n-m)(n-m+1)} & \bar{b}^E_{(n-m)(n-m+2)} & \cdots & \bar{b}^E_{(n-m)n} \end{bmatrix}$$

该矩阵中的完全需求系数表明能源生产部门每生产单位最终产品对非能源生产部门产品的初始需求与完全消耗量之和。

$$\bar{B}^E_{mm} = \begin{bmatrix} \bar{b}^E_{(n-m+1)(n-m+1)} & \bar{b}^E_{(n-m+1)(n-m+2)} & \cdots & \bar{b}^E_{(n-m+1)n} \\ \bar{b}^E_{(n-m+2)(n-m+1)} & \bar{b}^E_{(n-m+2)(n-m+2)} & \cdots & \bar{b}^E_{(n-m+2)n} \\ \vdots & \vdots & \ddots & \vdots \\ \bar{b}^E_{n(n-m+1)} & \bar{b}^E_{n(n-m+2)} & \cdots & \bar{b}^E_{nn} \end{bmatrix}$$

该矩阵中的完全需求系数表明能源生产部门每生产单位最终产品对能源生产部门产品的初始需求与完全消耗量之和。

(二) 能源型投入产出表中平衡模型的推导

1. 投入产出行模型的推导。

(1) 非能源生产部门行模型的推导。

因为：

$$A^E_{(n-m)(n-m)} = X^E_{(n-m)(n-m)} \hat{Q}^{E^{-1}}_{(n-m)}$$

第五章 生态环境质量约束的能源资源定价模型研究

所以有：

$$X^E_{(n-m)(n-m)} = A^E_{(n-m)(n-m)} \hat{Q}^E_{(n-m)}$$

因为：

$$A^E_{(n-m)m} = X^E_{(n-m)m} \hat{Q}^{E-1}_m$$

所以有：

$$X^E_{(n-m)m} = A^E_{(n-m)m} \hat{Q}^E_m$$

又因为：

$$X^E_{(n-m)(n-m)} I_{(n-m)} + X^E_{(n-m)m} I_{(n-m)} + F^E_{(n-m)} = Q^E_{(n-m)}$$

所以有：

$$A^E_{(n-m)(n-m)} \hat{Q}^E_{(n-m)} I_{(n-m)} + A^E_{(n-m)m} \hat{Q}^E_m I_{(n-m)} + F^E_{(n-m)} = Q^E_{(n-m)}$$

即：

$$A^E_{(n-m)(n-m)} Q^E_{(n-m)} + A^E_{(n-m)m} Q^E_m + F^E_{(n-m)} = Q^E_{(n-m)}$$

该平衡方程式为非能源生产部门的行模型，该模型表明非能源生产部门总产出、非能源生产部门最终产品与能源生产部门总产出之间的平衡关系。

（2）能源生产部门行模型的推导。

因为：

$$A^E_{m(n-m)} = X^E_{m(n-m)} \hat{Q}^{E-1}_{(n-m)}$$

所以有：

$$X^E_{m(n-m)} = A^E_{m(n-m)} \hat{Q}^E_{(n-m)}$$

因为：

$$A^E_{mm} = X^E_{mm} \hat{Q}^{E-1}_m$$

所以有：

$$X^E_{mm} = A^E_{mm} \hat{Q}^E_m$$

又因为：

$$X^E_{m(n-m)} I_{(n-m)} + X^E_{mm} I_m + F^E_m = Q^E_m$$

所以有：

$$A^E_{m(n-m)} \hat{Q}^E_{(n-m)} I_{(n-m)} + A^E_{mm} \hat{Q}^E_m I_m + F^E_m = Q^E_m$$

即：

$$A^E_{m(n-m)} Q^E_{(n-m)} + A^E_{mm} Q^E_m + F^E_m = Q^E_m$$

该平衡方程式为能源生产部门的行模型，该模型表明能源生产部门总产出、能源生产部门最终产品与非能源生产部门总产出之间的平衡关系。

非能源生产部门行模型为：

$$A^E_{(n-m)(n-m)}Q^E_{(n-m)} + A^E_{(n-m)m}Q^E_m + F^E_{(n-m)} = Q^E_{(n-m)}$$

能源生产部门行模型为：

$$A^E_{m(n-m)}Q^E_{(n-m)} + A^E_{mm}Q^E_m + F^E_m = Q^E_m$$

用矩阵分块法将非能源生产部门行模型和能源生产部门行模型组合表示为：

$$\begin{bmatrix} A^E_{(n-m)(n-m)} & A^E_{(n-m)m} \\ A^E_{m(n-m)} & A^E_{mm} \end{bmatrix} \begin{bmatrix} Q^E_{(n-m)} \\ Q^E_m \end{bmatrix} + \begin{bmatrix} F^E_{(n-m)} \\ F^E_m \end{bmatrix} = \begin{bmatrix} Q^E_{(n-m)} \\ Q^E_m \end{bmatrix}$$

简化式为：

$$A^E_{nn}Q^E_n + F^E_n = Q^E_n$$

该平衡方程式即为能源型投入产出行模型，表明总产出与最终产品之间的基本平衡关系：当总产出已知时，根据行模型可以推算最终产品；当最终产品已知时，根据行模型可以推算总产出。

2. 投入产出列模型的推导。

（1）非能源生产部门列模型的推导。

因为：

$$A^E_{(n-m)(n-m)} = X^E_{(n-m)(n-m)} \hat{Q}^{E-1}_{(n-m)}$$

所以有：

$$X'^E_{(n-m)(n-m)} = \hat{Q}^E_{(n-m)} A'^E_{(n-m)(n-m)}$$

因为：

$$A^E_{m(n-m)} = X^E_{m(n-m)} \hat{Q}^{E-1}_{(n-m)}$$

所以有：

$$X'^E_{m(n-m)} = \hat{Q}^E_{(n-m)} A'^E_{m(n-m)}$$

又因为：

$$X'^E_{(n-m)(n-m)} I_{(n-m)} + X'^E_{m(n-m)} I_m + Y^E_{(n-m)} = Q^E_{(n-m)}$$

所以有：

$$\hat{Q}^E_{(n-m)} A'^E_{(n-m)(n-m)} I_{(n-m)} + \hat{Q}^E_{(n-m)} A'^E_{m(n-m)} I_m + Y^E_{(n-m)} = Q^E_{(n-m)}$$

该平衡方程式为非能源生产部门的列模型，该模型表明非能源生产部门总投入与非能源生产部门最初投入之间的平衡关系。

（2）能源生产部门列模型的推导。

因为：

$$A^E_{(n-m)m} = X^E_{(n-m)m} \hat{Q}^{E-1}_m$$

所以有：

因为：
$$X'^{E}_{(n-m)m} = \hat{Q}^{E}_m A'^{E}_{(n-m)m}$$

$$A^E_{mm} = X^E_{mm} \hat{Q}^{E-1}_m$$

所以有：
$$X'^{E}_{mm} = \hat{Q}^{E}_m A'^{E}_{mm}$$

又因为：
$$X'^{E}_{(n-m)m} I_{(n-m)} + X'^{E}_{mm} I_m + Y^E_m = Q^E_m$$

所以有：
$$\hat{Q}^E_m A'^{E}_{(n-m)m} I_{(n-m)} + \hat{Q}^E_m A'^{E}_{mm} I_m + Y^E_m = Q^E_m$$

该平衡方程式为能源生产部门的列模型，该模型表明能源生产部门总投入与能源生产部门最初投入之间的平衡关系。

四、生态环境质量约束的产出模型

（一）能源生产部门总产出变化量的确定

能源生产部门总产出的变化其实是能源资源供给量的变化。根据对实际能源资源供给量、实际均衡的能源资源供给量、生态环境质量约束的能源资源供给量的界定和辨析表明，实际能源资源供给量与实际均衡的能源资源供给量虽然都是不受生态环境质量约束条件下的能源资源供给量，但实际能源资源供给量是非均衡的能源资源供给量，而实际均衡的能源资源供给量是均衡的能源资源供给量。由于生态环境质量约束的能源资源供给量是生态环境质量约束条件下的均衡能源资源供给量，因此，所谓的能源资源供给量的变化，是描述在生态环境质量约束条件变化的前提下均衡能源资源供给量的变化，即生态环境质量约束的能源资源供给量与实际均衡的能源资源供给量之间的差异，或者是生态环境质量约束的能源资源供给量与能源资源消费量之间的差异。所以本书所研究的能源生产部门总产出的变化可以用生态环境质量约束的能源资源供给量与能源资源消费量之间的差异去反映。

（二）模型假设[①]

1. 假定能源生产部门总产出的变化不会引起非能源生产部门和能源生产部门最终产品的变化。

2. 假定能源生产部门总产出的变化不会引起各生产部门最初投入比例的变化。

3. 假定能源生产部门总产出的变化不会引起非能源生产部门供求关系的明显变化。

（三）生态环境质量约束的产出模型推导

能源型投入产出表非能源生产部门行模型表明非能源生产部门总产出、非能源生产部门最终产品与能源生产部门总产出之间的平衡关系。即：

$$A^E_{(n-m)(n-m)} Q^E_{(n-m)} + A^E_{(n-m)m} Q^E_m + F^E_{(n-m)} = Q^E_{(n-m)}$$

由此可得非能源生产部门行模型的一般变动模型为：

$$A^E_{(n-m)(n-m)} \Delta Q^E_{(n-m)} + A^E_{(n-m)m} \Delta Q^E_m + \Delta F^E_{(n-m)} = \Delta Q^E_{(n-m)}$$

其中，$A^E_{(n-m)(n-m)}$ 为"非能源生产部门—非能源生产部门的中间消耗"子象限的直接消耗系数矩阵；$A^E_{(n-m)m}$ 为"能源生产部门—非能源生产部门的中间消耗"子象限的直接消耗系数矩阵；$\Delta Q^E_{(n-m)}$ 为非能源生产部门总产出变化量的列向量；$\Delta F^E_{(n-m)}$ 为非能源生产部门最终产品变化量的列向量；ΔQ^E_m 为各能源生产部门总产出变化量的列向量，根据生态环境质量约束的供给模型可以确定国民经济中各能源生产部门总产出的变化量，$\Delta q^E_i = (En'_i - En^t_i) p^t_i$，$i = (n-m+1), (n-m+2), \cdots, n$，$En'_i$ 为生态环境质量约束条件下的第 i 种能源资源供给量（实物量），En^t_i 为无生态环境质量约束条件下第 t 期第 i 种能源资源的均衡供给量（实物量），p^t_i 为无生态环境质量约束条件下第 t 期第 i 种能源资源的价格。

由于模型假设 1 表明能源生产部门总产出的变化不会引起非能源生产部门和能源生产部门最终产品的变化，因此，非能源生产部门最终产品的变化量为：

[①] Chung WS, Tohno S. A Time-series Energy Input-output Analysis for Building an infrastructure for the Energy and Environment Policy in South Korea [J]. Energy Environment, 2009 (09).

$$\Delta F^E_{(n-m)} = \begin{bmatrix} \Delta f^E_1 \\ \Delta f^E_2 \\ \vdots \\ \Delta f^E_{n-m} \end{bmatrix} = \begin{bmatrix} 0 \\ 0 \\ \vdots \\ 0 \end{bmatrix}$$

所以非能源生产部门行模型的一般变动模型可转化为：

$$A^E_{(n-m)(n-m)} \Delta Q^E_{(n-m)} + A^E_{(n-m)m} \Delta Q^E_m = \Delta Q^E_{(n-m)}$$

即：

$$\Delta Q^E_{(n-m)} = (I - A^E_{(n-m)(n-m)})^{-1} A^E_{(n-m)m} \Delta Q^E_m$$

该模型表明，由于能源生产部门总产出的变化所引起的非能源生产部门产出的变化，同时反映和刻画了生态环境质量约束引起能源资源供给的变化，而能源资源供给的变化又引起国民经济活动及总产出的变化。

生态环境质量约束的产出模型为：

$$Q^{E*}_n = Q^E_n + \Delta Q^E_n = \begin{bmatrix} Q^{E*}_{(n-m)} \\ Q^{E*}_m \end{bmatrix} = \begin{bmatrix} Q^E_{(n-m)} \\ Q^E_m \end{bmatrix} + \begin{bmatrix} \Delta Q^E_{(n-m)} \\ \Delta Q^E_m \end{bmatrix} = \begin{bmatrix} Q^E_{(n-m)} + \Delta Q^E_{(n-m)} \\ Q^E_m + \Delta Q^E_m \end{bmatrix}$$

其中，$Q^E_{(n-m)}$ 为非能源生产部门的总产出；Q^E_m 为能源生产部门的总产出；ΔQ^E_m 为生态环境质量约束引起的能源生产部门总产出的变化量；$\Delta Q^E_{(n-m)}$ 为能源生产部门总产出的变化引起的非能源生产部门总产出的变化量。该模型表明生态环境质量约束条件下国民经济各部门（非能源生产部门和能源生产部门）总产出的规模水平。

第三节 生态环境质量约束的能源资源需求模型

一、需求模型的基本思想

能源资源是保证国民经济正常运行的重要物质基础，而国民经济对能源资源的需求取决于国民经济及各部门的产出水平。因此，当国民经济及各部门的总产出发生变化时，其对能源资源的需求也会相应地变化。生态环境质量约束的能源资源需求模型是基于生态环境质量约束条件下的国民经济活动及相应的产出水平来描述和测算国民经济总体及各部门对能源资源的需求量，或者说是以生态环境质量约束产出模型的测算结果为基础来研究国民经济总体及各部门对能源资源需求的规律。基本思路是，在生态环境质量约束产出模型测算的生态环境质量约束条件下国民经济总体及各部门总产出水平的基础上，为满足生态环境质量约束产出模型提出的国民经济各部门最终产品保持不变的假设，根据能源型投入产出表行平衡关系的原则，调整原有国民经济各部门的中间产出，由此改变原各部门之间的技术经济系数，并形成生态环境质量约束条件下各部门之间的技术经济系数，利用生态环境质量约束条件下的技术经济系数，结合完全需求系数的内涵和计算公式建立生态环境质量约束的能源资源需求模型。

二、需求模型的主要假设

生态环境质量约束的能源资源需求模型的构建仍然以能源型投入产出表作为研究平台，为体现需求模型建立的基本思想并保持与生态环境质量约束的产出模型的传承性和一致性，在此主要提出以下假设：

1. 假定无论是否受到生态环境质量的约束，国民经济中非能源生产部门和能源生产部门所生产的最终产品不发生变化。

2. 为满足国民经济及各部门最终产出不变的要求，假定在生态环境质量约束条件下国民经济各部门调整各自的中间产出，调整的数量以各部门总产出的变化数量为标准，调整的比例以能源型投入产出表中各部门消耗的某部门的中间产品占该部门中间产品的比重为标准。

三、需求模型的推导

（一）生态环境质量约束的中间产出的推导

根据生态环境质量约束的产出模型可知：

$$\Delta Q_n^E = \begin{bmatrix} \Delta Q_{(n-m)}^E \\ \Delta Q_m^E \end{bmatrix}$$

其中：$\Delta Q_{(n-m)}^E = \begin{bmatrix} \Delta q_1^E \\ \Delta q_2^E \\ \vdots \\ \Delta q_{n-m}^E \end{bmatrix}$ $\quad \Delta Q_m^E = \begin{bmatrix} \Delta q_{n-m+1}^E \\ \Delta q_{n-m+2}^E \\ \vdots \\ \Delta q_n^E \end{bmatrix}$

第五章 生态环境质量约束的能源资源定价模型研究

由于国民经济中非能源生产部门和能源生产部门的最终产出保持不变,所以有:

$$\Delta F^E_{(n-m)} = \begin{bmatrix} \Delta f^E_1 \\ \Delta f^E_2 \\ \vdots \\ \Delta f^E_{n-m} \end{bmatrix} = \begin{bmatrix} 0 \\ 0 \\ \vdots \\ 0 \end{bmatrix} \quad \Delta F^E_m = \begin{bmatrix} \Delta f^E_{(n-m+1)} \\ \Delta f^E_{(n-m+2)} \\ \vdots \\ \Delta f^E_n \end{bmatrix} = \begin{bmatrix} 0 \\ 0 \\ \vdots \\ 0 \end{bmatrix}$$

根据能源型投入产出表中非能源部门的行平衡关系可得:

$$\sum_{j=1}^{n-m} x^E_{ij} + \sum_{j=n-m+1}^{n} x^E_{ij} + f^E_i = q^E_i \quad i = 1, 2, \cdots, (n-m)$$

相应的变动平衡关系为:

$$\sum_{j=1}^{n-m} \Delta x^E_{ij} + \sum_{j=n-m+1}^{n} \Delta x^E_{ij} + \Delta f^E_i = \Delta q^E_i \quad i = 1, 2, \cdots, (n-m)$$

即:

$$\sum_{j=1}^{n-m} \Delta x^E_{ij} + \sum_{j=n-m+1}^{n} \Delta x^E_{ij} = \Delta q^E_i \quad i = 1, 2, \cdots, (n-m)$$

生态环境质量约束条件下非能源生产部门的中间产出为:

$$c^{E*}_i = \left(\sum_{j=1}^{n-m} x^E_{ij} + \sum_{j=n-m+1}^{n} x^E_{ij} \right) - \left(\sum_{j=1}^{n-m} \Delta x^E_{ij} + \sum_{j=n-m+1}^{n} \Delta x^E_{ij} \right) \quad i = 1, 2, \cdots, (n-m)$$

其中,$\left(\sum_{j=1}^{n-m} x^E_{ij} + \sum_{j=n-m+1}^{n} x^E_{ij} \right)$ 为能源型投入产出表中各非能源生产部门的中间产出总和;$\left(\sum_{j=1}^{n-m} \Delta x^E_{ij} + \sum_{j=n-m+1}^{n} \Delta x^E_{ij} \right)$ 为能源型投入产出表中各非能源生产部门中间产出的变化量。

根据能源型投入产出表中能源部门的行平衡关系可得:

$$\sum_{j=1}^{n-m} x^E_{ij} + \sum_{j=n-m+1}^{n} x^E_{ij} + f^E_i = q^E_i \quad i = (n-m+1), (n-m+2), \cdots, n$$

相应的变动平衡关系为:

$$\sum_{j=1}^{n-m} \Delta x^E_{ij} + \sum_{j=n-m+1}^{n} \Delta x^E_{ij} + \Delta f^E_i = \Delta q^E_i \quad i = (n-m+1), (n-m+2), \cdots, n$$

即:$$\sum_{j=1}^{n-m} \Delta x^E_{ij} + \sum_{j=n-m+1}^{n} \Delta x^E_{ij} = \Delta q^E_i \quad i = (n-m+1), (n-m+2), \cdots, n$$

生态环境质量约束条件下能源生产部门的中间产出为:

$$c^{E*}_i = \left(\sum_{j=1}^{n-m} x^E_{ij} + \sum_{j=n-m+1}^{n} x^E_{ij} \right) - \left(\sum_{j=1}^{n-m} \Delta x^E_{ij} + \sum_{j=n-m+1}^{n} \Delta x^E_{ij} \right)$$
$$i = (n-m+1), (n-m+2), \cdots, n$$

其中，$(\sum_{j=1}^{n-m} x_{ij}^E + \sum_{j=n-m+1}^{n} x_{ij}^E)$ 为能源型投入产出表中各能源生产部门的中间产出总和；$(\sum_{j=1}^{n-m} \Delta x_{ij}^E + \sum_{j=n-m+1}^{n} \Delta x_{ij}^E)$ 为能源型投入产出表中各能源生产部门中间产出的变化量。

（二）中间产出比例的推导

令 $c_i^E [i=1, 2, \cdots, (n-m)]$ 为能源型投入产出表中各非能源生产部门的中间产出总和；$c_i^E [i=(n-m+1), (n-m+2), \cdots, n]$ 为能源型投入产出表中各能源生产部门的中间产出总和；$p_{ij}^E [i=1, 2, \cdots, (n-m), j=1, 2, \cdots, n]$ 为能源型投入产出表中 j 生产部门消耗的非能源生产部门 i 的中间产品占 i 部门中间产出的比例；$p_{ij}^E [i=(n-m+1), (n-m+2), \cdots, n, j=1, 2, \cdots, n]$ 为能源型投入产出表中 j 生产部门消耗的能源生产部门 i 的中间产品占 i 部门中间产出的比例。所以有：

$$P_{(n-m)n}^E = \hat{C}_{(n-m)}^{E^{-1}} X_{(n-m)n}^E = \begin{bmatrix} p_{11}^E & p_{12}^E & \cdots & p_{1n}^E \\ p_{21}^E & p_{22}^E & \cdots & p_{2n}^E \\ \vdots & \vdots & \ddots & \vdots \\ p_{(n-m)1}^E & p_{(n-m)2}^E & \cdots & p_{(n-m)n}^E \end{bmatrix}$$

$$= \begin{bmatrix} c_1^{E^{-1}} & 0 & \cdots & 0 \\ 0 & c_2^{E^{-1}} & \cdots & 0 \\ \vdots & \vdots & \ddots & \vdots \\ 0 & 0 & \cdots & c_{(n-m)}^{E^{-1}} \end{bmatrix} \begin{bmatrix} x_{11}^E & x_{12}^E & \cdots & x_{1n}^E \\ x_{21}^E & x_{22}^E & \cdots & x_{2n}^E \\ \vdots & \vdots & \ddots & \vdots \\ x_{(n-m)1}^E & x_{(n-m)2}^E & \cdots & x_{(n-m)n}^E \end{bmatrix}$$

其中，$\hat{C}_{(n-m)}^{E^{-1}}$ 为能源型投入产出表中各非能源生产部门中间产出总和对角阵的逆矩阵；$X_{(n-m)n}^E$ 为能源型投入产出表中非能源生产部门的中间产出矩阵。

$$P_{mn}^E = \hat{C}_m^{E^{-1}} X_{mn}^E = \begin{bmatrix} p_{(n-m+1)1}^E & p_{(n-m+1)2}^E & \cdots & p_{(n-m+1)n}^E \\ p_{(n-m+2)1}^E & p_{(n-m+2)2}^E & \cdots & p_{(n-m+2)n}^E \\ \vdots & \vdots & \ddots & \vdots \\ p_{n1}^E & p_{n2}^E & \cdots & p_{nn}^E \end{bmatrix}$$

$$= \begin{bmatrix} c^{E^{-1}}_{(n-m+1)} & 0 & \cdots & 0 \\ 0 & c^{E^{-1}}_{(n-m+2)} & \cdots & 0 \\ \vdots & \vdots & \ddots & \vdots \\ 0 & 0 & \cdots & c^{E^{-1}}_n \end{bmatrix} \begin{bmatrix} x^E_{(n-m+1)1} & x^E_{(n-m+1)2} & \cdots & x^E_{(n-m+1)n} \\ x^E_{(n-m+2)1} & x^E_{(n-m+2)2} & \cdots & x^E_{(n-m+2)n} \\ \vdots & \vdots & \ddots & \vdots \\ x^E_{n1} & x^E_{n2} & \cdots & x^E_{nn} \end{bmatrix}$$

其中，$\hat{C}^{E^{-1}}_m$ 为能源型投入产出表中各能源生产部门中间产出总和对角阵的逆矩阵；X^E_{mn} 为能源型投入产出表中能源生产部门的中间产出矩阵。

（三）直接消耗系数的推导

令 $X^{E^*}_{nn}$ 为生态环境质量约束条件下的中间消耗矩阵，$X^{E^*}_{(n-m)n}$ 为生态环境质量约束条件下非能源生产部门的中间产出矩阵，$X^{E^*}_{mn}$ 为生态环境质量约束条件下能源生产部门的中间产出矩阵。则有：

$$X^{E^*}_{nn} = \begin{bmatrix} X^{E^*}_{(n-m)n} \\ X^{E^*}_{mn} \end{bmatrix}$$

其中：

$$X^{E^*}_{(n-m)n} = \hat{C}^{E^*}_{(n-m)} P^E_{(n-m)n} = \begin{bmatrix} x^{E^*}_{11} & x^{E^*}_{12} & \cdots & x^{E^*}_{1n} \\ x^{E^*}_{21} & x^{E^*}_{22} & \cdots & x^{E^*}_{2n} \\ \vdots & \vdots & \ddots & \vdots \\ x^{E^*}_{(n-m)1} & x^{E^*}_{(n-m)2} & \cdots & x^{E^*}_{(n-m)n} \end{bmatrix}$$

$$= \begin{bmatrix} c^{E^*}_1 & 0 & \cdots & 0 \\ 0 & c^{E^*}_2 & \cdots & 0 \\ \vdots & \vdots & \ddots & \vdots \\ 0 & 0 & \cdots & c^{E^*}_{(n-m)} \end{bmatrix} \begin{bmatrix} p^E_{11} & p^E_{12} & \cdots & p^E_{1n} \\ p^E_{21} & p^E_{22} & \cdots & p^E_{2n} \\ \vdots & \vdots & \ddots & \vdots \\ p^E_{(n-m)1} & p^E_{(n-m)2} & \cdots & p^E_{(n-m)n} \end{bmatrix}$$

这里 $\hat{C}^{E^*}_{(n-m)}$ 为生态环境质量约束条件下各非能源生产部门中间产出总和的对角阵矩阵。

$$X^{E^*}_{mn} = \hat{C}^{E^*}_m P^{E^*}_{mn} = \begin{bmatrix} x^{E^*}_{(n-m+1)1} & x^{E^*}_{(n-m+1)2} & \cdots & x^{E^*}_{(n-m+1)n} \\ x^{E^*}_{(n-m+2)1} & x^{E^*}_{(n-m+2)2} & \cdots & x^{E^*}_{(n-m+2)n} \\ \vdots & \vdots & \ddots & \vdots \\ x^{E^*}_{n1} & x^{E^*}_{n2} & \cdots & x^{E^*}_{nn} \end{bmatrix}$$

$$= \begin{bmatrix} c_{(n-m+1)}^{E^*} & 0 & \cdots & 0 \\ 0 & c_{(n-m+2)}^{E^*} & \cdots & 0 \\ \vdots & \vdots & \ddots & \vdots \\ 0 & 0 & \cdots & c_n^{E^*} \end{bmatrix} \begin{bmatrix} p_{(n-m+1)1}^E & p_{(n-m+1)2}^E & \cdots & p_{(n-m+1)n}^E \\ p_{(n-m+2)1}^E & p_{(n-m+2)2}^E & \cdots & p_{(n-m+2)n}^E \\ \vdots & \vdots & \ddots & \vdots \\ p_{n1}^E & p_{n2}^E & \cdots & p_{nn}^E \end{bmatrix}$$

其中，$\hat{C}_m^{E^*}$ 为生态环境质量约束条件下各能源生产部门中间产出总和的对角阵矩阵。

令 $A_{nn}^{E^*}$ 为生态环境质量约束条件下的直接消耗系数矩阵，$A_{(n-m)n}^{E^*}$ 为生态环境质量约束条件下与非能源生产部门中间产出矩阵 $X_{(n-m)n}^{E^*}$ 对应的直接消耗系数矩阵，$A_{mn}^{E^*}$ 为生态环境质量约束条件下与能源生产部门中间产出矩阵 $X_{mn}^{E^*}$ 对应的直接消耗系数矩阵。

根据直接消耗系数的定义和计算公式可以推出生态环境质量约束的直接消耗系数为：

$$A_{(n-m)n}^{E^*} = X_{(n-m)n}^{E^*} \hat{Q}_n^{E^*{-1}} = \begin{bmatrix} a_{11}^{E^*} & a_{12}^{E^*} & \cdots & a_{1n}^{E^*} \\ a_{21}^{E^*} & a_{22}^{E^*} & \cdots & a_{2n}^{E^*} \\ \vdots & \vdots & \ddots & \vdots \\ a_{(n-m)1}^{E^*} & a_{(n-m)2}^{E^*} & \cdots & a_{(n-m)n}^{E^*} \end{bmatrix}$$

$$= \begin{bmatrix} x_{11}^{E^*} & x_{12}^{E^*} & \cdots & x_{1n}^{E^*} \\ x_{21}^{E^*} & x_{22}^{E^*} & \cdots & x_{2n}^{E^*} \\ \vdots & \vdots & \ddots & \vdots \\ x_{(n-m)1}^{E^*} & x_{(n-m)2}^{E^*} & \cdots & x_{(n-m)n}^{E^*} \end{bmatrix} \begin{bmatrix} q_1^{E^*{-1}} & 0 & \cdots & 0 \\ 0 & q_2^{E^*{-1}} & \cdots & 0 \\ \vdots & \vdots & \ddots & \vdots \\ 0 & 0 & \cdots & q_n^{E^*{-1}} \end{bmatrix}$$

$$A_{mn}^{E^*} = X_{mn}^{E^*} \hat{Q}_n^{E^*{-1}} = \begin{bmatrix} a_{(n-m+1)1}^{E^*} & a_{(n-m+1)2}^{E^*} & \cdots & a_{(n-m+1)n}^{E^*} \\ a_{(n-m+2)1}^{E^*} & a_{(n-m+2)2}^{E^*} & \cdots & a_{(n-m+2)n}^{E^*} \\ \vdots & \vdots & \ddots & \vdots \\ a_{n1}^{E^*} & a_{n2}^{E^*} & \cdots & a_{nn}^{E^*} \end{bmatrix}$$

$$= \begin{bmatrix} x_{(n-m+1)1}^{E^*} & x_{(n-m+1)2}^{E^*} & \cdots & x_{(n-m+1)n}^{E^*} \\ x_{(n-m+2)1}^{E^*} & x_{(n-m+2)2}^{E^*} & \cdots & x_{(n-m+2)n}^{E^*} \\ \vdots & \vdots & \ddots & \vdots \\ x_{n1}^{E^*} & x_{n2}^{E^*} & \cdots & x_{nn}^{E^*} \end{bmatrix} \begin{bmatrix} q_1^{E^*{-1}} & 0 & \cdots & 0 \\ 0 & q_2^{E^*{-1}} & \cdots & 0 \\ \vdots & \vdots & \ddots & \vdots \\ 0 & 0 & \cdots & q_n^{E^*{-1}} \end{bmatrix}$$

其中，$\hat{Q}_n^{E^*-1}$ 为根据生态环境质量约束的产出模型推出的生态环境质量约束条件下各生产部门总产出的对角矩阵的逆矩阵。则生态环境质量约束条件下的直接消耗系数矩阵为：

$$A_{nn}^{E^*} = \begin{bmatrix} A_{(n-m)n}^{E^*} \\ A_{mn}^{E^*} \end{bmatrix}$$

（四）生态环境质量约束的能源资源需求模型的推导

1. 生态环境质量约束的能源资源完全需求系数推导。令 $\bar{B}_{nn}^{E^*}$ 为生态环境质量约束的完全需求系数矩阵，$\bar{B}_{(n-m)n}^{E^*}$ 为生态环境质量约束条件下与非能源生产部门直接消耗系数矩阵 $A_{(n-m)n}^{E^*}$ 对应的完全需求系数矩阵，$\bar{B}_{mn}^{E^*}$ 为生态环境质量约束条件下与能源生产部门直接消耗系数矩阵 $A_{mn}^{E^*}$ 对应的完全需求系数矩阵。

根据完全需求系数的定义和计算公式可以推出生态环境质量约束的完全需求系数为：

$$\bar{B}_{nn}^{E^*} = (I - A_{nn}^{E^*})^{-1} = \begin{bmatrix} \bar{B}_{(n-m)n}^{E^*} \\ \bar{B}_{mn}^{E^*} \end{bmatrix}$$

其中：

$$\bar{B}_{(n-m)n}^{E^*} = \begin{bmatrix} \bar{b}_{11}^{E^*} & \bar{b}_{12}^{E^*} & \cdots & \bar{b}_{1n}^{E^*} \\ \bar{b}_{21}^{E^*} & \bar{b}_{22}^{E^*} & \cdots & \bar{b}_{2n}^{E^*} \\ \vdots & \vdots & \ddots & \vdots \\ \bar{b}_{(n-m)1}^{E^*} & \bar{b}_{(n-m)2}^{E^*} & \cdots & \bar{b}_{(n-m)n}^{E^*} \end{bmatrix}$$

该矩阵的完全需求系数表明生态环境质量约束条件下国民经济各生产部门每生产 1 单位最终产品对非能源生产部门产品的完全需求量。

$$\bar{B}_{mn}^{E^*} = \begin{bmatrix} \bar{b}_{(n-m+1)1}^{E^*} & \bar{b}_{(n-m+1)2}^{E^*} & \cdots & \bar{b}_{(n-m+1)n}^{E^*} \\ \bar{b}_{(n-m+2)1}^{E^*} & \bar{b}_{(n-m+2)2}^{E^*} & \cdots & \bar{b}_{(n-m+2)n}^{E^*} \\ \vdots & \vdots & \ddots & \vdots \\ \bar{b}_{n1}^{E^*} & \bar{b}_{n2}^{E^*} & \cdots & \bar{b}_{nn}^{E^*} \end{bmatrix}$$

该矩阵的完全需求系数表明生态环境质量约束条件下国民经济各生产部门每生产 1 单位最终产品对能源生产部门产品的完全需求量。

2. 生态环境质量约束的能源资源需求模型。能源的完全需求是包括能源的直接消耗、间接消耗以及初始需求在内的全部需求数量,因此,根据完全需求系数的结果以及能源资源需求模型关于各部门最终产品保持不变的假设条件,可以推出生态环境质量约束的能源资源需求模型为:

$$D_m^* = \begin{bmatrix} d_{(n-m+1)}^* \\ d_{(n-m+2)}^* \\ \vdots \\ d_n^* \end{bmatrix} = \begin{bmatrix} \bar{b}_{(n-m+1)1}^{E*} & \bar{b}_{(n-m+1)2}^{E*} & \cdots & \bar{b}_{(n-m+1)n}^{E*} \\ \bar{b}_{(n-m+2)1}^{E*} & \bar{b}_{(n-m+2)2}^{E*} & \cdots & \bar{b}_{(n-m+2)n}^{E*} \\ \vdots & \vdots & \ddots & \vdots \\ \bar{b}_{n1}^{E*} & \bar{b}_{n2}^{E*} & \cdots & \bar{b}_{nn}^{E*} \end{bmatrix} \begin{bmatrix} f_1^{E*} \\ f_2^{E*} \\ \vdots \\ f_n^{E*} \end{bmatrix}$$

该模型的计算结果为能源资源的价值量,其中,$\begin{bmatrix} d_{(n-m+1)}^* \\ d_{(n-m+2)}^* \\ \vdots \\ d_n^* \end{bmatrix}$为生态环境质量约束条件下各能源资源的完全需求列向量;$\begin{bmatrix} f_1^E \\ f_2^E \\ \vdots \\ f_n^E \end{bmatrix}$为能源型投入产出表中国民经济各部门的最终产品列向量。

第四节 生态环境质量约束的能源资源供需模型

一、供需模型的基本原理

生态环境质量约束的能源资源供给模型是从生态经济的角度,以可持续发展理论和环境承载力理论为基础,对在生态环境质量约束条件下能源系统可以提供的能源资源数量特征进行描述。生态环境质量约束的能源资源需求模型是以国民经济核算体系为基础,基于生态环境质量约束条件下的国民经济活动及相应的产出水平来描述和测算国民经济总体及各部门对能源资源的需求量,或者说是以生态环境质量约束产出模型的测算结果为基础来研究国民经济总体及各部门对能源资源需求的规律。因此,生态环境质量约束的能源资源供需模型是以生态环境质量约束的能源资源供给模型和需求模型为平台,以供求价值理论为基础，通过设定能源资源供需模型的假设条件，结合能源资源的供给弹性和需求弹性，研究生态环境质量约束条件下能源资源的供给规律和需求规律，以及局部均衡状态下生态环境质量约束的能源资源均衡价格和数量，借此反映生态环境质量约束条件下能源资源的供求关系和稀缺程度。

二、供需模型的基本假设

为满足研究生态环境质量约束条件下能源资源供给规律和需求规律的需要，达到反映生态环境质量约束条件下能源资源供求关系和稀缺程度的目的，在生态环境质量约束的能源资源供需模型设定中提出以下基本假设。[①]

1. 假定生态环境质量约束条件下能源资源市场是完全竞争市场，能源资源的需求随着能源价格的上升而减少，随着能源价格的下降而增加；能源资源的供给随着能源价格的上升而增加，随着能源价格的下降而减少。

2. 假定生态环境质量约束条件下能源资源的价格仅取决于能源资源供求的变化，与其他产品的供求和价格没有关系。

三、生态环境质量约束的能源资源供求均衡分析

（一）生态环境质量约束的能源资源供求弹性的讨论

1. 生态环境质量约束的能源资源供给弹性。能源资源供给弹性即供给价格弹性，是指能源资源市场价格的相对变动所引起的供给量的相对变动，即供给量的变化率与价格变化率的比值。也即供给量变动对价格变动的反应程度。能源资源供给弹性是用来衡量能源资源的供给量变动对能源资源自身价格变动反应灵敏程度的重要指标。

为确保生态环境质量水平达到相应的目标值，能源系统所提供的能源资源数量是生态环境质量约束条件下最大的能源资源供给量，因此，在生态环境质量约束的条件下，当能源资源供给量远低于最大能源资源供给量时，能源资源供给弹性会比较高；当能源资源供给量接近于最大能源资源供给量时，能源资

---

① Geoffrey A. Jehle, Philip J. Reny. Advanced Microeconomics Theory [M]. New Jersey: Pearson Education, Inc, 2001.

源供给弹性会比较低,并会趋于完全缺乏供给弹性状态。

2. 生态环境质量约束的能源资源需求弹性。能源资源需求弹性即需求价格弹性,是指能源资源市场价格的相对变动所引起的需求量的相对变动,即需求量的变化率与价格变化率的比值。也即需求量变动对价格变动的反应程度。能源资源需求弹性是用来衡量能源资源的需求量变动对能源资源自身价格变动反应灵敏程度的重要指标。

在生态环境质量约束条件下,为确保国民经济最终产出不减少,经济系统对能源的需求量通常要大于能源系统所提供的能源资源数量。同时,由于能源资源是生产和生活的必需品,国民经济各部门的正常运行都离不开它,因此,当能源资源需求量远低于最大能源资源供给量时,能源资源需求弹性会比较低;当能源资源需求量接近于最大能源资源供给量时,能源资源需求弹性会比较高,并会趋于完全富有需求弹性状态。

(二) 生态环境质量约束的能源资源供求均衡

根据提出的能源资源供需模型的假设条件,结合生态环境质量约束的能源资源供给弹性和需求弹性的特征,生态环境质量约束的能源资源供需曲线如图5-1所示。

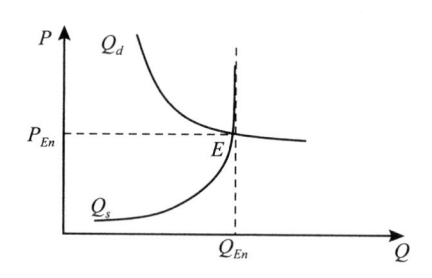

图5-1 生态环境质量约束的能源资源供求曲线

图5-1中,Q_s为生态环境质量约束的供给曲线,表明在生态环境质量约束的条件下,能源资源的供给随着能源价格的上升而增加,随着能源价格的下降而减少。在能源资源供给量远低于最大能源资源供给量的阶段,供给曲线的价格弹性会比较高;在能源资源供给量接近于最大能源资源供给量的阶段,供给曲线的价格弹性会比较低,并会趋于完全缺乏供给弹性。Q_d为生态环境质量约束的需求曲线,表明在生态环境质量约束的条件下,能源资源的需求随着

能源价格的上升而减少，随着能源价格的下降而增加。当能源资源需求量远低于最大能源资源供给量时，需求曲线的价格弹性会比较低；当能源资源需求量接近于最大能源资源供给量时，需求曲线的价格弹性会比较高，并会趋于完全富有需求弹性。E 点为生态环境质量约束的能源资源供求均衡点，对应的均衡数量为 Q_{En}。均衡价格为 P_{En}。在均衡点 E 点，生态环境质量约束的供给曲线趋于完全缺乏供给弹性，相应地在图 5-1 中表现为趋于垂直状态；生态环境质量约束的需求曲线趋于完全富有需求弹性，相应地在图 5-1 中表现为趋于水平状态。

因此，均衡数量 Q_{En} 等于由生态环境质量约束的能源资源供给模型所决定的生态环境质量约束的最大能源资源供给量，即 $Q_{En} = En'_i$（该均衡数量为实物量）。在均衡数量 Q_{En} 已知的情况下，均衡价格 P_{En} 由生态环境质量约束的能源资源需求模型所决定的生态环境质量约束的能源资源需求量（该需求量为价值量）来确定，即 $d_i^* = P_{En} Q_{En}$。

由于 $Q_{En} = En'_i$，所以有 $d_i^* = P_{En} En'_i$。即：

$$P_{En} = \frac{d_i^*}{En'_i}$$

（三）静态生态环境质量约束的能源资源价格的决定

静态生态环境质量约束条件下能源资源价格是指同一年份不同生态环境质量水平约束对应的能源资源价格。由于同一年份的能源资源型投入产出表是相同的，即各部门的技术经济联系和最终产出是不变的，据此推出的能源资源需求曲线是固定的；而不同的生态环境质量水平决定了能源资源的供给量是不同的，即能源资源供给曲线是变动的。因此，静态生态环境质量约束的能源资源价格是由一条能源资源需求曲线与不同的能源资源供给曲线共同决定的系列价格。具体见图 5-2。

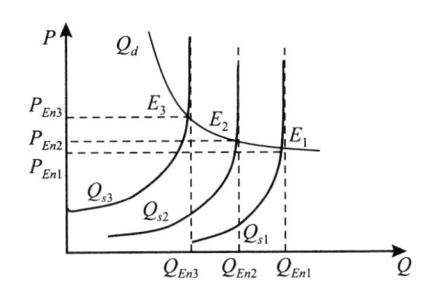

图 5-2 静态生态环境质量约束的能源资源均衡价格

图 5-2 中，Q_d 为生态环境质量约束的需求曲线，Q_{s1}、Q_{s2}、Q_{s3} 为生态环境质量约束的供给曲线，且 $Q_{s1} > Q_{s2} > Q_{s3}$；需求曲线 Q_d 与供给曲线 Q_{s1}、Q_{s2}、Q_{s3} 的均衡点分别为 $E_1(Q_{En1}, P_{En1})$、$E_2(Q_{En2}, P_{En2})$、$E_3(Q_{En3}, P_{En3})$。由于生态环境质量约束的需求曲线 Q_d 不变，所以 $Q_{En1} > Q_{En2} > Q_{En3}$，$P_{En1} < P_{En2} < P_{En3}$。

令生态环境质量约束的供给曲线 Q_{s1}、Q_{s2}、Q_{s3} 对应的生态环境质量水平分别为 EQ_1、EQ_2、EQ_3，由于 $Q_{s1} > Q_{s2} > Q_{s3}$，根据对环境—能源模型特征的讨论和生态环境质量约束的能源资源性产品供给模型的基本原理可以推知，$EQ_1 < EQ_2 < EQ_3$，即供给曲线 Q_{s1} 对应的生态环境质量约束较为宽松，相应的生态环境质量水平较低；供给曲线 Q_{s3} 对应的生态环境质量约束较为严格，相应的生态环境质量水平较高。

通过分析可以将静态生态环境质量约束的能源资源价格特征概括为，生态环境质量约束越严格，相应的生态环境质量水平就会越高，相应的能源资源供给水平就会越低，相应的能源资源均衡数量就会越低，相应的能源资源均衡价格就会越高；反之，生态环境质量约束越宽松，相应的生态环境质量水平就会越低，相应的能源资源供给水平就会越高，相应的能源资源均衡数量就会越高，相应的能源资源均衡价格就会越低。

（四）动态生态环境质量约束的能源资源价格的决定

动态生态环境质量约束条件下能源资源价格是指同一生态环境质量水平约束不同年份对应的能源资源价格。由于相同的生态环境质量水平决定了能源资源的供给量是相同的，即能源资源供给曲线是固定的，而不同年份能源资源型投入产出表是不同的，即各部门的技术经济联系是变化的，据此推出的能源资源需求曲线是变动的，因此，动态生态环境质量约束条件下能源资源价格是由一条能源资源供给曲线与不同的能源资源需求曲线共同决定的系列价格。具体见图 5-3。

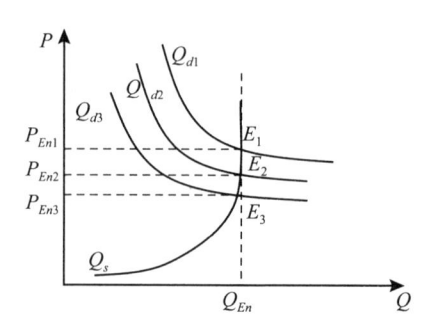

图 5-3 动态生态环境质量约束的能源资源均衡价格

图 5-3 中，Q_s 为生态环境质量约束的供给曲线，Q_{d1}、Q_{d2}、Q_{d3} 为生态环境质量约束的需求曲线，且 $Q_{d1} > Q_{d2} > Q_{d3}$。供给曲线 Q_s 与需求曲线 Q_{d1}、Q_{d2}、Q_{d3} 的均衡点分别为 $E_1(Q_{En1}, P_{En1})$、$E_2(Q_{En2}, P_{En2})$、$E_3(Q_{En3}, P_{En3})$，由于供给曲线为 Q_s 不变，所以 $Q_{En1} = Q_{En2} = Q_{En3}$，$P_{En1} > P_{En2} > P_{En3}$。

令生态环境质量约束的供给曲线 Q_s 对应的生态环境质量水平为 EQ，由于生态环境质量水平保持不变，因此，依据生态环境质量约束的能源资源供给模型的基本原理可以推知，能源资源的供给水平保持不变。由于需求曲线 Q_{d1} 对应的需求水平较高，因此，相应的均衡价格水平较高；而需求曲线 Q_{d3} 对应的需求水平较低，所以相应的均衡价格水平较低。

通过分析可以将动态生态环境质量约束的能源资源价格特征概括为，在生态环境质量约束不变的情形下，相应的生态环境质量水平就会保持不变，相应的能源资源的供给水平就会保持不变，相应的能源资源均衡数量就会保持不变，能源资源需求水平越高，相应的能源资源均衡价格就会越高；反之，能源资源需求水平越低，相应的能源资源均衡价格就会越低。

第五节 生态环境质量约束的能源资源定价方法

生态环境质量约束的能源资源定价方法的选择以生态环境质量约束的能源资源定价模型的研究需要为前提，以解决概念式或定义式定价方法难以用于定量计算的问题为目标，通过运用综合评价方法、计量经济学、投入产出分析、局部均衡分析等应用性较强和可计算性较强的方法实现环境成本、环境质量约束的能源资源供给量、需求量和均衡价格的定量测算。

一、综合评价方法

综合评价方法从不同的角度、不同的侧面、不同的层次选择多个指标描述和刻画要研究的问题，并通过一定的数量模型将多个指标转化为一个综合指标，运用这个综合指标反映、衡量所要研究的复杂和抽象问题。本书提出用生态环境质量指标反映能源资源使用中造成的环境损失成本，而生态环境质量本身又是一个抽象、复杂的指标，很难用一个指标去描述和刻画；因此，根据生态环境质量的内涵，从不同的角度、不同的侧面、不同的层次选择多个指标构建生态环境质量评价指标体系,从定性的角度全面、客观描述生态环境质量问题,在此基础上收集评价指标体系中各指标的数据,并运用综合评价方法计算生态环境质量综合结果,以此作为生态环境质量的替代指标。

二、计量经济学方法

计量经济学是把经济理论、数学和统计推断作为工具,应用于经济现象分析的社会科学。虽然已有的某些定价机制对环境成本的特征有所反映,但由于采用概念式或定义式定价方法使得难以用于定量的计算,因此,如何将环境成本的特征反映在能源资源性产品定价中并加以测算成为需要解决的重点和难点问题。本书运用计量经济学方法研究生态环境质量与能源资源消费量的数量关系和数量特征,在此基础上将生态环境质量外生给定即保持生态环境质量水平不变的约束下测算能源资源的供给量,从而建立生态环境系统与能源系统的内在数量联系。

三、投入产出方法

投入产出分析是以适当的国民经济产品部门分类为基础,通过专门的平衡表和消耗系数描述各部门之间错综复杂的投入产出数量关系,并利用数学方法建立经济模型,进行相应的经济分析和预测。本书通过对基本型投入产出表进行分解、调整、合并,编制能源资源型投入产出表,然后利用能源资源型投入产出表的结构关系、平衡关系、技术经济系数和平衡模型测算生态环境质量约束下的国民经济及各部门的总产出,进而测算生态环境质量约束下的能源资源需求量。

四、局部均衡分析方法

局部均衡分析是一种经济分析方法,假定其他商品和生产要素的供求状况与价格给定不变,单个地考察任何一种商品和生产要素的均衡价格与均衡数量,则该种商品和生产要素的供求只随其自身商品和生产要素的价格的变化而变化,与其他商品和生产要素没有关系。由于一般均衡分析的假设条件比较严格,因此,通常在理论推理上比较理想,但实际上很难应用。所以本书中根据生态环境质量约束条件下的国民经济的能源资源供给量、需求量,运用局部均衡分析方法求解生态环境质量约束条件下的能源资源的均衡价格。

本 章 小 结

本章以定价理论和经济规律为基础,通过设定模型构建的假设条件,运用演绎的方法推理和构建生态环境质量约束的能源资源供给模型、生态环境质量约束的生产模型、生态环境质量约束的能源资源需求模型、生态环境质量约束的能源资源供需模型四个模型。主要得到以下结论。

1. 能源系统、经济系统、生态环境系统三者的作用机理表明,经济系统是连接能源系统与生态环境系统的重要媒介。能源资源在没有进入经济系统之前并不会对生态环境产生不利的影响,也就是说,能源资源天生并不是用来污染和破坏生态环境的,只有当能源资源进入经济系统以后,作为燃料参与经济活动并保证国民经济正常运行过程中产生和排放有害物质,正是这些有害物质造成污染和破坏生态环境。因此,如果没有经济系统的影响,能源系统与生态环境系统之间客观上并不存在着必然联系。

2. 用替代指标法描述生态环境质量的两种研究途径表明,单一指标替代法虽然比较简单、比较直接,但替代指标对生态环境质量特征的反映程度和代表性取决于所要研究区域经济发展水平和具体指标的选择。基于综合评价思想的综合指标替代法相对于单一指标替代法而言,通过从不同的角度、不同的侧面、不同的层次选择多个指标构建生态环境质量评价指标体系,对生态环境质量的描述和刻画更全面、更客观、更准确,同时在理论上也更具有普遍性和一般性。

3. 经济增长理论的最新研究表明,在将可持续发展作为世界各国社会经济发展目标的背景下,不能再将能源资源作为一般的原材料简单参与生产过程来处理,而是要从生态经济价值观的角度考虑其自身的价值和特殊性,将其与劳动、资本、技术进步等视为同等重要的生产要素并纳入经济增长理论和经济增长模型中来对待。这种新的经济增长理论为经济—能源模型的构建提供了直接的理论基础。

4. 关于环境—能源模型特征的讨论表明,在生态环境质量综合结果为正指标且能够客观、准确刻画生态环境质量变化的情况下,环境—能源模型不可能出现"倒U型"和"N型"的特征，同样不会呈现"无显著"特征和"线性关系"特征，而"U型"和"倒N型"环境—能源模型能够更准确地体现生态环境系统和能源系统的作用机理与变化规律。具体来说，由于我国的经济处于社会主义初级阶段，经济发展水平较低，因此，用"U型"和"倒N型"环境—能源模型的下降部分描述相应的生态环境系统与能源系统之间的关系更为确切，即随着能源资源投入量的增大生态环境质量也随之下降。这为研究生态环境质量约束的能源资源的供给规律提供了基础和前提。

5. 生态环境质量约束的能源资源供求弹性研究表明，在生态环境质量约束的条件下，当能源资源供给量由小到大并接近于最大能源资源供给量时，能源资源供给弹性会相应地由高向低变化并趋于完全缺乏供给弹性状态；当能源资源需求量由小到大并接近于最大能源资源供给量时，能源资源需求弹性会相应地由低向高变化并趋于完全富有需求弹性状态。

6. 静态生态环境质量约束的能源资源价格特征表明，生态环境质量约束越严格，生态环境质量水平就会越高，能源资源供给水平就会越低，能源资源均衡数量就会越低，能源资源均衡价格就会越高；反之，生态环境质量约束越宽松，生态环境质量水平就会越低，能源资源供给水平就会越高，能源资源均衡数量就会越高，能源资源均衡价格就会越低。

7. 动态生态环境质量约束的能源资源价格特征表明，在生态环境质量约束不变的情形下，生态环境质量水平保持不变，能源资源的供给水平保持不变，能源资源均衡数量保持不变，能源资源需求水平越高，能源资源均衡价格就会越高；反之，能源资源需求水平越低，能源资源均衡价格就会越低。

8. 关于生态环境质量约束的能源资源定价模型的研究是理论问题的研究，因此，其所包括的生态环境质量约束的能源资源供给模型、生态环境质量约束的生产模型、生态环境质量约束的能源资源需求模型、生态环境质量约束的能源资源供需模型四个子模型的存在及合理性是以相应的假设条件为前提的。

第六章

生态环境质量的测算

2014年甘肃省人均GDP为26433元,全国平均水平为46629元;第二产业占GDP的比重为42.80%,全国平均水平为42.70%;万元GDP能耗为1.19吨标煤/万元,全国平均水平为0.67吨标煤/万元;城乡居民收入比为3.63∶1,全国平均水平为2.76∶1;万元GDP工业固体废物排放量为0.89吨/万元,全国平均水平为0.56吨/万元[①]。与全国平均水平相比,甘肃省的经济发展是典型的"高投入、高消耗、高排放"发展模式。这种粗放的经济发展模式在一定时期对甘肃的社会经济发展起到过促进作用,然而面对资源日益短缺、环境日益恶化的形势,又逐渐暴露出种种弊端,难以为继[②]。因此,本章以甘肃省为例,运用第五章所构建的生态环境质量约束的能源资源性产品定价模型对甘肃省的生态环境质量水平进行测算,在此基础上对生态环境质量约束的能源资源价格进行测算,为甘肃省建立健全资源性产品价格形成机制,促进经济结构调整、资源节约和环境保护,提供定量依据和理论支持。

本章在阐述生态环境质量内涵的基础上,构建生态环境质量评价指标体系,并通过运用综合评价方法对甘肃省的生态环境质量进行测算。研究的基础问题是生态环境质量的内涵和生态环境质量评价指标体系的建立,生态环境质量的内涵决定着生态环境质量评价指标的选择,而生态环境质量评价指标的选择关系到数据的选取,并最终影响到生态环境质量的测算结果。研究的重点问题是数据的收集和预处理,没有数据的支持,生态环境质量评价问题只能停留在定性研究阶段;由于生态环境质量评价指标体系中的多数指标在现有政府统

---

① 数据来源:《中国统计年鉴》,2012年;《甘肃发展年鉴》,2012年。
② 韩君,梁亚民. 经济发展方式区域差异与生态经济模式选择[J]. 甘肃社会科学,2013(2).

计部门的数据中没有相应的反映，因此，需要通过调研专业统计部门并整理、计算获取；而在获取生态环境质量评价指标数据的基础上，还需考虑指标类型的一致性问题，并将不同类型的指标转换为相同类型的指标，为准确测算和正确解释生态环境质量提供数据支持。研究的难点问题是生态环境质量评价指标权重的确定，评价指标权重的确定问题一直都是现代综合评价法研究中的难点问题，同时也是个主观性较强的问题，因此，如何选择合理的方法确定生态环境质量评价指标的权重并尽可能地降低赋权过程中的主观性成为生态环境质量测算过程中面临的困难性问题。

第一节 生态环境质量的内涵

一、环境质量与生态环境质量的辨析

目前，关于生态环境状态问题的描述主要表现为两种形式：一种是用环境质量来表述和反映；另一种是用生态环境质量来表述和反映。从表面上看，环境质量与生态环境质量这两个概念并无本质差异，因而往往被视为同一概念的不同表示来对待和使用，但实际上并非如此，为了更好地认识和理解这个问题，有必要对环境质量与生态环境质量这两个概念进行辨析。

偏向于用环境质量刻画和评价生态环境状态问题的研究主要有朱建平（1995）、杨晓妮（2010），其共同点是认为环境质量等同于环境污染，而环境质量的好坏可以用环境遭受污染的程度进行衡量；环境质量评价是对环境素质优劣的评价，通常以国家制定的环境标准和污染物在环境中的最小值作为依据，将环境素质的优劣转化为可量化的数据，最后将这些定量的结果划分等级，以标明环境受污染的程度，以此作为环境质量的评价结果。

偏向于用生态环境质量描述和衡量生态环境状态问题的研究主要有仲嘉亮（2011）、王永瑜（2011）、曹惠明（2012）、韩君（2016），其共同点是，认为生态环境质量是指生态环境的优劣程度，是以生态学理论为基础，在特定的时间和空间范围内，从生态系统层次上反映生态环境对人类生存及社会经济持续发展的适宜程度，主要包括生态和环境两方面的内容，体现在生物丰度、植被覆盖、水网密度、土地退化和环境质量五个方面。生态环境质量评价的目的

是测算特定区域生态环境系统结构在人类和自然因素共同作用下的变化状态，确定影响生态环境质量的各种因素，最后通过构建生态质量评价的指标体系运用综合评价方法来测算区域生态环境质量，分析各因素对生态环境质量的影响方向和影响程度，进而评价区域生态环境质量及变化趋势，以此作为生态环境质量的评价结果。

通过对环境质量和生态环境质量进行阐释、比较可知，环境质量与生态环境质量两个概念既有联系又有区别。两者的联系是都研究生态环境状态问题，而且通常都是从评价的角度去研究，更重要的是两者都是以在国家环境保护部制定的《生态环境状况评价技术规范》（HJ/T192 - 2006）[1] 作为指导原则和评价标准。两者的区别是由于在生态环境质量中包含环境质量方面的内容，因此，相对于生态环境质量而言，环境质量属于一个较小的范畴，而生态环境质量对生态环境状态问题的描述和刻画显然更全面、更客观。

二、生态环境质量的界定

对环境质量和生态环境质量的内涵进行辨析可以得出，生态环境质量比环境质量包括的内容更丰富，范畴更广泛，因此，选择用生态环境质量描述和刻画生态环境状态问题更确切。然而，需要强调的是，本书并非单独和专门讨论生态环境质量问题，而是借助生态环境质量去替代和反映能源资源生产和使用中造成的生态破坏和环境污染成本即环境成本，因此，本书所指的生态环境质量不是一般意义上生态环境质量的概念和范畴，而是与环境成本的内容相对应的生态环境质量。

能源资源中的煤炭、石油、天然气等都是化石能源，因此，其在生产和使用过程中会产生二氧化碳、二氧化硫、氮氧化物、其他的粉尘颗粒、废水和废固等，这些排放物是造成生态破坏和环境污染的主要推手。其中，二氧化碳是导致温室效应和全球变暖，二氧化硫和氮氧化物则会导致土壤酸化、植被破坏、水土流失、土地沙漠化等生态的破坏，而其他粉尘颗粒、废水、废固则会污染环境。概括来讲，能源资源生产和使用中排放的有害物质，一方面对气候、土地、植被、水环境等造成生态破坏；另一方面对环境进行污染。而环境

---

[1] 国家环境保护总局. 生态环境状况评价技术规范（HJ/T192 - 2006）[M]. 北京：中国环境科学出版社，2006.

成本则是对生态破坏和环境污染代价的综合反映与衡量。因此，作为替代环境成本的生态环境质量从内容上讲，应该包括气候变化、土地退化、植被覆盖、水环境、环境质量等方面。

第二节　生态环境质量评价指标体系的构建

一、构建原则

生态环境质量是一个抽象的概念和复杂的问题，同时生态环境质量不仅是衡量环境成本的替代指标，也是构建环境质量约束的能源资源性产品定价模型的约束条件。因此，为客观、准确地衡量生态环境质量，在构建生态环境质量评价指标体系应遵循如下原则。

（一）科学性原则

科学性原则要求生态环境质量评价指标的选择要紧密结合生态环境质量的内涵，要能够体现生态环境系统的结构与功能，能够反映生态环境系统的现状与发展趋势。

（二）全面性原则

生态环境质量是一个复杂的问题，包括生态破坏和环境污染两方面的内容，体现在气候变化、土地退化、植被覆盖、水环境、环境质量五个方面。因此，需要从不同的角度、不同的侧面、不同的层次选择多个指标更全面地对生态环境质量进行描述和刻画。

（三）代表性原则

虽然生态环境质量比较复杂，需要选择多个指标从不同的角度、不同的侧面、不同的层次进行反映，但并不意味着将所有与生态环境质量相关的指标都纳入评价指标体系中。所谓代表性就是要求生态环境评价指标体系中的各指标所包含的信息尽可能不重叠，尽可能不相关。

（四）可比性原则

研究生态环境质量问题的目的就是进行比较和评价，因此，生态环境质量评价指标的选择要具有横向可比性和纵向可比性，从而满足比较和评价的需要。

（五）可行性原则

建立生态环境质量评价指标体系的目标是测算生态环境质量综合评价结果，而指标体系中各指标数据的可获得性则成为生态环境质量综合评价结果测算的前提。因此，在构建指标体系选择指标的过程中，需要考虑数据的获取问题。

二、生态环境质量评价指标体系

根据生态环境质量的内涵，结合科学性、全面性、代表性、可比性、可行性的原则，从气候变化、土地退化、植被覆盖、水环境、环境质量五个方面选择指标建立生态环境质量评价指标体系，详见表6-1。生态环境质量评价指标体是由5个一级指标和14个二级指标组成，各层次指标之间的关系和二级指标的解释如下。

表6-1　　　　　　　　生态环境质量评价指标体系

	一级指标		二级指标		
	指标	权重	指标	计量单位	权重
生态环境质量	气候变化	0.09	年平均气温	摄氏度	0.67
			年平均降水量	毫米	0.33
	土地退化	0.35	人均耕地面积	亩/人	0.40
			水土流失率	%	0.20
			土地荒漠化率	%	0.40
	植被覆盖	0.13	人均活立木蓄积量	立方米/人	0.42
			人均有林地面积	亩/人	0.23
			森林覆盖率	%	0.12
			草地占土地面积比例	%	0.23
	水环境	0.16	人均水资源量	立方米/人	0.67
			有效灌溉面积比例	%	0.33
	环境质量	0.28	废气排放强度	万标立方米/平方公里	0.43
			废水排放强度	吨/平方公里	0.14
			废固排放强度	吨/平方公里	0.43

（一）气候变化指标

气候变化主要从年平均气温、年平均降水量两个方面进行反映。年平均气温是某地区一年每日观测气温的算术平均数，代表某区域一年中气温的平均水平和一般水平。年平均降水量是指某地区一年中的平均降水量，反映某区域一年的降水水平和实际状况。

（二）土地退化指标

土地退化主要从三个方面进行描述，分别是人均耕地面积、水土流失率、土地荒漠化率。人均耕地面积是指某年某一地区耕地总面积与相应总人口的比值，反映一个地区人均占有耕地的状况。水土流失率是指某年某一地区中水土流失面积占土地总面积的比例，反映一个地区土地的流失状况。土地荒漠化率是指某年某一地区荒漠化土地面积占土地总面积的比例，反映一个地区土地的荒漠化状况。

（三）植被覆盖指标

植被覆盖主要通过人均活立木蓄积量、人均有林地面积、森林覆盖率、草地占土地面积比例四个方面进行刻画。人均活立木蓄积量是指某年某一地区活立木的蓄积量与相应总人口的比值，反映一个地区人均占有活立木的数量状况。人均有林地面积某年某一地区有林地总面积与相应总人口的比值，反映一个地区人均占有林地的数量状况。森林覆盖率是指某年某一地区森林面积占土地面积的比例，反映一个地区森林面积占有情况或森林资源丰富程度。草地占土地面积比例是指某年某一地区草地面积占土地面积的比例，反映一个地区草地面积占有情况或草地资源丰富程度。

（四）水环境指标

水环境主要从人均水资源量、有效灌溉面积比例两个方面进行反映。人均水资源量是指某年某一地区可以利用的淡水资源与相应总人口的比值，反映一个地区可利用水资源的状况。有效灌溉面积比例是指某年某一地区有效灌溉面积占相应耕地面积的比例，反映一个地区耕地灌溉的程度和状况。

（五）环境质量指标

环境质量主要用环境污染程度进行描述和刻画，具体的指标有废气排放强度、废水排放强度、废固排放强度。废气排放强度是指某年某一地区废气排放量与该地区总面积的比值，反映一个地区废气对环境的污染程度。废水排放强度是指某年某一地区废水排放量与该地区总面积的比值，反映一个地区废水对环境的污染程度。废固排放强度是指某年某一地区固体废物排放量与该地区总面积的比值，反映一个地区固体废物对环境的污染程度。

第三节 数据的选取及预处理

一、数据的选取

生态环境质量评价指标体系中各指标数据来源于历年《甘肃年鉴》、《甘肃发展年鉴》、《中国水利年鉴》、《中国国土资源年鉴》、《中国农村统计年鉴》、《中国环境年鉴》、《中国林业年鉴》，以及《新中国六十年·甘肃》、《甘肃省农业资源调查汇编》（1986）、《甘肃草地资源》（1999）、《甘肃省林情与科学发展》（2006）、《甘肃省草业可持续发展战略研究》（2008）、甘肃省统计局网站、国家信息中心中经网数据库、国务院发展研究中心数据库，同时还有相关专业统计部门的内部资料等。对于森林覆盖率等指标，选取六次森林资源调查结果，考虑其变化的趋势特征，根据基期与报告期的平均发展速度对间隔期进行平滑。

二、评价指标的预处理

按照评价指标的实际意义，通常将评价指标分为四种类型，分别是"极大型"指标、"极小型"指标、"居中型"指标和"区间型"指标。"极大型"指标的含义是取值越大越好，"极小型"指标的含义是取值越小越好，"居中型"指标的含义是取值越居中越好，"区间型"指标的含义是取值落在某个区间内为最佳。当评价指标体系中存在不同类型的指标时，为了避免对综合评价结果产生影响和统一对综合评价结果的解释，一般需要将不同类型的评价指标转换成为同一类型的指标；转换的思路通常是将"极小型"、"居中型"和"区间型"指标转换为"极大型"指标。为得到客观、准确的生态环境质量测算结果，在对生态环境质量评价指标进行综合之前，首先对评价指标进行类型一致化的预处理。

（一）生态环境质量评价指标的分类

根据评价指标的类型，结合生态环境质量评价指标的含义，可以将生态环境质量评价指标体系中的14个二级指标分为四类：（1）"极大型"指标，主要包括人均耕地面积、人均活立木蓄积量、人均有林地面积、森林覆盖率、草地占土地面积比例、人均水资源量、有效灌溉面积比例。（2）"极小型"指标，主要包括水土流失率、土地荒漠化率、废气排放强度、废水排放强度、废固排放强度。（3）"居中型"指标，仅包括年平均气温。（4）"区间型"指标，仅包括年平均降水量。

（二）生态环境质量评价指标的类型一致化

由于"极大型"指标的含义是取值越大越好，而这样的表达更容易被接受和理解，因此，生态环境质量评价指标类型一致化的思路仍然采用将极小型指标、居中型指标、区间型指标转化为极大型指标的模式。具体来讲，分为四种情况。

1. 对于人均耕地面积、人均活立木蓄积量、人均有林地面积、森林覆盖率、草地占土地面积比例、人均水资源量、有效灌溉面积比例等"极大型"指标来说，转换后的指标值等于原有的指标值，即 $x_{ij}^* = x_{ij}$。

2. 对于水土流失率、土地荒漠化率、废气排放强度、废水排放强度、废固排放强度等"极小型"指标来说，转换后的指标值为：

$$x_{ij}^* = \frac{1}{x_{ij}} \quad (x_{ij} > 0)$$

3. 对于年平均气温来说，采用居中型指标的转换公式，转换后的指标值为：

$$x_{ij}^* = \begin{cases} 2(x_{ij} - m_j) & 若 m_j \leq x_{ij} \leq \dfrac{M_j + m_j}{2} \\ 2(M_j - x_{ij}) & \dfrac{M_j + m_j}{2} \leq x_{ij} \leq M_j \end{cases}$$

其中，m_j 为年平均气温的最小值；M_j 为年平均气温的最大值。

4. 对于年平均降水量来说，采用区间型指标的转换公式，转换后的指标值为：

$$x_{ij}^* = \begin{cases} 1 - \dfrac{q_j^1 - x_{ij}}{\max(q_j^1 - m_j, \ M_j - q_j^2)} & \text{若 } x_{ij} < q_j^1 \\ 1 & \text{若 } x_{ij} \in [q_j^1, \ q_j^2] \\ 1 - \dfrac{x_{ij} - q_2^j}{\max(q_j^1 - m_j, \ M_j - q_j^2)} & \text{若 } x_{ij} > q_j^2 \end{cases}$$

其中，最佳稳定区间的上下限 q_j^2 和 q_j^1 分别对应年平均降水量的上下四分位数；m_j 为年平均降水量的最小值，M_j 为年平均降水量的最大值。

第四节 生态环境质量评价指标权重的确定

权重的确定问题一直以来都是现代综合评价方法发展过程中需要面对和解决的重点与难点问题，因此，生态环境质量评价指标权重确定问题自然也就成为生态环境质量指数测算的核心问题。为确保得到客观的、准确的生态环境质量评价指标权重，本书中主要通过设计调查表运用德尔菲法向专家组调查搜集判断矩阵数据的基础上，采用层次分析法测算生态环境质量评价指标体系中一级指标和二级指标的权重[①]。

一、层次结构模型的设定

生态环境质量层次结构模型包括三层，即目标层、准则层、子准则层。其中目标层是生态环境质量，为生态环境质量综合评价要测算的目标值；准则层是生态环境质量评价指标体系的一级指标，主要包括气候变化、土地退化、植被覆盖、水环境、环境质量等；子准则层是生态环境质量评价指标体系的二级指标，各二级指标分别隶属于相应的一级指标（见图6-1）。生态环境质量层次结构模型的构建为判断矩阵的建立以及各指标权重的确定搭建

---

① 孙慧钧. 关于权数与赋权方法分类的探讨 [J]. 东北财经大学学报，2009 (4).

了研究平台[①]。

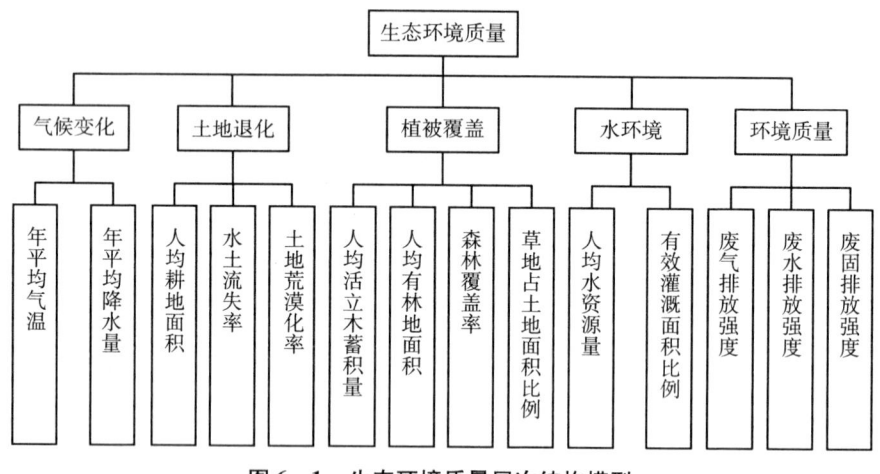

图 6-1 生态环境质量层次结构模型

生态环境质量
├── 气候变化
│   ├── 年平均气温
│   └── 年平均降水量
├── 土地退化
│   ├── 人均耕地面积
│   ├── 水土流失率
│   └── 土地荒漠化率
├── 植被覆盖
│   ├── 人均活立木蓄积量
│   ├── 人均有林地面积
│   ├── 森林覆盖率
│   └── 草地占土地面积比例
├── 水环境
│   ├── 人均水资源量
│   └── 有效灌溉面积比例
└── 环境质量
    ├── 废气排放强度
    ├── 废水排放强度
    └── 废固排放强度

二、判断矩阵的构建

根据生态环境质量层次结构模型，从第二层准则层开始针对上层的隶属元素进行两两对比，可以构造六个判断矩阵。其中，准则层对目标层的判断矩阵为 T，子准则层对准则层中气候变化、土地退化、植被覆盖、水环境、环境质量的判断矩阵为 A、B、C、D、E；判断矩阵中的具体数据通过德尔菲法以调查的形式获取。

具体的步骤是在所设计的调查表中列出一系列判断矩阵框架，分别征询专家的意见，并要求按 1~9 标度的方法对各判断矩阵进行赋值；然后将调查表进行回收、整理、汇总，并将第一次调查的汇总结果反馈给每位专家，经三轮调查和反馈后，专家意见趋于集中，将最后一次调查确定为生态环境质量评价指标的权重结果。

各判断矩阵的具体结果如下：

---

① 邱东. 多指标综合评价的系统分析 [M]. 北京：中国统计出版社，1991.

$$T = \begin{bmatrix} 1 & 1/3 & 1 & 1/2 & 1/3 \\ 3 & 1 & 3 & 2 & 1 \\ 1 & 1/3 & 1 & 1/2 & 1/3 \\ 2 & 1/2 & 2 & 1 & 1/2 \\ 3 & 1 & 3 & 2 & 1 \end{bmatrix} \quad A = \begin{bmatrix} 1 & 2 \\ 1/2 & 1 \end{bmatrix} \quad B = \begin{bmatrix} 1 & 2 & 1 \\ 1/2 & 1 & 1/2 \\ 1 & 2 & 1 \end{bmatrix}$$

$$C = \begin{bmatrix} 1 & 2 & 3 & 2 \\ 1/2 & 1 & 2 & 1 \\ 1/3 & 1/2 & 1 & 1/2 \\ 1/2 & 1 & 2 & 1 \end{bmatrix} \quad D = \begin{bmatrix} 1 & 2 \\ 1/2 & 1 \end{bmatrix} \quad E = \begin{bmatrix} 1 & 3 & 1 \\ 1/3 & 1 & 1/3 \\ 1 & 3 & 1 \end{bmatrix}$$

三、权重向量的计算

根据各判断矩阵的具体结果，运用方根法求解各判断矩阵的权重向量，计算公式为：

$$\omega_i = \frac{(\prod_{j=1}^{n} a_{ij})^{\frac{1}{n}}}{\sum_{i=1}^{n}(\prod_{j=1}^{n} a_{ij})^{\frac{1}{n}}}$$

由此可得，判断矩阵 T、A、B、C、D、E 对应的权重向量分别为：

$W_T = (0.09, 0.35, 0.13, 0.16, 0.28)'$ $W_A = (0.67, 0.33)'$

$W_B = (0.40, 0.20, 0.40)'$

$W_C = (0.42, 0.23, 0.12, 0.23)'$ $W_D = (0.67, 0.33)'$

$W_E = (0.43, 0.14, 0.43)'$

各判断矩阵权重向量中的分量与生态环境质量评价指标体系中的一级和二级指标的对应关系见表5-1。

四、判断矩阵的一致性检验

判断矩阵的建立使抽象思维数学化、具体化，将定性问题转化成为定量问题。但在建立判断矩阵的过程中，由于价值取向的不同、定级技巧的差异、对重要性等级赋值的非等比性等因素，可能会出现"a 比 b 重要，b 比 c 重要，c 又比 a 重要"的有悖于逻辑的判断矩阵，而根据这种判断矩阵推出的评价指标权重显然也是不准确的。因此，有必要对判断矩阵的一致性进行检验，从而消除相互矛盾的可能，提高判断矩阵建立的科学性和权重测算结果的准确性。

判断矩阵一致性检验的基本思路是：（1）求解与各判断矩阵对应的最大特征根 $\lambda_{\max}$；（2）将最大特征根 $\lambda_{\max}$ 代入一致性指标计算公式 $CI = \dfrac{\lambda_{\max} - n}{n - 1}$ 中，计算各判断矩阵对应的一致性指标；（3）为消除判断矩阵阶数对一致性检验结果的影响，将一致性指标 CI 与随机一致性指标 RI 相比，得到一致性比率 $CR = \dfrac{CI}{RI}$，其中 RI 的取值根据判断矩阵的阶数查表确定；（4）根据一致性比率 CR 的结果进行判断，当 $CR<0.1$ 时，判断矩阵通过一致性检验，否则需要对判断矩阵进行重新赋值。

根据判断矩阵一致性检验的基本思路，各判断矩阵的一致性检验结果详见表6-2。

表6-2　　　　　　　　　判断矩阵一致性检验结果

判断矩阵	$\lambda_{\max}$	CI	CR	检验结果
T	5.0124	0.0031	0.0028	$CR<0.1$，通过一致性检验
A	2	0	0	$CR<0.1$，通过一致性检验
B	3	0	0	$CR<0.1$，通过一致性检验
C	4.0101	0.0034	0.0037	$CR<0.1$，通过一致性检验
D	2	0	0	$CR<0.1$，通过一致性检验
E	3	0	0	$CR<0.1$，通过一致性检验

检验结果表明，各判断矩阵均通过一致性检验，因此，根据各判断矩阵求解的权重向量结果可以作为生态环境质量评价指标体系中各指标的权重。

第五节　甘肃省生态环境质量的测算

在生态环境质量评价指标体系构建、数据选取、指标类型一致化、权重确定的基础上，本节主要测算甘肃省生态环境质量综合评价结果，所选用的综合评价方法是功效系数法。主要研究思路是：（1）根据生态环境质量评价指标体系的特点，首先计算二级指标的功效分数，其次综合相应二级指标的功效分数计算一级指标的功效分数，最后综合各一级指标的功效分数计算生态环境质量总功效分数。（2）由于生态环境质量评价指标体系中一级指标和二级指标的权重都不相同，因此，在整个综合计算过程中所用的方法均为加权平均的方法。（3）需强调的是，加权平均其实不等于算术加权平均，这一点往往容易被误解和错误地对待，导致在处理加权平均的问题时会不假思索地选择算术加权平均去处理。其实加权平均不仅包括算术加权平均，还包括几何加权平均、平方加权平均等，而不同的加权平均的含义和计算结果是有差异的。因此，本节在对不同加权平均进行辨析的基础上，选择适合生态环境质量综合评价问题研究的平均方法，以期得到更加准确、更加客观的生态环境质量的测算结果。

一、功效系数法的基本原理

功效系数法是用多目标规划的原理进行综合评价的一种方法。其基本原理是，首先确定各单项指标的满意值 M_j 和不容许值 m_j；其次运用功效函数 $d_{ij} = 60 + \dfrac{x_{ij}^* - m_j}{M_j - m_j} \times 40$ 将不同度量的各单项指标的实际值转化成为同度量的功效系数或功效分数；最后将这些功效分数加权平均得出一个综合数值，即总功效分数，用总功效分数作为综合评价结果[1]。

二、加权平均法的辨析与选择

（一）加权平均法的辨析

加权平均法通常有三种表现形式，即算术加权平均、几何加权平均、平方加权平均，其中，算术加权平均使用的频率最高，几何加权平均和平方加权平均使用的相对较少，因此，提到加权平均往往容易想到算术加权平均，或者简单地将加权平均等同于算术加权平均。其实不然，算术加权平均、几何加权平均和平方加权平均在计算公式上、计算结果、适用的研究问题方面均存在着差异，所以在选择应用之前有必要进行辨析[2]。

---

[1] 苏为华. 多指标综合评价理论与方法研究 [M]. 北京：中国物价出版社，2001.
[2] 李金昌，苏为华. 统计学 [M]. 北京：机械工业出版社，2009.

1. 算术加权平均。其计算公式为：

$$\bar{d} = \frac{\omega_1 d_1 + \omega_2 d_2 + \cdots + \omega_n d_n}{\omega_1 + \omega_2 + \cdots + \omega_n}$$

算术加权平均的计算结果居于几何加权平均和平方加权平均之间，完全允许"好坏弥补"、"以丰补歉"，通常适用于无法决定应该是"惩罚落后"还是"重奖先进"的情况，因此，算术加权平均属于"折中型平均"。

2. 几何加权平均。其计算公式为：

$$\bar{d} = \sqrt[\omega_1 + \omega_2 + \cdots + \omega_n]{d_1^{\omega_1} \times d_2^{\omega_2} \times \cdots \times d_n^{\omega_n}}$$

几何加权平均适用于强调各方面均衡发展的情况，它鼓励齐头并进，重罚落后指标。当被平均的指标值中出现个别较差的指标时，则几何平均值将会受到影响而偏低。因此，几何加权平均属于"惩罚型平均"。

3. 平方加权平均。其计算公式为：

$$\bar{d} = \sqrt{\frac{\omega_1 d_1^2 + \omega_2 d_2^2 + \cdots + \omega_n d_n^2}{\omega_1 + \omega_2 + \cdots + \omega_n}}$$

平方加权平均适用于强调抓重点、搞突出的情况，它鼓励抓大放小，重奖先进指标。当被平均的指标值中出现个别特别突出的指标，则平方平均值将会随之增大。因此，平方加权平均属于"激励型平均"。

（二）加权平均法的选择

生态环境系统是一个有机的系统，任何一个方面的变坏都不会使得整个系统变好；或者可以说生态环境系统的运行机理符合"木桶原理"，缺少任何一块都会使其整体的功能和作用出现明显的下降。因此，生态环境质量的评价问题应该是一个强调各方面均衡发展的问题，是一个鼓励齐头并进、重罚落后的问题。结合对加权平均法的辨析可知，算术加权平均和平方加权平均显然并不适用于生态环境质量问题的研究，而几何加权平均则是能够满足生态环境质量评价问题研究需要的平均方法。

三、测算结果分析

根据功效系数法的基本原理，首先，将生态环境质量评价指标体系中各二级指标的最大值和最小值作为相应指标的满意值和不容许值，在此基础上计算各二级指标的功效分数；其次，运用几何加权平均分别计算气候变化功效分数、土地退化功效分数、植被覆盖功效分数、水环境功效分数、环境质量功效分数;最后,根据各一级指标的功效分数运用几何加权平均计算生态环境质量总功效分数,该结果即为生态环境质量的综合评价结果,详见表6-3。基于甘肃省生态环境质量测算结果,结合甘肃省的实际情况,本书主要从两个方面进行分析:一是研究生态环境质量变化特征和趋势;二是研究影响生态环境质量变化的因素。

表6-3 甘肃省生态环境质量总功效分数及各分功效分数测算结果

年份	气候变化功效分数	土地退化功效分数	植被覆盖功效分数	水环境功效分数	环境质量功效分数	生态环境质量功效分数
1980	93.18	98.29	92.24	85.13	93.48	93.21
1981	88.50	95.88	91.99	83.73	92.83	91.52
1982	85.81	93.81	90.91	82.48	92.53	90.18
1983	72.93	91.69	90.55	81.51	92.06	87.74
1984	64.93	89.14	90.12	81.24	90.90	85.54
1985	83.35	86.63	89.63	79.84	88.77	85.97
1986	82.49	84.47	88.76	78.67	89.50	85.12
1987	97.64	82.58	88.03	78.39	89.60	85.87
1988	86.11	80.70	85.99	77.83	88.56	83.59
1989	88.50	78.87	83.42	77.10	86.23	82.15
1990	89.97	76.35	78.60	76.74	84.45	80.38
1991	94.11	75.04	69.86	76.73	80.28	78.13
1992	86.83	73.80	70.39	77.00	81.08	77.45
1993	88.50	72.52	70.88	77.14	80.43	77.07
1994	95.48	71.09	72.74	77.13	79.67	77.15
1995	97.75	69.57	67.94	76.84	77.78	75.68
1996	90.86	68.55	68.10	76.85	77.97	74.86
1997	82.63	68.87	66.89	77.25	75.46	73.44
1998	76.21	69.52	65.82	76.48	75.27	72.76
1999	83.69	68.73	64.85	75.77	76.47	73.31
2000	93.18	68.22	67.48	69.61	77.16	73.31

续表

年份	气候变化功效分数	土地退化功效分数	植被覆盖功效分数	水环境功效分数	环境质量功效分数	生态环境质量功效分数
2001	88.50	67.74	67.63	69.90	80.98	73.94
2002	83.69	66.74	69.14	68.51	77.62	72.13
2003	76.76	66.29	70.87	73.61	73.70	71.31
2004	85.19	65.87	72.74	69.59	74.46	71.61
2005	88.50	65.53	78.61	76.27	73.60	73.27
2006	71.02	65.28	78.70	72.23	72.00	70.41
2007	77.41	65.21	80.55	75.23	70.29	71.16
2008	95.48	65.30	82.04	72.39	69.86	72.19
2009	81.24	65.38	80.56	73.57	69.42	71.00
2010	95.48	65.35	78.61	74.46	69.06	72.01
2011	93.18	65.53	78.51	75.64	63.25	70.15
2012	99.71	65.56	80.01	77.07	63.18	70.98
2013	67.70	60.97	79.49	77.14	63.43	66.82
2014	86.11	60.93	79.22	73.15	63.51	67.79

（一）甘肃省生态环境质量变化特征分析

根据生态环境质量综合评价模型的测算结果，本书主要从生态环境质量的综合变化以及气候变化、土地退化、植被覆盖、水环境、环境质量等方面对甘肃省1980~2014年生态环境变化的数量特征和数量规律进行分析和归纳，为客观、准确地认识和了解甘肃省生态环境的现状以及把握甘肃省生态环境的变化趋势提供重要的定量依据。

1. 甘肃省生态环境质量总变化特征分析。图6-2表明，1980~2014年甘肃省生态环境质量整体呈现出"U"型下降的特征，生态环境质量功效分数从1980年的92.65下降到2014年的67.79，合计下降25.42。虽然甘肃省生态环境质量整体呈现出下降的特征，但每年下降的幅度和特征并不完全相同，概括地可以将1980~2014年整个期间划分为两个阶段：第一阶段是1980~1990年，该阶段平均每10年生态环境质量功效分数下降10个单位，基本上每年下降1个单位，呈现出较快的下降趋势和明显的下降特征；第二阶段是1991~

2014年，该阶段平均每15年生态环境质量功效分数下降10个单位，基本上每年下降0.6个单位，而且在75和70两个水平附近呈现较长时间的小幅波动，与第一阶段相比，该阶段呈现出相对较慢的下降趋势和特征。这表明，虽然1980~2014年甘肃省的生态环境质量整体呈现出下降的特征和趋势，但生态环境质量下降的速度在减缓，因此，采取的对生态环境进行改善的措施和政策发挥出一定的积极效应和影响。

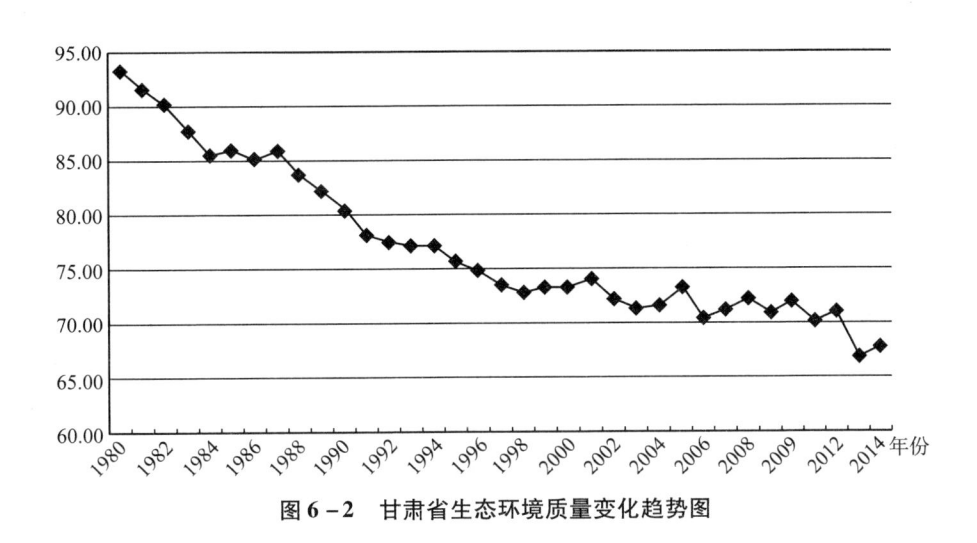

图6-2 甘肃省生态环境质量变化趋势图

2. 甘肃省生态环境质量一级指标变化特征分析。图6-3表明，整体上看，甘肃省生态环境质量在气候变化、土地退化、植被覆盖、水环境、环境质

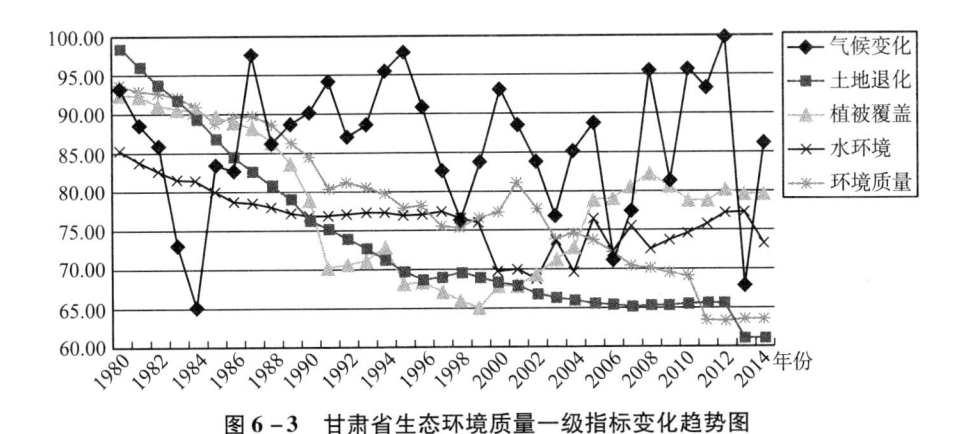

图6-3 甘肃省生态环境质量一级指标变化趋势图

量等方面的变化趋势和特征有着明显的差异，概括来讲，可以将生态环境质量在气候变化、土地退化、植被覆盖、水环境、环境质量五个方面的变化特征分为三种类型，即"没有明显变化"的特征、"呈U型"的特征、"呈U型下降"的特征。

第一类是"没有明显变化"的方面，主要包括气候变化。1980～2014年甘肃省气候变化功效分数从93.18变化到86.11，如果仅从期初水平和期末水平进行比较，应该说气候变化功效分数基本没有变化，但通过对中间水平进行观察和比较可以发现，其实不然。总体上来讲，气候变化功效分数基本上是围绕其相应均值上下有规律地波动，这与气候变化自身的发展变化规律是相吻合的，因为气候变化往往在一个较漫长的时期才会表现出较明显的变化，而即使人类社会经济活动会对气候变化产生影响，由于35年的时间相对其漫长的演变过程来讲是一个非常短暂的时期，因此，气候并不会出现明显的变化特征。然而，即使微小的气候变化也会对人们的生活和生产活动产生较大的影响，所以必须重视社会经济活动对气候变化的干预和冲击。

第二类是"呈U型特征"的方面，主要包括植被覆盖。甘肃省植被覆盖功效分数从1980年的92.24下降到1999年的64.85，然后又从1999年的64.85上升到2014年的79.22，呈现出明显的U型特征。这表明甘肃省的植被覆盖质量在1980～2014年间表现出先下降后上升的趋势和特征。而之所以出现这种情形，主要原因在于虽然人类社会经济活动会对破坏植被覆盖，但当人们关注和重视植被覆盖问题以后又会采取措施提升植被覆盖的质量。同时也表明，植被覆盖是影响生态环境质量的敏感方面，当受到破坏时就会拉动生态环境质量的下降，但经过努力恢复以后，又会促进生态环境的改善。

第三类是"呈U型下降特征"的方面，主要包括土地退化、水环境、环境质量等。1980～2014年甘肃省土地退化功效分数从98.29下降到60.93，水环境功效分数从85.13下降到73.15，环境质量功效分数从93.48下降到63.51；土地退化、水环境、环境质量均呈现出明显的下降特征，其中土地退化的下降幅度最大且主要表现在1980～1996年，环境质量的下降幅度次之，水环境质量的下降幅度相对较小且在1985～2003年平缓下降。测算结果表明，在生态环境质量评价指标体系中，土地退化、水环境、环境质量三个方面是拉动甘肃省生态环境质量下降的主要推手，在今后改善甘肃省生态环境质量的过程中要特别给予关注和重视。

（二）生态环境质量的因素分析

影响生态环境质量变化的因素是复杂的，根据生态环境质量评价指标体系各二级指标对生态环境质量的作用方向不同，可以将其影响因素分为四类：第一类是没有显著影响的因素，主要包括年平均气温、年平均降水量；第二类是拉动生态环境质量下降的因素，主要包括人均耕地面积、土地荒漠化率、人均水资源量、废气排放强度、废固排放强度；第三类是推动生态环境质量上升的因素，主要包括森林覆盖率、有效灌溉面积比例、废水排放强度；第四类是先拉动生态环境质量下降又推动生态环境质量上升的因素，主要包括水土流失率、人均活立木蓄积量、人均有林地面积、草地占土地面积比例。这四类影响因素对甘肃省生态环境质量的作用方向不同，因此，为提高生态环境政策的有效性，需要分类制定和实施。

本 章 小 结

本章通过对生态环境质量内涵进行阐释和辨析，在此基础上构建生态环境质量评价指标体系，经过指标类型一致化处理和使用层次分析法对指标体系进行赋权，最后运用功效系数法对甘肃省的生态环境质量进行测算，并对甘肃省生态环境质量的变化特征、趋势以及影响因素进行研究。主要得到以下结论。

1. 生态环境质量测算问题是一个复杂的综合评价问题，而主观性是与综合评价问题相伴随的客观属性，因此，本章从指标的选择、权重的确定、平均方法的选择等每个环节、每个细节入手，提高方法选择和使用的科学性、规范性，尽可能减少综合评价过程中主观性对于生态环境质量测算结果的影响，从而为客观、准确测算生态环境质量奠定重要的理论和方法基础。

2. 环境成本是对生态破坏和环境污染代价的综合反映和衡量，通过对生态环境质量与环境质量进行比较和辨析可知，生态环境质量是能够更全面反映和刻画环境成本的指标。本章使用的生态环境质量主要包括气候变化、土地退化、植被覆盖、水环境、环境质量等方面的内容。

3. 生态环境质量评价指标体系中各指标并非同类型指标。其中，人均耕地面积、人均活立木蓄积量、人均有林地面积、森林覆盖率、草地占土地面积比例、人均水资源量、有效灌溉面积比例等属于"极大型"指标；水土流失率、土地荒漠化率、废气排放强度、废水排放强度、废固排放强度等属于"极小型"指标，年平均气温属于"居中型"指标；年平均降水量属于"区间型"指标。为避免对综合评价结果产生影响和统一对综合评价结果的解释，本章将生态环境质量评价指标体系不同类型的评价指标转换成为同一类型的指标，转换的思路是将"极小型"、"居中型"和"区间型"指标转换为"极大型"指标。

4. 指标权重的调查以判断矩阵的形式列出并采用标度的方法确定，使得赋值更直观、更简便，同时通过德尔菲法的多次反馈使调查的结果减少偶然性，增强其稳定性。

5. 加权平均法通常有三种表现形式，即算术加权平均、几何加权平均、平方加权平均。算术加权平均属于"折中型平均"，适用于无法决定应该是"惩罚落后"还是"重奖先进"的情况；几何加权平均属于"惩罚型平均"，适用于强调各方面均衡发展的情况；平方加权平均属于"激励型平均"，适用于强调抓重点搞突出的情况。生态环境质量的评价问题是一个强调各方面均衡发展的问题，是一个鼓励齐头并进、重罚落后的问题，因此，选择几何加权平均是合理的综合方法。

6. 生态环境质量综合评价模型的测算结果表明，1980～2014年甘肃省生态环境质量整体呈现出"U型下降"的特征，生态环境不断恶化的状况不容乐观。具体来讲，气候变化呈现出"没有明显变化"的特征，植被覆盖呈现出"U型"的特征，土地退化、水环境、环境质量等呈现出"U型下降"的特征。改善甘肃省生态环境质量的现状，需要采取分类的政策和措施。

第七章

生态环境质量约束的能源资源价格测算

第一节 引 言

测算生态环境质量约束的能源资源价格是本书研究的重点问题，而要实现这个目标则取决于两个方面：一是生态环境质量的结果，这是测算能源资源价格的约束条件和前提；二是生态环境质量约束的能源资源定价模型，这是测算能源资源价格的量化工具。其中，生态环境质量的结果在第六章中阐述生态环境质量内涵的基础上构建生态环境质量评价指标体系，并通过运用功效系数的综合评价方法对甘肃省生态环境质量进行了测算。生态环境质量约束的能源资源定价模型则在第五章中以生态经济价值论、可持续发展理论、环境承载力理论、国民经济核算体系、供求价值论等为理论基础，运用演绎的方法推理和构建了生态环境质量约束的能源资源供给模型、生态环境质量约束的生产模型、生态环境质量约束的能源资源需求模型、生态环境质量约束的能源资源供需模型。

本章是在第六章对甘肃省生态环境质量测算的基础上，运用第五章构建的生态环境质量约束的能源资源定价模型测算甘肃省生态环境质量约束条件下能源资源的价格。具体思路是：（1）基于环境—能源模型，运用计量经济学中的协整方法分析生态环境质量与能源消费量之间的动态均衡关系，在此基础上给定生态环境质量水平的约束数值，测算相应的能源资源数量，即生态环境质量约束的能源资源供给量。（2）基于生态环境质量约束的能源资源供给量，通过对国民经济部门重新进行分解、分类编制能源型投入产出表，并运用生态环境质量约束的生产模型和生态环境质量约束的能源资源需求模型测算生态环境质量约束的能源资源需求量。(3)基于生态环境质量约束的能源资源供给量和需求量，运用局部均衡分析的方法测算静态环境质量约束的能源资源价格和动态环境质量约束的能源资源价格，并分析甘肃省静态和动态环境质量约束条件下能源资源价格的变化特征。(4)将生态环境质量约束的能源资源价格与实际的能源资源价格进行比较，从相对数的角度分析相对于实际的能源资源价格而言，静态和动态环境质量约束的能源资源价格的变动方向和变动程度。

第二节　生态环境质量约束的能源资源供给量测算

一、模型选择

(一) 选择环境—能源模型的必要性

能源系统、经济系统、生态环境系统三者的作用机理表明，经济系统是连接能源系统与生态环境系统的重要媒介。能源资源在没有进入经济系统之前并不会对生态环境产生不利的影响，也就是说，能源资源天生并不是用来污染和破坏生态环境的；只有当能源资源进入经济系统以后，作为燃料参与经济活动并保证国民经济正常运行过程中产生和排放有害物质，正是这些有害物质污染和破坏生态环境。因此，如果没有经济系统的影响，能源系统与生态环境系统之间客观上并不存在着必然联系。根据能源系统、经济系统、生态环境系统三者的作用机理，选择第四章由经济—能源模型和环境—经济模型推导出的环境—能源模型是能够客观、准确描述和刻画生态环境随能源投入变化数量规律的模型。

(二) 环境—能源模型形式的设定

根据第五章推导出的环境—能源模型，可将环境—能源模型设定为对数三次多项式形式。即：$\ln EQ_t = \alpha_0 + \alpha_1 \ln En_t + \alpha_2 \ln^2 En_t + \alpha_3 \ln^3 En_t + \varepsilon_t$

其中，$\ln EQ_t$ 为第 t 年的生态环境质量功效分数；$\ln En_t$ 为第 t 年的能源资源消费量（实际均衡的能源资源供给量）；α_0、α_1、α_2、α_3 为总体参数；ε_t 为随机扰动项。通常情况下，α_0、α_1、α_2、α_3 的取值大小和方向决定了环境—能源模型的具体形式，即：

当 $\alpha_1 = \alpha_2 = \alpha_3 = 0$ 时，环境—能源模型呈"无显著"特征。

当 $\alpha_1 \neq 0$，$\alpha_2 = \alpha_3 = 0$ 时，环境—能源模型呈"线性关系"特征。

当 $\alpha_1 > 0$，$\alpha_2 < 0$，$\alpha_3 = 0$ 时，环境—能源模型呈"倒 U 型"特征。

当 $\alpha_1 < 0$，$\alpha_2 > 0$，$\alpha_3 = 0$ 时，环境—能源模型呈"U 型"特征。

当 $\alpha_1 > 0$，$\alpha_2 < 0$，$\alpha_3 > 0$ 时，环境—能源模型呈"N 型"特征。

当 $\alpha_1 < 0$，$\alpha_2 > 0$，$\alpha_3 < 0$ 时，环境—能源模型呈"倒 N 型"特征。

由于生态环境质量功效分数是由极大型指标计算得到的结果，因此，生态环境质量功效分数同样也是极大型指标。根据第五章关于环境—能源模型特征的讨论可知，"倒 U 型"和"N 型"的环境—能源模型表明，随着能源资源投入量增多，生态环境质量功效分数也随着增大，即环境质量越来越好。显然，这违背了生态环境系统和能源系统的作用机理和变化规律，因此，环境—能源模型不可能出现"倒 U 型"和"N 型"的形式。另外，四种环境—能源模型形式其实是对立的两个方面，即如果环境—能源模型是"无显著"的形式，则"线性关系"、"U 型"、"倒 N 型"等形式均不成立；反之，如果环境—能源模型是"线性关系"、"U 型"、"倒 N 型"三种形式中的任何一种显著，则"无显著"的特征就不成立。因此，在生态环境质量功效分数是极大型指标的情况下，环境—能源模型的具体形式设定问题其实就是"线性关系"、"U 型"、"倒 N 型"三种形式环境—能源模型的显著性检验问题和模型优选问题。

二、数据选取

生态环境质量用第六章测算的生态环境质量功效分数衡量，数据的测算过程和测算方法详见第六章的相关内容。能源资源的投入用能源消费量衡量，根据第五章对能源资源供给量的辨析可知，能源消费量与实际均衡的能源资源供给量是相对应的；能源消费量的数据来源于历年《甘肃年鉴》、《甘肃发展年鉴》。为满足模型分析的需要，对生态环境质量功效分数和能源消费量分别取对数，即 $\ln EQ_t$ 和 $\ln En_t$。具体数据见表 7-1。

表7-1　　1980~2014年甘肃省生态环境质量功效分数与能源消费量数据表

年份	生态环境质量功效分数	能源消费量（万吨标准煤）	年份	生态环境质量功效分数	能源消费量（万吨标准煤）
1980	93.21	1442.20	1998	72.76	2687.44
1981	91.52	1465.99	1999	73.31	2917.28
1982	90.18	1546.12	2000	73.31	3011.62
1983	87.74	1644.36	2001	73.94	3068.36
1984	85.54	1740.52	2002	72.13	3174.23
1985	85.97	1821.47	2003	71.31	3525.08
1986	85.12	1796.67	2004	71.61	3907.74
1987	85.87	1864.10	2005	73.27	4367.67
1988	83.59	1949.38	2006	70.41	4743.05
1989	82.15	2020.70	2007	71.16	5109.29
1990	80.38	2175.34	2008	72.19	5346.33
1991	78.13	2192.91	2009	71.00	5481.60
1992	77.45	2253.50	2010	72.01	5923.13
1993	77.07	2327.75	2011	70.15	6495.78
1994	77.15	2402.00	2012	70.98	6893.76
1995	75.68	2737.59	2013	66.82	7286.72
1996	74.86	2803.17	2014	67.79	7521.45
1997	73.44	2581.13			

三、模型检验与估计

（一）平稳性检验

由于经济时间序列数据具有不可重复性、不可控制性和长度有限性等不同于自然科学数据的属性，所以经济时间序列变量通常表现出非平稳的特征。因此，为避免"伪回归"问题的产生，需要在建模之前对变量的平稳性进行检验，以此减少模型估计的系统性偏误，提高估计的可靠性和准确性[1]。ADF检

---

[1] 李子奈，叶阿忠. 高等计量经济学[M]. 北京：清华大学出版社，2000.

验是作为检验时间序列非平稳性的常用方法,因此,运用 ADF 检验法对 $lnEQ_t$、$lnEn_t$、$\ln^2 En_t$、$\ln^3 En_t$ 进行平稳性检验,结果见表 7-2。

表 7-2　　　　　　　　　　ADF 检验结果

序列	类型 (c, t, k)	ADF 值	P 值	临界值 1%	临界值 5%	临界值 10%	结论
$lnEQ_t$	(c, 0, 1)	-2.012	0.280	-3.646	-2.954	-2.616	非平稳
$\Delta lnEQ_t$	(c, 0, 1)	-7.855	0.000	-3.646	-2.954	-2.616	平稳
$lnEn_t$	(c, t, 1)	-1.119	0.911	-4.253	-3.548	-3.207	非平稳
$\Delta lnEn_t$	(c, 0, 1)	-4.678	0.001	-3.654	-2.957	-2.617	平稳
$\ln^2 En_t$	(c, t, 1)	-0.899	0.945	-4.253	-3.548	-3.207	非平稳
$\Delta \ln^2 En_t$	(c, 0, 1)	-4.229	0.002	-3.646	-2.954	-2.616	平稳
$\ln^3 En_t$	(c, t, 1)	-0.691	0.966	-4.253	-3.548	-3.207	非平稳
$\Delta \ln^3 En_t$	(c, 0, 1)	-4.002	0.004	-3.646	-2.954	-2.616	平稳

注:表中的 ADF 检验结果由 Eviews6.0 输出得到;Δ 表示一阶差分;c、t、k 分别表示检验表达式中的常数项、趋势项、滞后项;滞后项 k 的取值根据 AIC 和 SC 准则确定。

表 7-2 中检验结果表明,在 5% 显著水平下,时间序列 $lnEQ_t$、$lnEn_t$、$\ln^2 En_t$、$\ln^3 En_t$ 均接受有单位根的原假设,所以 $lnEQ_t$、$lnEn_t$、$\ln^2 En_t$、$\ln^3 En_t$ 均是非平稳序列。同样,在 5% 显著水平下,时间序列 $\Delta lnEQ_t$、$\Delta lnEn_t$、$\Delta \ln^2 En_t$、$\Delta \ln^3 En_t$ 均拒绝有单位根的原假设,所以 $\Delta lnEQ_t$、$\Delta lnEn_t$、$\Delta \ln^2 En_t$、$\Delta \ln^3 En_t$ 均是平稳序列。由于序列 $\Delta lnEQ_t$、$\Delta lnEn_t$、$\Delta \ln^2 En_t$、$\Delta \ln^3 En_t$ 分别是 $lnEQ_t$、$lnEn_t$、$\ln^2 En_t$、$\ln^3 En_t$ 的一阶差分序列,因此,在 5% 显著水平下序列 $lnEQ_t$、$lnEn_t$、$\ln^2 En_t$、$\ln^3 En_t$ 都是一阶单整序列,这为协整检验提供了前提条件。

(二) 协整检验

根据环境—能源模型形式设定问题的讨论,对"线性关系"、"U 型"、"倒 N 型"三种形式的环境—能源模型进行协整检验;三种形式环境—能源模型的具体表达式分别如下。

"线性关系"环境—能源模型:

$$lnEQ_t = \alpha_0 + \alpha_1 lnEn_t + \varepsilon_t$$

"U 型"环境—能源模型：
$$\ln EQ_t = \alpha_0 + \alpha_1 \ln En_t + \alpha_2 \ln^2 En_t + \varepsilon_t$$
"倒 N 型"环境—能源模型：
$$\ln EQ_t = \alpha_0 + \alpha_1 \ln En_t + \alpha_2 \ln^2 En_t + \alpha_3 \ln^3 En_t + \varepsilon_t$$

由于三种形式的环境—能源模型中既有两变量问题又有多变量问题，因此，需要针对不同的模型分别选择相应的协整检验方法。具体来讲，对"线性关系"环境—能源模型的协整检验，主要运用 EG 两步法；对"U 型"和"倒 N 型"环境—能源模型的协整检验，主要运用特征迹检验法和最大特征根检验法[1]。运用 Eviews6.0 对"线性关系"、"U 型"、"倒 N 型"三种形式的环境—能源模型进行协整检验[2]，检验结果见表 7-3。

表 7-3　　　　　　　　　　　协整检验结果

环境—能源模型的形式	协整检验方法			检验结论
	EG 两步法	特征迹检验法	最大特征根检验法	
线性关系	存在协整关系	—	—	通过协整检验
U 型	—	没有协整关系	没有协整关系	没有通过协整检验
倒 N 型	—	有 1 个协整关系	有 1 个协整关系	通过协整检验

协整检验结果表明，"线性关系"和"倒 N 型"两种形式的环境—能源模型通过协整检验，而"U 型"环境—能源模型没有通过协整检验。这表明生态环境质量功效分数与能源消费量之间存在着"线性关系"或"倒 N 型"形式的长期均衡关系，不存在"U 型"长期均衡关系。因此，从协整检验[3]的角度，将环境—能源模型设定为"线性关系"和"倒 N 型"两种形式是合理的。

（三）模型估计

运用 Eviews6.0 对"线性关系"、"倒 N 型"两种形式的环境—能源模型

---

[1]　[美]达摩达尔·N·古扎拉蒂，唐·C·波特. 费剑平译. 计量经济学基础 [M]. 北京：中国人民大学出版社，2011.
[2]　高铁梅. 计量经济分析方法与建模—Eviews 应用及实例 [M]. 北京：清华大学出版社，2006.
[3]　[美]杰弗里·M·伍德里奇. 费剑平译. 计量经济学导论 [M]. 北京：中国人民大学出版社，2010.

进行参数估计①，估计结果见表7-4。

表7-4　　　　　　　　　　模型估计结果

环境—能源模型		"线性关系"模型	"倒N型"模型
C		5.641（0.0000）	85.145（0.0000）
Independent Variable	$\ln En_t$	-0.162（0.0000）	-28.578（0.0001）
	$\ln^2 En_t$	—	3.372（0.0001）
	$\ln^3 En_t$	—	-0.133（0.0003）
Adjusted R-squared		0.805	0.964
Sum squared resid		0.054	0.0099
Akaike info criterion		-3.517	-5.100
Schwarz criterion		-3.428	-4.923
Prob（F-statistic）		0.0000	0.0000
Durbin-Watson stat		0.243	1.224

注：表中括号内为各回归系数对应的伴随概率P值。

估计结果表明，尽管在5%显著水平下，"线性关系"环境—能源模型与"倒N型"环境—能源模型的回归系数、回归方程均通过显著性检验②，但并不表示两个模型对生态环境质量功效分数与能源消费量的拟合情况是相同的。在调整的拟合优度方面，"线性关系"模型为0.805，而"倒N型"模型为0.964，"倒N型"模型的拟合优度明显高于"线性关系"模型的拟合优度。在残差平方和方面，"线性关系"模型为0.054，"倒N型"模型为0.0099，"倒N型"模型的残差平方和远低于"线性关系"模型的残差平方和，这表明，从残差平方和的角度看，"倒N型"模型的拟合情况要好于"线性关系"模型。在施瓦茨准则和赤池准则方面，"线性关系"模型分别为-3.517和-3.428，"倒N型"模型分别为-5.100和-4.923；根据施瓦茨准则和赤池准则的判断标准可知，施瓦茨值和赤池值越小，对应的模型拟合得越好，这表明"倒N型"模型的拟合相对较好，而"线性关系"模型的拟合相对较差。在DW检验值方面，"线性关系"模型为0.243，接近于0，表明存在着一阶正

---

① 易丹辉. 数据分析与Eviews应用 [M]. 北京：中国统计出版社，2002.
② 庞皓. 计量经济学 [M]. 北京：清华大学出版社，2011.

序列相关；"倒 N 型"模型为 1.224，接近于无法判断其序列相关性；相对于"线性关系"模型来说，"倒 N 型"模型的自相关性更弱，这表明"倒 N 型"模型的拟合更好。

综合"线性关系"模型和"倒 N 型"模型在拟合优度、残差平方和、施瓦茨准则、赤池准则、DW 检验值等模型选择原则①上表现，可以得出"倒 N 型"模型在这几个方面均优于"线性关系"模型，这表明"倒 N 型"模型对生态环境质量功效分数与能源消费量的拟合情况整体上要好于"线性关系"模型。因此，就"线性关系"模型和"倒 N 型"模型而言，选择"倒 N 型"模型作为环境—能源模型具体形式更为合理、更为准确。

四、能源资源供给量测算

（一）生态环境质量约束的能源资源供给量

根据对环境—能源模型进行检验和估计可得，甘肃省环境—能源模型的具体形式为"倒 N 型"模型，即：

$$\ln EQ_t = 85.145 - 28.578\ln En_t + 3.372\ln^2 En_t - 0.133\alpha_3 \ln^3 En_t$$

该环境—能源模型描述了甘肃省生态环境质量功效分数与能源消费量之间的长期均衡关系，即生态环境系统随经济系统对能源系统的能源资源消耗量的长期动态关系。遵循的原理是，经济系统需要多少能源资源，就向能源系统索取多少能源资源，同时，在生产过程中需要排放多少有害物质，就向生态环境系统排放多少有害物质。不论是能源资源的投入，还是有害物质的排出，均没有受到约束和限制。生态环境质量约束能源资源供给量的测算则突破环境—能源模型的"能源→环境的主动作用关系和方向"的研究模式和思维，从"环境→能源的约束作用关系和方向"的角度，基于生态环境系统与能源系统的长期均衡关系，即"倒 N 型"环境—能源模型，通过将生态环境质量恢复到某一较高水平上，求解相应的受约束的能源资源供给数量。

根据甘肃省生态环境质量的总体变化趋势可知，自 2000 年以后甘肃省的生态环境质量功效分数已经下降到了 75 以下，近几年则下降到了 70 以下。为了更好地体现生态环境质量约束的静态和动态效应，需将生态环境质量恢复到

---

① 张晓峒. 计量经济学基础 [M]. 天津：南开大学出版社，2007.

第七章 生态环境质量约束的能源资源价格测算

较高的水平上,这里拟将生态环境质量功效分数确定在 92、90、88 三个水平上,对应的时间大概是 20 世纪 80 年代初期。基于"倒 N 型"环境—能源模型,运用试算的方法测算生态环境质量恢复到 92、90、88 等水平上对应的能源资源供给量分别为 1408.11 万吨标准煤、1450.99 万吨标准煤、1495.18 万吨标准煤;测算结果表明,生态环境质量较高水平对应的能源资源供给量较低,生态环境质量较低水平对应的能源资源供给量较高,即生态环境质量的约束程度与能源资源的供给量之间呈反向变化关系。

由于能源资源的种类较多,且不同能源资源的特点和用途有所不同,不同能源资源在使用中排放的有害物质对生态破坏和环境污染的程度也有所不同,更重要的是目前很难严格、详细量化每种能源资源的使用对生态环境的影响程度,因此,根据"倒 N 型"环境—能源模型测算的能源资源供给量是从所有能源资源的角度测算的生态环境质量约束条件下能源资源的综合供给量。为了更好地研究每种能源资源受生态环境质量约束条件下价格的变化程度和变化方向,还需要单独测算每种能源资源的供给量;考虑到数据的可获得性和测算的可行性,这里所指的能源资源主要包括煤炭、石油、天然气、电力四种常规能源。

在生态环境质量约束条件下能源资源综合供给量的基础上,根据煤炭、石油、天然气、电力在能源资源综合供给量(即能源消费量)中的比例以及标准煤与各能源的换算关系,可以推算出生态环境质量约束条件下甘肃省煤炭、石油、天然气、电力的供给量,详见表 7-5。

表 7-5　　不同年份生态环境质量约束的甘肃省能源资源供给量

年份	生态环境质量水平	煤炭（吨）	石油（吨）	天然气（立方米）	电力（度）	能源资源（万吨标准煤）
1992	92	13611927	1683503	27830553	4750628540	1408.11
	90	14026440	1734769	28678053	4895295470	1450.99
	88	14453616	1787601	29551445	5044382030	1495.18
1997	92	13515333	1796853	34788191	4499678243	1408.11
	90	13926904	1851571	35847566	4636703193	1450.99
	88	14351049	1907961	36939307	4777914307	1495.18

续表

年份	生态环境质量水平	煤炭（吨）	石油（吨）	天然气（立方米）	电力（度）	能源资源（万吨标准煤）
2002	92	13475906	1745599	127556699	4471794876	1408.11
	90	13886277	1798756	131441077	4607970718	1450.99
	88	14309184	1853538	135444124	4748306782	1495.18
2007	92	13653325	1464687	382670098	4384659356	1408.11
	90	14069098	1509290	394323231	4518181733	1450.99
	88	14497573	1555255	406332373	4655783267	1495.18
2012	92	12192581	1624363	470800181	6137826015	1408.11
	90	12563871	1673829	485137067	6324736114	1450.99
	88	12946505	1724805	499911949	6517356386	1495.18

注：各种能源占能源消费量的比例数据来源于1993年、1998年、2003年、2008年《甘肃年鉴》和2013年《甘肃发展年鉴》。标准煤与各能源的换算关系为：1千克原煤＝0.7143千克标准煤，1千克原油＝1.4286千克标准煤，1立方米天然气＝1.2143千克标准煤，1度电＝0.404千克标准煤。

由于生态环境质量约束的能源资源需求模型基于的投入产出表是五年编制一次，因此，在测算各种能源资源供给量的时间方面选择1992年、1997年、2002年、2007年和2012年，目的是与生态环境质量约束的能源资源需求量的测算时间保持一致。表7-5中的测算结果表明，同一年份中，随着生态环境质量水平的下降和生态环境质量约束条件的放松，各种能源资源的供给量均呈现出上升的趋势，这与能源资源综合供给量的变化特征是一致的。同一生态环境质量水平或是同一生态环境质量约束条件下，不同年份能源资源的综合供给量保持不变，由于不同年份各种能源资源占能源资源消费量的比例不同，因此，各种能源资源供给量随着时间的变化而变化，总体来讲，煤炭、石油和电力等的供给量在不同年份的差异较小，天然气的供给量在不同年份的差异较大。

（二）能源资源供给的变化量

根据1992年、1997年、2002年、2007年和2012年煤炭、石油、天然气、电力在能源消费量（即实际均衡的能源资源供给量[①]）中的比例以及标准煤与

[①] 实际均衡的能源资源供给量的内涵详见第五章第一节关于不同能源资源供给量界定的相关内容。

各能源的换算关系,计算实际均衡的煤炭、石油、天然气、电力的供给量,在此基础上计算1992年、1997年、2002年、2007年和2012年甘肃省各种能源资源生态环境质量约束供给量与实际均衡供给量的差额,即能源资源供给的变化量,详见表7-6。

表7-6　不同年份甘肃省能源资源生态环境质量约束与实际均衡供给量的变化量

年份	生态环境质量水平	煤炭（吨）	石油（吨）	天然气（立方米）	电力（度）	能源资源（万吨标准煤）
1992	92	-8172222	-1010728	-16708688	-2852144975	-845.39
1992	90	-7757709	-959462	-15861188	-2707478045	-802.51
1992	88	-7330533	-906629	-14987795	-2558391485	-758.32
1997	92	-11258890	-1496861	-28980153	-3748437673	-1173.02
1997	90	-10847319	-1442143	-27920777	-3611412723	-1130.14
1997	88	-10423174	-1385753	-26829037	-3470201609	-1085.95
2002	92	-16902137	-2189415	-159987812	-5608742475	-1766.12
2002	90	-16491766	-2136258	-156103434	-5472566634	-1723.24
2002	88	-16068859	-2081477	-152100387	-5332230569	-1679.05
2007	92	-35887404	-3849890	-1005838261	-11524961485	-3701.18
2007	90	-35471631	-3805288	-994185127	-11391439109	-3658.30
2007	88	-35043155	-3759322	-982175986	-11253837574	-3614.11
2012	92	-47499293	-6328119	-1834121634	-23911459530	-5485.65
2012	90	-47128003	-6278654	-1819784748	-23724549431	-5442.77
2012	88	-46745369	-6227677	-1805009866	-23531929158	-5398.58

测算结果表明,同一年份中,实际均衡的能源资源供给量保持不变,随着生态环境质量水平的下降和生态环境质量约束条件的放松,生态环境质量约束的能源资源供给量呈现出上升的趋势,相应地,各种能源资源及综合能源资源生态环境质量约束供给量与实际均衡供给量的差额在减小,即各种能源资源及综合能源资源供给的变化量在减小。同一生态环境质量水平或是同一生态环境质量约束条件下,生态环境质量约束的能源资源综合供给量保持不变,随着时间的推移实际均衡的能源资源供给量在增大,相应地,不同年份各种能源资源及综合能源资源供给的变化量随着时间的推移也在增大。

第三节 生态环境质量约束的能源资源均衡价格测算

一、甘肃省能源型投入产出表的编制

(一) 非能源部门与能源部门的分类

能源型投入产出表与基本型投入产出表最主要的区别就是能源型投入产出表将国民经济部门划分为两大类，即非能源部门与能源部门；而基本型投入产出表则没有对国民经济部门进行特殊的再分类。因此，由基本型投入产出表编制能源型投入产出表的基础和前提就是非能源部门与能源部门的分类问题。非能源部门主要是指国民经济中消耗能源资源的行业部门，能源部门主要是指为国民经济各部门提供能源资源的行业部门。根据非能源部门与能源部门的内涵，按照《中国国民经济行业分类与代码（GB/T 4754 – 2002）》的分类标准，结合本书对各种能源资源需求量测算的需要，将 42 × 42 基本型投入产出表中的国民经济部门进行分类、分解，归纳为非能源部门与能源部门两大类。其中，能源部门主要包括煤炭开采和洗选业，石油开采和加工业，天然气开采、生产、供应业，电力生产、供应业四个国民经济行业和部门；其他 38 个国民经济行业和部门则为消耗和使用能源资源的非能源部门。

(二) 甘肃省能源型投入产出表

根据对国民经济 42 个行业和部门进行的非能源部门和能源部门的分类，在此基础上按照非能源部门在前、能源部门在后的顺序，将基本型投入产出表第Ⅰ象限中的投入部门和产出部门进行重新排列，其他象限对应的项目做出相应的调整，由此形成能源型投入产出表。详见表 7 – 7。

1. 从结构上看，能源型投入产出表由四个象限构成，分别是：(1) 位于能源型投入产出表左上角的"第Ⅰ象限"，又称"中间产品"或"中间消耗"象限。(2) 位于能源型投入产出表右上角的"第Ⅱ象限"，又称"最终产品"或"最终使用"象限。(3) 位于能源型投入产出表左下角的"第Ⅲ象限"，又称"最初投入"或"增加值"象限。(4) 位于投入产出表右下角的"第Ⅳ象限"，暂时空缺。

第七章 生态环境质量约束的能源资源价格测算

表7-7 甘肃省能源型投入产出表

			投入部门（中间产品）					最终产品	总产出
			非能源部门			能源部门			
			农林牧渔业	金属矿采选业	...	公共管理和社会组织	煤炭开采和洗选业	...	电力生产和供应业		
产出部门（中间投入）	非能源部门	农林牧渔业	x^E_{11}	x^E_{12}	...	x^E_{138}	x^E_{139}	...	x^E_{142}	f^E_1	q^E_1
		金属矿采选业	x^E_{21}	x^E_{22}	...	x^E_{238}	x^E_{239}	...	x^E_{242}	f^E_2	q^E_2
		...	...	...	⋱	...	...	⋱	...	...	...
		公共管理和社会组织	x^E_{381}	x^E_{382}	...	x^E_{3838}	x^E_{3839}	...	x^E_{3842}	f^E_{38}	q^E_{38}
	能源部门	煤炭开采和洗选业	x^E_{391}	x^E_{392}	...	x^E_{3938}	x^E_{3939}	...	x^E_{3942}	f^E_{39}	q^E_{39}
		石油开采业	x^E_{401}	x^E_{402}	...	x^E_{4038}	x^E_{4039}	...	x^E_{4042}	f^E_{40}	q^E_{40}
		...	...	...	⋱	...	...	⋱	...	...	...
		电力生产和供应业	x^E_{421}	x^E_{422}	...	x^E_{4238}	x^E_{4038}	...	x^E_{4242}	f^E_{42}	q^E_{42}
最初投入			y^E_1	y^E_2	...	y^E_{38}	y^E_{39}	...	y^E_{42}		
总投入			q^E_1	q^E_2	...	q^E_{38}	q^E_{39}	...	q^E_{42}		

由于能源型投入产出表更加注重描述和分析非能源部门与能源部门之间的投入产出关系，因此，在"第Ⅰ象限"即"中间产品"或"中间消耗"象限的设置上更加具体、详细。表现在能源型投入产出表"第Ⅰ象限"又分解为四个子象限，即"非能源部门—非能源部门的中间消耗"子象限、"非能源部门—能源部门的中间消耗"子象限、"能源部门—非能源部门的中间消耗"子象限、"能源部门—能源部门的中间消耗"子象限。其中，"非能源部门—非能源部门的中间消耗"子象限的主要功能在于反映非能源生产部门之间相互提供和相互消耗中间产品的数量关系；"非能源部门—能源部门的中间消耗"子象限的主要功能在于反映能源生产部门向非能源生产部门提供中间产品，非能源生产部门消耗能源生产部门所生产的中间产品的数量关系；"能源部门—非能源部门的中间消耗"子象限的主要功能在于反映非能源生产部门向能源生产部门提供中间产品，能源生产部门消耗非能源生产部门所生产的中间产品的数量关系；"能源部门—能源部门的中间消耗"子象限的主要功能在于反映能源生产部门之间相互提供和相互消耗中间产品的数量关系。

2. 从平衡关系看，能源型投入产出表满足行平衡、列平衡、行列对应平衡三种形式的平衡关系，具体表现如下。

（1）行平衡关系。非能源部门消耗的非能源部门提供的中间产品＋能源部门消耗的非能源部门提供的中间产品＋非能源部门提供的最终产品＝非能源部门总产出，即：

$$\sum_{j=1}^{38} x_{ij}^E + \sum_{j=39}^{42} x_{ij}^E + f_i^E = q_i^E \quad i = 1, 2, \cdots, 38$$

能源部门消耗的非能源部门提供的中间产品＋能源部门消耗的能源部门提供的中间产品＋能源部门提供的最终产品＝能源部门总产出，即：

$$\sum_{j=1}^{38} x_{ij}^E + \sum_{j=39}^{42} x_{ij}^E + f_i^E = q_i^E \quad i = 39, 40, \cdots, 42$$

（2）列平衡关系。非能源部门对非能源部门产品的中间投入＋非能源部门对能源部门产品的中间投入＋非能源部门最初投入＝非能源部门总投入，即：

$$\sum_{i=1}^{38} x_{ij}^E + \sum_{i=39}^{42} x_{ij}^E + y_j^E = q_j^E \quad j = 1, 2, \cdots, 38$$

能源部门对非能源部门产品的中间投入＋能源部门对能源部门产品的中间投入＋能源部门最初投入＝能源部门总投入，即：

$$\sum_{i=1}^{38} x_{ij}^E + \sum_{i=39}^{42} x_{ij}^E + y_j^E = q_j^E \quad j = 39, 40, \cdots, 42$$

（3）行列对应平衡关系。所有部门总产出 = 所有部门总投入，即：

$$\sum_{i=1}^{42}\sum_{j=1}^{42} x_{ij}^E + \sum_{i=1}^{42} f_i^E = \sum_{i=1}^{42}\sum_{j=1}^{42} x_{ij}^E + \sum_{j=1}^{42} y_j^E$$
$$i = 1, 2, \cdots, 42 \quad j = 1, 2, \cdots, 42$$

（三）数据选取

能源型投入产出表中的中间流量数据、最终产出数据、最初投入数据均来源于 1992 年、1997 年、2002 年、2007 年、2012 年《甘肃省投入产出表》；根据能源型投入产出表的编制原理，可得 1992 年、1997 年、2002 年、2007 年、2012 年甘肃省能源型投入产出表。

二、生态环境质量约束的能源资源需求量测算

（一）测算思路

根据生态环境质量约束的能源资源供给量与实际均衡的能源资源供给量的差额，即能源部门总产出的变化量，结合各种能源资源的当前价格①，运用第四章推导的生态环境质量约束的能源资源生产模型测算非能源部门的产出变化量，在此基础上根据能源型投入产出表行平衡关系的原则，调整原有国民经济各部门的中间产出，由此改变原有各部门之间的技术经济系数，并形成环境质量约束条件下各部门之间的技术经济系数；运用第四章推导的环境质量约束的能源资源性产品需求模型测算能源资源的综合需求量及各种能源资源的需求量。

（二）测算模型

1. 生态环境质量约束的能源资源生产模型。

（1）假设条件。假定能源生产部门总产出的变化不会引起非能源生产部

---

① 各种能源资源具体是指煤炭、石油、天然气和电力，其当前价格是指 1992 年、1997 年、2002 年、2007 年、2012 年的生产者价格；由于煤炭、石油、天然气和电力均可再细分为不同种类的产品，因此，该当前价格是煤炭、石油、天然气和电力的平均价格。数据来源于 1993 年、1998 年、2003 年、2008 年、2013 年《中国物价年鉴》。

门和能源生产部门最终产品的变化。

假定能源生产部门总产出的变化不会引起各生产部门最初投入比例的变化。

假定能源生产部门总产出的变化不会引起非能源生产部门供求关系的明显变化。

（2）能源资源生产模型。即：

$$Q_{42}^{E^*} = Q_{42}^E + \Delta Q_{42}^E = \begin{bmatrix} Q_{38}^{E^*} \\ Q_4^{E^*} \end{bmatrix} = \begin{bmatrix} Q_{38}^E \\ Q_4^E \end{bmatrix} + \begin{bmatrix} \Delta Q_{38}^E \\ \Delta Q_4^E \end{bmatrix} = \begin{bmatrix} Q_{38}^E + \Delta Q_{38}^E \\ Q_4^E + \Delta Q_4^E \end{bmatrix}$$

其中，$Q_{42}^{E^*}$ 为生态环境质量约束条件下国民经济各部门的总产出；Q_{38}^E 为非能源部门的总产出；Q_4^E 为能源部门的总产出；ΔQ_4^E 为生态环境质量约束引起的能源部门总产出的变化量；ΔQ_{38}^E 为能源部门总产出的变化引起的非能源部门总产出的变化量。

2. 生态环境质量约束的能源资源需求模型。

（1）假设条件。假定无论是否受到生态环境质量的约束，国民经济中非能源生产部门和能源生产部门所生产的最终产品不发生变化。

为满足国民经济及各部门最终产出不变的要求，假定在生态环境质量约束条件下国民经济各部门调整各自的中间产出，调整的数量以各部门总产出的变化数量为标准，调整的比例以能源型投入产出表中各部门消耗的某部门中间产品占该部门中间产品的比重为标准。

（2）能源资源需求模型。即：

$$D_4^* = \begin{bmatrix} d_{39}^* \\ d_{40}^* \\ \vdots \\ d_{42}^* \end{bmatrix} = \begin{bmatrix} \bar{b}_{391}^{E^*} & \bar{b}_{392}^{E^*} & \cdots & \bar{b}_{39n}^{E^*} \\ \bar{b}_{401}^{E^*} & \bar{b}_{402}^{E^*} & \cdots & \bar{b}_{40n}^{E^*} \\ \vdots & \vdots & \ddots & \vdots \\ \bar{b}_{421}^{E^*} & \bar{b}_{422}^{E^*} & \cdots & \bar{b}_{42n}^{E^*} \end{bmatrix} \begin{bmatrix} f_1^E \\ f_2^E \\ \vdots \\ f_{42}^E \end{bmatrix}$$

该模型的计算结果为能源资源的价值量，其中：

$\begin{bmatrix} d_{39}^* \\ d_{40}^* \\ \vdots \\ d_{42}^* \end{bmatrix}$ 为生态环境质量约束条件下各种能源资源的完全需求列向量；

$\begin{bmatrix} f_1^E \\ f_2^E \\ \vdots \\ f_{42}^E \end{bmatrix}$ 为能源型投入产出表中国民经济各部门的最终产品列向量；

$\begin{bmatrix} \bar{b}_{391}^{E*} & \bar{b}_{392}^{E*} & \cdots & \bar{b}_{39n}^{E*} \\ \bar{b}_{401}^{E*} & \bar{b}_{402}^{E*} & \cdots & \bar{b}_{40n}^{E*} \\ \vdots & \vdots & \ddots & \vdots \\ \bar{b}_{421}^{E*} & \bar{b}_{422}^{E*} & \cdots & \bar{b}_{42n}^{E*} \end{bmatrix}$ 为完全需求系数矩阵，表明生态环境质量约束条件下国民经济各部门每生产 1 单位最终产品对能源部门产品的完全需求量。

（三）能源资源需求量的测算

基于表 7-6 中各种能源资源及综合能源资源生态环境质量约束与实际均衡供给变化量的数据，在 1992 年、1997 年、2002 年、2007 年、2012 年甘肃省能源型投入产出表的研究平台上，根据生态环境质量约束的能源资源生产模型、生态环境质量约束的能源资源需求模型测算 1992 年、1997 年、2002 年、2007 年、2012 年不同生态环境质量约束条件下各种能源资源及综合能源资源的需求量，详见表 7-8。

表 7-8　　　　生态环境质量约束的甘肃省能源资源需求量　　　　单位：亿元

年份	生态环境质量水平	煤炭	石油	天然气	电力	能源资源
1992	92	9.19	28.06	0.16	10.99	48.41
	90	9.47	28.91	0.17	11.29	49.84
	88	9.75	29.79	0.17	11.61	51.33
1997	92	84.46	57.33	0.74	36.76	179.28
	90	85.70	58.61	0.75	37.33	182.40
	88	86.99	59.93	0.77	37.93	185.61
2002	92	108.89	80.73	4.97	50.70	245.28
	90	110.08	82.45	5.04	51.34	248.90
	88	111.30	84.23	5.11	52.00	252.64

续表

年份	生态环境质量水平	煤炭	石油	天然气	电力	能源资源
2007	92	153.05	125.18	20.50	83.86	382.58
	90	155.44	127.90	20.76	84.63	388.73
	88	157.90	130.70	21.04	85.43	395.07
2012	92	165.35	169.38	27.91	120.09	482.73
	90	168.02	173.12	28.29	121.27	490.70
	88	170.77	176.97	28.68	122.49	498.91

表7-8中的测算结果表明：（1）同一年份中，随着生态环境质量水平的下降和生态环境质量约束条件的放松，甘肃省煤炭、石油、天然气、电力等能源资源的需求量均呈现出上升的趋势，这与能源资源综合需求量的变化特征是一致的。其中，煤炭、石油的需求量随着生态环境质量水平下降、生态环境质量约束条件放松呈现的上升趋势较为明显；而天然气、电力的需求量随着生态环境质量水平下降、生态环境质量约束条件放松呈现的上升趋势相对来说不够明显。（2）同一生态环境质量水平或是同一生态环境质量约束条件下，随着时间的推移和经济规模的扩大，甘肃省煤炭、石油、天然气、电力等能源资源的需求量均呈现出上升的趋势，这与能源资源综合需求量的变化特征是一致的。其中，煤炭和天然气的需求量随着时间推移、经济规模扩大呈现出的上升幅度要大于石油和电力的需求量呈现出的上升幅度。（3）总体来讲，随着生态环境质量水平下降、生态环境质量约束条件放松或者时间推移、经济规模扩大，甘肃省煤炭、石油、天然气、电力以及综合能源资源的需求量均呈现出上升趋势，但各种能源资源需求量上升的幅度存在差异。

三、生态环境质量约束的能源资源均衡价格

（一）测算思路

生态环境质量约束的能源资源均衡价格测算是以生态环境质量约束的能源资源供给量和需求量为平台，以供求价值理论为基础，通过设定能源资源供需模型的假设条件，结合能源资源的供给弹性和需求弹性，研究生态环境质量约

第七章 生态环境质量约束的能源资源价格测算

束条件下能源资源的供给规律和需求规律，以及局部均衡状态下生态环境质量约束的能源资源均衡价格和数量，借此反映生态环境质量约束条件下能源资源的供求关系和稀缺程度。

（二）假设条件

1. 假定生态环境质量约束条件下能源资源市场是完全竞争市场，能源资源的需求随着能源价格的上升而减少，随着能源价格的下降而增加；能源资源的供给随着能源价格的上升而增加，随着能源价格的下降而减少。

2. 假定生态环境质量约束条件下能源资源的价格仅取决于能源资源供求的变化，与其他产品的供求和价格没有关系。

（三）能源资源均衡价格的测算

1. 静态生态环境质量约束的能源资源价格。静态生态环境质量约束条件下能源资源价格是指同一年份不同生态环境质量水平约束对应的能源资源价格。由于同一年份的能源资源型投入产出表是相同的，即各部门的技术经济联系和最终产出是不变的，据此推出的能源资源需求曲线是固定的，而不同的生态环境质量水平决定了能源资源的供给量是不同的，即能源资源供给曲线是变动的，因此，静态生态环境质量约束的能源资源价格是由一条能源资源需求曲线与不同的能源资源供给曲线共同决定的系列价格。根据生态环境质量约束条件下能源资源的供求弹性特征和供求均衡条件，运用局部均衡分析法测算1992年、1997年、2002年、2007年、2012年甘肃省煤炭、石油、天然气、电力以及综合能源资源的均衡价格，详见表7-9。

表7-9　　　　　　静态生态环境质量约束的能源资源均衡价格

年份	生态环境质量水平	煤炭（元/吨）	石油（元/吨）	天然气（元/立方米）	电力（元/度）	能源资源（元/吨标准煤）
1992	92	67.51	1666.84	0.59	0.23	343.76
	90	67.48	1666.79	0.59	0.23	343.52
	88	67.46	1666.74	0.59	0.23	343.28
1997	92	624.89	3190.41	2.12	0.82	1273.18
	90	615.39	3165.23	2.10	0.81	1257.05
	88	606.17	3140.79	2.08	0.79	1241.38

续表

年份	生态环境质量水平	煤炭（元/吨）	石油（元/吨）	天然气（元/立方米）	电力（元/度）	能源资源（元/吨标准煤）
2002	92	808.03	4624.58	3.89	1.13	1741.92
2002	90	792.71	4583.80	3.83	1.11	1715.41
2002	88	777.85	4544.23	3.77	1.10	1689.69
2007	92	1120.95	8546.31	5.36	1.91	2716.95
2007	90	1104.82	8474.02	5.27	1.87	2679.05
2007	88	1089.16	8403.85	5.18	1.83	2642.27
2012	92	1356.18	10427.29	5.93	1.96	3428.24
2012	90	1337.34	10342.67	5.83	1.92	3381.84
2012	88	1319.06	10260.55	5.74	1.88	3336.81

测算结果表明：（1）总体上看，同一年份中随着生态环境质量水平的下降和生态环境质量约束条件的放松，甘肃省煤炭、石油、天然气、电力以及综合能源资源的均衡价格呈现出下降的特征。这与静态生态环境质量约束能源资源价格的变化规律是一致的，即在能源资源需求曲线一定的情况下，生态环境质量约束越宽松，相应的生态环境质量水平就会越低，相应的能源资源供给水平就会越高，相应的能源资源均衡数量就会越大，相应的能源资源均衡价格就会越低。这表明，同一年份中，各种能源资源的均衡价格与生态环境质量水平之间呈正向变化关系。（2）尽管每一年份中甘肃省煤炭、石油、天然气、电力以及综合能源资源的均衡价格与生态环境质量水平之间的变化方向是相同的，但不同时期随着生态环境质量水平的上升，各种能源资源均衡价格上升的程度是有差异的。1992年各种能源资源均衡价格随生态环境质量水平上升的趋势并不明显，尤其是天然气和电力两种能源资源的均衡价格在92和90的生态环境质量水平上是一样的；而1997年、2002年、2007年、2012年随着生态环境质量水平的上升，各种能源资源均衡价格上升的幅度比较明显。具体表现为：通过将生态环境质量水平由88提高到92，1992年、1997年、2002年、2007年、2012年煤炭的均衡价格分别上涨0.07%、3.09%、3.88%、2.92%、2.81%，煤炭均衡价格上涨幅度呈现倒"U"型特征，拐点出现在2002年；1992年、1997年、2002年、2007年、2012年石油的均衡价格分别上涨0.01%、1.58%、1.77%、1.70%、1.63%，石油均衡价格上涨幅度呈现倒"U"型特征，

拐点出现在 2002 年；1992 年、1997 年、2002 年、2007 年、2012 年天然气的均衡价格分别上涨 0.01%、1.92%、3.18%、3.47%、3.31%，天然气均衡价格上涨幅度呈现倒 U 型特征，拐点出现在 2007 年；1992 年、1997 年、2002 年、2007 年、2012 年电力的均衡价格分别上涨 0.01%、3.80%、2.73%、4.37%、4.26%，电力均衡价格上涨幅度呈现倒 U 型特征，拐点出现在 2007 年；1992 年、1997 年、2002 年、2007 年、2012 年综合能源的均衡价格分别上涨 0.14%、2.56%、3.09%、2.83%、2.74%，综合能源均衡价格上涨幅度呈现倒 U 型特征，拐点出现在 2002 年。

2. 动态生态环境质量约束的能源资源价格。动态生态环境质量约束条件下能源资源价格是指同一生态环境质量水平约束不同年份对应的能源资源价格。由于相同生态环境质量水平决定了能源资源的供给量是相同的，即能源资源供给曲线是固定的；而不同年份能源资源型投入产出表是不同的，即各部门的技术经济联系是变化的，据此推出的能源资源需求曲线是变动的，因此，动态生态环境质量约束条件下能源资源价格是由一条能源资源供给曲线与不同的能源资源需求曲线共同决定的系列价格。根据生态环境质量约束条件下能源资源的供求弹性特征和供求均衡条件，运用局部均衡分析法测算生态环境质量为 92、90、88 三个水平上甘肃省煤炭、石油、天然气、电力以及综合能源资源的均衡价格，详见表 7-10。

表 7-10　　　　动态生态环境质量约束的能源资源均衡价格

生态环境质量水平	年份	煤炭（元/吨）	石油（元/吨）	天然气（元/立方米）	电力（元/度）	能源资源（元/吨标准煤）
92	1992	67.51	1666.84	0.59	0.23	343.76
	1997	624.89	3190.41	2.12	0.82	1273.18
	2002	808.03	4624.58	3.89	1.13	1741.92
	2007	1120.95	8546.31	5.36	1.91	2716.95
	2012	1356.18	10427.29	5.93	1.96	3428.24
90	1992	67.48	1666.79	0.59	0.23	343.52
	1997	615.39	3165.23	2.10	0.81	1257.05
	2002	792.71	4583.80	3.83	1.11	1715.41
	2007	1104.82	8474.02	5.27	1.87	2679.05
	2012	1337.34	10342.67	5.83	1.92	3381.84

续表

生态环境质量水平	年份	煤炭（元/吨）	石油（元/吨）	天然气（元/立方米）	电力（元/度）	能源资源（元/吨标准煤）
88	1992	67.46	1666.74	0.59	0.23	343.28
	1997	606.17	3140.79	2.08	0.79	1241.38
	2002	777.85	4544.23	3.77	1.10	1689.69
	2007	1089.16	8403.85	5.18	1.83	2642.27
	2012	1319.06	10260.55	5.74	1.88	3336.81

测算结果表明：（1）总体上看，同一生态环境质量水平上，随着时间的推移、国民经济规模和总量的扩大，甘肃省煤炭、石油、天然气、电力以及综合能源资源的均衡价格呈现出上升的特征。这与动态生态环境质量约束能源资源价格的变化规律是一致的，即在生态环境质量约束不变的情形下，相应的生态环境质量水平就会保持不变，相应的能源资源的供给水平就会保持不变，相应的能源资源均衡数量就会保持不变，国民经济规模和总量越大，能源资源需求水平越高，相应的能源资源均衡价格就会越高。这表明同一生态环境质量水平上，各种能源资源的均衡价格与国民经济规模和总量之间呈正向变化关系。（2）尽管在同一生态环境质量水平上，甘肃省煤炭、石油、天然气、电力以及综合能源资源的均衡价格与国民经济规模和总量之间的变化方向是相同的，但不同能源资源随时间推移以及国民经济规模和总量扩大，其均衡价格变化的程度是有差异的。具体表现为，在生态环境质量为92、90、88三个水平上，煤炭2012年的均衡价格比1992年的均衡价格年分别上涨20.1倍、19.8倍、19.6倍，平均上涨19.8倍；石油2012年的均衡价格比1992年的均衡价格年分别上涨6.3倍、6.2倍、6.2倍，平均上涨6.2倍；天然气2012年的均衡价格比1992年的均衡价格年分别上涨10.1倍、9.9倍、9.7倍，平均上涨9.9倍；电力2012年的均衡价格比1992年的均衡价格年分别上涨8.5倍、8.3倍、8.2倍，平均上涨8.3倍；综合能源资源2012年的均衡价格比1992年的均衡价格年分别上涨10.0倍、9.8倍、9.7倍，平均上涨9.8倍。从平均意义上来说，生态环境质量约束条件下煤炭、天然气均衡价格随时间推移以及国民经济规模和总量扩大的上涨幅度较大，而石油均衡价格的上涨幅度较小，电力以及综合能源资源均衡价格的上涨幅度居中。

第四节 不同定价机制的能源资源价格比较

一、甘肃省能源资源定价机制的特征

1992年以来，甘肃省能源资源的定价主要采取三种形式，分别是国家定价、国家指导价、市场调节价；而随着时间的不同，三种定价形式在能源资源定价中所占的比重也随之发生变化。具体表现为：在能源资源的定价中，1992年国家定价占的比重为14%，国家指导价占的比重为5.2%，市场调节价占的比重为80.8%；1997年国家定价占的比重为13.7%，国家指导价占的比重为5.1%，市场调节价占的比重为81.2%；2002年国家定价占的比重为13.8%，国家指导价占的比重为4.9%，市场调节价占的比重为81.3%；2007年国家定价占的比重为11.3%，国家指导价占的比重为3.5%，市场调节价占的比重为85.2%；2012年国家定价占的比重为9.6%，国家指导价占的比重为2.1%，市场调节价占的比重为88.3%。通过对国家定价、国家指导价、市场调节价三种定价形式在能源资源定价中所占的比重随时间变化的趋势进行分析，可以将甘肃省能源资源的定价机制特征归纳为：（1）总体上看，1992年以来甘肃省能源资源定价采取的是国家定价、国家指导价、市场调节价三种定价形式的综合定价模式，这其实是由政府定价机制向市场定价机制过渡的典型模式，按照能源资源定价机制的分类结果，与政府—市场定价机制是相对应的。（2）尽管1992年以来甘肃省能源资源的定价机制是政府—市场定价机制模式，但不同时间国家定价、国家指导价、市场调节价三种定价形式在能源资源定价中所占的比重却不尽相同。具体来说，随着时间的推移，国家定价、国家指导价所占的比重呈现出不断下降的特征，市场调节价所占的比重呈现出不断上升的特征，这符合由政府定价机制向市场定价机制过渡的特征。

二、能源资源生态环境质量约束价格与实际价格的比较

通过对甘肃省能源资源定价机制的特征进行分析可知，甘肃省现行的能源资源定价机制是政府—市场定价机制，该定价模式虽然能够较好地反映能源资

源的供求关系和稀缺程度特征，但对环境成本特征的反映较为欠缺。而本书所建立的生态环境质量约束条件下能源资源定价机制不仅对能源资源的供求关系、稀缺程度等特征有较为充分的反映，而且对环境成本特征也有较全面的刻画。因此，将生态环境质量约束的能源资源均衡价格与政府—市场定价机制决定的实际价格进行对比，可以间接地反映能源资源使用对生态环境造成的损害成本。比较结果详见表7-11。

表7-11　能源资源生态环境质量约束均衡价格与实际价格的比较

年份	生态环境质量水平	煤炭	石油	天然气	电力	能源资源
1992	92	1.21%	0.11%	16.10%	10.17%	0.92%
	90	1.18%	0.11%	15.62%	9.87%	0.85%
	88	1.14%	0.10%	15.16%	9.57%	0.78%
1997	92	106.00%	36.43%	57.30%	94.49%	24.21%
	90	102.86%	35.36%	55.61%	91.70%	22.64%
	88	99.82%	34.31%	53.97%	88.99%	21.11%
2002	92	178.89%	42.52%	117.51%	141.22%	40.15%
	90	173.60%	41.26%	114.03%	137.05%	38.02%
	88	168.47%	40.04%	110.66%	133.00%	35.95%
2007	92	94.95%	40.10%	134.92%	229.74%	51.95%
	90	92.14%	38.92%	130.94%	222.95%	49.83%
	88	89.42%	37.77%	127.07%	216.36%	47.78%
2012	92	88.69%	37.85%	126.11%	209.49%	57.34%
	90	86.06%	36.74%	122.38%	203.30%	55.21%
	88	83.52%	35.65%	118.77%	197.29%	53.14%

注：表中计算所需生态环境质量约束的能源资源价格来源于表7-9；能源资源的实际价格数据来源于1993年、1998年、2003年、2008年、2013年《中国物价年鉴》。

比较结果表明：（1）总体上看，不同年份、不同生态环境质量水平上，甘肃省煤炭、石油、天然气、电力以及综合能源资源的生态环境质量约束价格均高于实际价格，但不同年份、不同生态环境质量水平、不同能源资源的生态环境质量约束价格与实际价格相比的增长程度有所不同。（2）同一年份中随着生态环境质量水平的下降和生态环境质量约束条件的放松,甘肃省煤炭、石油、天然气、电力以及综合能源资源的生态环境质量约束价格与实际价格相比的增长程度均呈现出下降的特征。(3) 按照能源资源的生态环境质量约束价格与实际价格相比的增长程度大小,可以将1992年、1997年、2002年、2007年、2012年五个测算的时期分为两类,一类是增长程度较小的时期,即1992年;另一类是增长程度较大的时期,包括1997年、2002年、2007年和2012年。(4) 不同能源资源的生态环境质量约束价格与实际价格相比的平均增长程度有所不同。除1992年以外,1997年、2002年、2007年、2012年四个测算时期生态环境质量约束价格与实际价格相比煤炭平均增长113.70%,石油平均增长38.08%,天然气平均增长105.77%,电力平均增长163.80%,综合能源资源平均增长41.44%;电力和煤炭成为价格平均增长程度相对较高的两种能源资源,而石油的价格平均增长程度相对较低。此外,将1997年、2002年、2007年和2012年四个测算时期不同生态环境质量约束的各种能源资源价格增长程度与其平均增长程度相比可以得出,石油价格的增长程度波动较小,基本围绕在其均值38.08%上下波动;而煤炭、天然气、电力价格的增长程度波动较大,尤其是2002年煤炭价格的增长程度、2007年天然气和电力价格的增长程度均超过了100%。(5) 随着时间的推移、国民经济规模的扩大,综合能源资源的生态环境质量约束价格与实际价格相比的平均增长程度呈现出上升的特征,具体表现为,1992年平均增长0.85%,1997年平均增长22.65%,2002年平均增长38.04%,2007年平均增长49.85%,2012年平均增长55.23%。

本 章 小 结

本章基于环境—能源模型、生态环境质量约束的生产模型、生态环境质量约束的能源资源需求模型、生态环境质量约束的能源资源供需模型,运用协整方法、投入产出分析方法、局部均衡分析方法对于甘肃省不同时间、不同生态环境质量水平约束的能源资源供给量、需求量和均衡价格进行测算。主要得到以下结论。

1. 环境—能源模型形式的设定结果表明,根据环境—能源模型各种形式的特征,生态环境、能源消耗指标的选取特点,以及拟合优度、残差平方和、施瓦茨准则、赤池准则、DW 检验值等模型选择原则，选择"倒 N 型"模型作为甘肃省环境—能源模型的具体形式更为合理、更为准确。

2. 同一年份中，随着生态环境质量水平的下降和生态环境质量约束条件的放松，甘肃省煤炭、石油、天然气、电力以及综合能源资源的供给量均呈现出上升趋势的特征。同一年份中，实际均衡的能源资源供给量保持不变，随着生态环境质量水平的下降，各种能源资源及综合能源资源生态环境质量约束供给量与实际均衡供给量的差额在减小。同一生态环境质量约束条件下，生态环境质量约束的能源资源综合供给量保持不变，随着时间的推移，不同年份各种能源资源及综合能源资源供给的变化量随着时间的推移也在增大。

3. 随着生态环境质量水平下降、生态环境质量约束条件放松或者时间推移、经济规模扩大，甘肃省生态环境质量约束的煤炭、石油、天然气、电力以及综合能源资源需求量均呈现出上升趋势，但各种能源资源需求量上升的幅度存在差异。

4. 同一年份中，随着生态环境质量水平的下降和生态环境质量约束条件的放松，甘肃省煤炭、石油、天然气、电力以及综合能源资源的均衡价格呈现出下降的特征，这符合静态生态环境质量约束能源资源价格的变化规律。但不同时期随着生态环境质量水平的下降，各种能源资源均衡价格下降的程度是不同的。

5. 同一生态环境质量水平上，随着时间的推移以及国民经济规模和总量的扩大，甘肃省煤炭、石油、天然气、电力以及综合能源资源的均衡价格呈现出上升的特征，这符合动态生态环境质量约束能源资源价格的变化规律。平均意义上来说，生态环境质量约束条件下煤炭、天然气均衡价格上涨幅度较大，而石油均衡价格的上涨幅度较小，电力以及综合能源资源均衡价格的上涨幅度居中。

6. 1992 年以来甘肃省能源资源的定价机制是政府—市场定价机制模式。而随着时间的推移，国家定价、国家指导价所占的比重呈现出不断下降的趋势，市场调节价所占的比重呈现出不断上升的趋势，这符合由政府定价机制向市场定价机制过渡的特征。

7. 不同年份、不同生态环境质量水平上，甘肃省煤炭、石油、天然气、电力以及综合能源资源的生态环境质量约束价格均高于实际价格，但不同年份、不同生态环境质量水平、不同能源资源的生态环境质量约束价格与实际价格相比的增长程度有所不同。同一年份中，随着生态环境质量水平的下降和生态环境质量约束条件的放松，甘肃省煤炭、石油、天然气、电力以及综合能源资源的生态环境质量约束价格与实际价格相比的增长程度均呈现出下降的特征。随着时间的推移、国民经济规模的扩大，综合能源资源的生态环境质量约束价格与实际价格相比的平均增长程度呈现出上升的特征。

第八章

结　　语

目前，关于能源资源定价问题的研究，主要集中在具体能源资源定价问题研究、定价理论研究、定价方法研究等方面；对能源资源定价机制的研究不仅较少，而且比较零散，没有形成理论体系。本书所做的主要工作就是在对各种能源资源定价机制进行梳理、归纳、综述的基础上，提出能够较好反映能源资源特征的生态环境质量约束条件下能源资源定价机制。

简言之，生态环境质量约束的能源资源定价机制是由三个模块构成的有机体系，这三个模块分别是定价理论模块、定价模型模块和定价方法模块。定价理论模块中主要阐述了生态经济价值论、可持续发展理论、环境承载力理论、国民经济核算体系、供求价值论等理论作为定价理论基础的主要思想。定价模型模块是对定价理论模块的数学描述，该模块主要推导和建立了生态环境质量约束的能源资源供给模型、生态环境质量约束的生产模型、生态环境质量约束的能源资源需求模型、生态环境质量约束的能源资源供需模型四个模型。定价方法模块主要为定价模型模块提供技术支持，该模块简要介绍了综合评价方法、计量经济学方法、投入产出分析、局部均衡分析等方法在定价过程中的主要作用。而作为生态环境质量约束的能源资源定价机制的实证分析和经验检验部分，本书主要以生态环境较为脆弱的甘肃省为例，通过测算甘肃省静态和动态生态环境质量约束条件下煤炭、石油、天然气、电力以及综合能源资源的均衡价格，对甘肃省煤炭、石油、天然气、电力以及综合能源资源生态环境质量约束的静态和动态均衡价格变化特征和变化规律进行总结，对生态环境质量约束条件下能源资源价格与实际价格进行比较。

本章作为本书的结语部分，主要研究两方面问题：一方面是从整体上对本书在研究过程中得到的结论进行归纳和总结，并提出相应的对策建议；另一方

第八章 结 语

面对能源资源定价研究中得到的启示进行说明，并对预期研究进行展望。

第一节 结论与建议

一、结论

本书从定价理论模块、定价模型模块和定价方法模块三个方面对生态环境质量约束的能源资源定价机制进行研究，并以生态环境脆弱的甘肃省为例进行实证分析和经验检验，主要得到以下结论。

1. 现有能源资源定价机制的总体特征表现为：所基于的定价理论是以价值论为主的单一定价理论；运用的定价方法基本上是以概念或定义推导出的定价方法，很难用于实际问题的定量计算，可操作性不够；虽然有些定价机制对能源资源特征的反映比较充分，但没有一种定价机制能够全面地刻画能源资源性产品的特征；在这些定价机制中，市场定价机制仍是未来能源资源定价的代表模式之一；而环境成本将成为未来能源资源定价中需要重点关注的问题。

2. 生态环境质量约束的能源资源定价机制是从突破现有能源资源定价机制在定价理论、定价方法等方面局限性的角度提出的，立足点是客观、科学地反映、描述和刻画能源资源的特性，目标是为客观测算能源资源的真实价值、为能源资源的正确定价提供理论支持。

3. 生态经济价值论是生态环境质量约束的能源资源定价理论的基础，可持续发展理论和环境承载力理论是构建生态环境质量约束的能源资源供给模型的理论基础，国民经济核算体系是推导生态环境质量约束的生产模型、生态环境质量约束的能源资源需求模型的理论基础，供求价值论是建立生态环境质量约束的能源资源供需模型的理论基础。

4. 生态环境质量约束的能源资源定价模型的推导和构建是以定价理论和经济规律为基础的，同时其成立的前提条件是模型假设。因此，在满足模型假设的条件下，生态环境质量约束的能源资源定价模型的应用具有一般性和通用性。也就是说，本书所构建的生态环境质量约束的能源资源定价模型不仅适用于甘肃省区域的研究，同时也适用于其他区域的研究。

5. 甘肃省生态环境质量的测算结果表明，整体上甘肃省的生态环境质量呈现出"U型下降"的典型特征,这符合甘肃省生态环境质量的实际情况。甘肃省生态环境质量约束条件能源资源价格的测算结果表明,甘肃省不同时期、不同生态环境质量水平约束条件下煤炭、石油、天然气、电力以及综合能源资源均衡价格的测算结果均符合静态和动态生态环境质量约束条件下能源资源均衡价格变化的一般规律,同时,与实际价格(无生态环境质量约束的价格)相比,生态环境质量约束条件能源资源价格均偏高。

二、建议

能源资源价格形成机制改革是中国社会经济发展与改革的重要组成部分。在能源供求矛盾日益突出、生态环境问题日益严重的形势下,虽然我国的能源资源价格形成机制在不断改革、不断完善,但其对能源资源供求关系改善、生态环境质量提升的影响程度依然有限,因此,为促进经济系统、能源系统与生态环境系统的协调运行与发展,提出以下建议。

1. 将深化能源资源价格形成机制改革与转变经济发展方式有机结合。目前,我国正处于经济发展的转型期,其中重要的目标就是将"高投入、高能耗、高排放"的粗放式经济发展模式转变成"低投入、低能耗、低排放"的集约式经济发展模式。要实现这个重要目标,不仅需要政府的宏观调控和引导,更重要的是需要依靠市场机制对资源的有效配置。而市场机制要发挥对资源的配置作用和功能,则离不开完善的价格机制和体系[①]。实践表明,当能源资源被无价或低价进行开采和使用时,往往会造成能源资源的过度消耗和滥用,进而导致生态环境质量的日益下降;相反,当完善价格形成机制并提高能源资源的价格时,能源资源的过度使用会得到约束和减弱,同时排放的污染物也会随之减少。因此,建立能够反映市场供求关系、资源稀缺程度和环境损害成本的能源资源性产品价格形成机制,将有助于提升市场机制对能源资源的配置功效,有利于实现"低投入、低能耗、低排放"的集约式经济发展模式的目标。

2. 建立与生态环境质量联动的能源资源定价体系。不可持续的发展模式是"能源→生态环境的主动作用关系和方向",主要表现为经济系统需要多少能源,就向能源系统索取多少能源,同时就向生态环境系统排放相应量的污染

---

① 宋国君等. 环境政策分析[M]. 北京:化学工业出版社,2008.

物。可持续的发展模式是"生态环境→能源的约束作用关系和方向",主要表现为在维持一定生态环境质量水平的条件下,确定能源资源的使用量,进而确定相应的经济总量和经济增长速度。显然,要实现可持续的发展战略,就必须走可持续的发展模式。通过对甘肃省生态环境质量以及生态环境质量约束的能源资源供求量、均衡价格进行测算和研究得出,不同的时期对应着不同的生态环境质量,而不同的生态环境质量约束又对应着不同的能源资源供求量和均衡价格。因此,为保证可持续发展目标的实现,在对能源资源进行定价时,应考虑生态环境的约束,应保持与生态环境质量之间的动态联系。

3. 根据各种能源资源的特点,制定差异化的定价策略。煤炭、石油、天然气、电力等常规能源具有不同的形态,单位能源提供的热量存在着差异,使用后向生态环境排放的废物也不尽相同。通过以甘肃省为例对煤炭、石油、天然气、电力等能源的生态环境质量约束价格与实际价格进行定量比较表明,在相同生态环境质量水平约束条件下,各种能源的价格比当期的实际价格均有所提高,但增长的程度存在着较大的差异。其中,煤炭、天然气、电力三种能源价格的上涨幅度非常明显,与这三种能源价格的涨幅相比,石油价格的上涨相对较弱。如果从定价机制方面分析其原因,可以发现目前在我国对这四种常规能源采用的定价模式中,石油定价的市场化程度是最高的,而煤炭、天然气、电力等定价的市场程度相对较低,所以实际的石油价格比实际的煤炭、天然气、电力等能源价格更能够反映其真实的价值。因此,在生态环境质量约束条件下,对不同的能源资源进行定价,要考虑不同能源资源的特征以及现有各自定价机制的情况,制定差别化的定价策略,而不能搞"一刀切",即在原有实际价格的基础上都按相同的增长幅度进行调整[1]。

第二节 启示与展望

一、启示

能源资源定价机制问题既是一个实际问题,又是一个理论问题。具体表现

---

[1] 蔡守秋. 环境政策学 [M]. 北京:科学出版社,2009.

在两个方面。

1. 现实中能源资源定价机制模式的选择是一个涉及生产者、消费者、政府等多方博弈的结果①，在这种情况下，首要考虑的问题是各方的利益是否得到平衡和满足，而不是考虑能源资源的稀缺程度、供求关系、环境成本等特征是否得到反映和刻画。因此，根据实际能源资源定价机制确定的能源资源价格未必能够充分反映能源资源的主要特征，同时，由于人们对于环境负外部性的偏好，使得现实中的能源资源价格往往低于其真实价值，而这些在本书第六章中能源资源生态环境质量约束价格与实际价格的比较中得到实证检验。

2. 在能源资源定价机制的理论研究中，定价理论是基础，定价方法是手段和工具，定价理论指导着定价方法，而定价方法是为定价理论服务的。基于定价理论与定价方法之间的这种辩证关系，构建能够反映能源资源主要特征的定价机制首要考虑的问题是定价理论的选择。由于单一定价理论只能反映能源资源的部分特征，不能反映能源资源的全面特征，因此，突破单一定价理论的思维方式，通过以生态经济价值论、可持续发展理论、环境承载力理论、国民经济核算体系、供求价值论等综合理论为基础构建能源资源定价机制。

二、展望

能源资源是国民经济和社会发展的重要物质基础，国民经济及各部门的正常运行都离不开能源资源的支持，因此，能源资源供求和价格的变化必然会影响到国民经济中各种产品供求和价格的变化，但由于各种市场、各种产品、各种要素之间的供求和价格相互影响错综复杂，所以从定量的角度进行量化非常的困难。本书从局部均衡分析的角度以能源资源为研究对象，在分析生态环境质量约束条件下能源资源的供求和价格时，抽象掉其他商品的价格和供求对能源资源的影响，使得能源资源价格的变化仅取决于能源资源本身的供求变化。这虽然与国民经济的现实情况并非完全一致，但符合由简单到复杂、由具体到抽象的科学研究方法和思维方式。同时，从局部均衡分析角度测算的生态环境质量约束条件下能源资源价格也为一般均衡分析的研究奠定了基础和提供了借鉴。

因此，在本书研究的基础上，关于能源资源定价机制问题进一步的研究方

---

① [美] 齐格弗里德. 纳什均衡博弈论 [M]. 北京：化学工业出版社，2011.

向是:从一般均衡分析的角度出发,假设所有市场各种商品的供给、需求和价格,各种生产要素的供给、需求和价格,以及所有商品市场和生产要素市场的供求和价格,是相互依存、相互作用的[①],同时测算生态环境质量约束条件下能源资源的价格,从而进一步完善和丰富能源资源定价机制研究的理论体系。

---

① Xie J., S. Saltzman. Environmental Policy Analysis: An Environmental Computable General – Equilibrium Approach for Developing Countries [J]. Journal of Policy Modeling, 2000 (4).

附 录

1980~2014年甘肃省生态环境质量评价指标数据表

年份	平均气温（摄氏度）	年平均降水量（毫米）	人均耕地面积（亩/人）	水土流失率（%）	土地荒漠化率（%）	人均活立木蓄积量（立方米/人）	人均有林地面积（亩/人）	森林覆盖率（%）	草地占土地面积比例（%）	人均水资源量（立方米/人）	有效灌溉面积比例（%）	工业废气排放强度（万标立方米/平方公里）	工业废水排放强度（吨/平方公里）	工业废固排放强度（吨/平方公里）
1980	7.6	385.8	2.779	31.05	11.81	8.659	0.0937	6.89	0.0036	2905.66	35.96	32.99	795.08	17.16
1981	7.4	437.5	2.737	31.68	12.58	8.599	0.0942	6.98	0.0036	2811.84	35.72	33.25	799.86	17.63
1982	7.5	329.3	2.707	32.31	13.39	8.496	0.0941	7.07	0.0036	2706.96	35.64	33.54	804.72	17.74
1983	7.0	477.4	2.672	32.96	14.26	8.432	0.0945	7.16	0.0036	2617.84	35.62	33.82	809.59	18.02
1984	6.7	483.2	2.612	33.61	15.19	8.365	0.0948	7.25	0.0036	2530.69	36.02	34.44	814.40	18.90
1985	7.2	439.9	2.551	34.29	16.18	8.296	0.0951	7.35	0.0035	2445.70	35.73	36.62	819.36	20.20
1986	7.3	336.4	2.503	34.97	17.23	8.208	0.0952	7.44	0.0035	2357.75	35.59	33.95	801.80	21.04
1987	8.1	359.2	2.467	35.67	18.35	8.130	0.0953	7.54	0.0035	2275.83	35.97	33.03	803.03	21.54
1988	7.4	452.8	2.427	36.39	19.54	8.011	0.0944	7.55	0.0035	2195.09	36.18	34.24	800.65	22.18
1989	7.4	409.0	2.387	37.11	20.81	7.716	0.0947	7.97	0.0035	2113.53	36.29	37.41	772.66	23.96

续表

年份	平均气温（摄氏度）	年平均降水量（毫米）	人均耕地面积（亩/人）	水土流失率（%）	土地荒漠化率（%）	人均活立木蓄积量（立方米/人）	人均有林地面积（亩/人）	森林覆盖率（%）	草地占土地面积比例（%）	人均水资源量（立方米/人）	有效灌溉面积比例（%）	工业废气排放强度（万标立方米/平方公里）	工业废水排放强度（吨/平方公里）	工业废固排放强度（吨/平方公里）
1990	7.9	490.2	2.313	37.94	22.17	7.326	0.0936	8.42	0.0034	2005.70	36.87	39.35	849.09	24.89
1991	7.9	327.6	2.284	37.94	23.61	7.221	0.0853	8.42	0.0034	1938.17	37.39	44.78	818.52	30.83
1992	7.4	448.3	2.257	37.94	25.14	7.191	0.0861	8.57	0.0034	1874.05	38.12	46.67	826.57	27.31
1993	7.4	427.8	2.227	37.94	26.77	7.156	0.0870	8.73	0.0034	1810.96	38.77	48.19	798.76	28.32
1994	8.2	375.3	2.187	37.95	28.52	7.090	0.0874	8.88	0.0037	1742.26	39.40	48.83	800.72	29.84
1995	7.8	348.2	2.143	37.95	30.37	7.001	0.0875	9.04	0.0032	1670.71	39.86	53.36	844.84	31.51
1996	7.5	378.4	2.120	37.95	32.34	6.973	0.0881	9.04	0.0032	1616.95	40.40	54.33	777.74	31.58
1997	8.3	301.2	2.098	32.94	34.45	6.945	0.0882	9.25	0.0031	1587.36	41.04	60.45	787.95	36.16
1998	9.0	417.3	2.077	27.94	36.68	6.924	0.0883	9.46	0.0029	1489.00	41.44	61.00	748.76	37.56
1999	8.7	385.7	2.057	27.49	39.17	6.909	0.0885	9.67	0.0028	1397.95	41.85	58.51	650.84	37.39
2000	8.3	376.7	2.047	27.94	39.95	7.032	0.0905	9.89	0.0028	855.52	42.88	61.62	523.62	37.50
2001	8.5	373.1	2.032	27.94	40.75	7.021	0.0908	9.90	0.0028	861.08	43.10	61.46	456.00	28.30
2002	8.7	361.6	2.020	29.73	41.57	7.151	0.0908	10.68	0.0028	734.21	43.49	65.39	433.00	38.16
2003	8.4	514.4	2.009	29.96	42.40	7.286	0.0909	11.53	0.0028	1073.77	43.89	82.83	459.89	45.62
2004	8.6	353.7	2.009	31.23	42.58	7.430	0.0910	12.44	0.0028	762.43	44.21	81.20	402.55	47.07
2005	8.5	427.6	2.016	32.56	43.43	7.579	0.0911	13.42	0.0031	1173.46	45.18	93.52	369.65	49.49

续表

年份	平均气温（摄氏度）	年平均降水量（毫米）	人均耕地面积（亩/人）	水土流失率（%）	土地荒漠化率（%）	人均活立木蓄积量（立方米/人）	人均有林地面积（亩/人）	森林覆盖率（%）	草地占土地面积比例（%）	人均水资源量（立方米/人）	有效灌溉面积比例（%）	工业废气排放强度（万标立方米/平方公里）	工业废水排放强度（吨/平方公里）	工业废固排放强度（吨/平方公里）
2006	9.2	386.6	2.027	33.94	44.30	7.603	0.0913	13.42	0.0031	846.79	45.78	104.77	364.61	56.99
2007	8.9	447.2	2.030	34.02	45.18	7.762	0.0914	14.48	0.0031	1027.41	46.23	128.03	348.92	66.04
2008	8.2	392.2	2.040	34.02	46.09	7.921	0.0914	15.62	0.0030	828.39	46.24	125.10	361.00	70.40
2009	8.8	359.9	2.046	34.02	46.59	7.903	0.0905	14.52	0.0030	926.35	45.99	138.94	360.10	69.32
2010	8.2	395.7	2.047	34.02	46.99	7.863	0.0894	13.42	0.0030	987.79	46.01	137.58	337.83	82.42
2011	8.3	419.6	2.049	33.57	46.89	7.833	0.0896	13.96	0.0030	1061.30	46.16	283.67	433.95	143.56
2012	8.0	439.2	2.055	34.02	46.64	7.880	0.0900	14.38	0.0030	1166.60	46.10	305.87	422.24	146.80
2013	9.1	480.7	2.055	61.90	46.78	7.870	0.0900	14.07	0.0030	1174.20	46.06	278.96	443.87	129.99
2014	8.6	421.3	2.054	61.90	46.82	7.861	0.0900	13.96	0.0030	890.99	46.08	270.46	434.44	135.13

参考文献

1. United Nations. United Nations Framework Convention on Climate Change [R]. 1992.

2. United Nations. Kyoto Protocol [R]. 1998.

3. United Nations. Copenhagen Accord [R]. 2009.

4. 中华人民共和国经济和社会发展第十二个五年规划纲要 [M]. 北京: 人民出版社, 2011.

5. 胡锦涛. 坚定不移沿着中国特色社会主义道路前进 为全面建成小康社会而奋斗——在中国共产党第十八次全国代表大会上的报告 [J]. 求是, 2012 (22): 3-25.

6. O. Tahvonen, J. Kuuluvainen. Economic Growth, Pollution and Renewable Resource [J]. Journal of Environmental Economics and Management, 1993, 24: 101-118.

7. United Nations. Integrated Environmental and Economic Accounting: An Operational Manual [M]. UN publisher. New York, 2000.

8. United Nations. Integrated Environmental and Economic Accounting 2003: final draft [M]. UN publisher. New York, 2003.

9. 李少民, 吴韧强. 我国石油定价机制探讨 [J]. 价格月刊, 2007 (1): 19-20.

10. 陈翔, 李小波, 赵鑫. 煤炭耗竭性资源可变参数定价模型构建研究 [J]. 中国煤炭, 2012 (5): 29-31.

11. 张海滨. 目前我国天然气定价机制存在的主要问题及对策初探 [J]. 中国科技信息, 2009 (7): 176-177.

12. 时璟丽. 可再生能源电力定价机制和价格政策研究 [J]. 中国电力, 2008 (4): 6-9.

13. 杨艳琳. 自然资源价值论：劳动价值论角度的解释及其意义 [J]. 经济评论, 2002 (1): 52-55.

14. B. Hansjurgens. Economic valuation through cost benefit analysis – Possibilities and limitations [J]. Toxicology, 2004, 205 (3): 241-253.

15. 赖力, 黄贤金, 刘伟良. 生态补偿理论、方法研究进展 [J]. 生态学报, 2008 (6): 70-77.

16. 晏智杰. 自然资源价值刍议 [J]. 北京大学学报：哲学社会科学版, 2004 (6): 70-77.

17. 黎永亮. 基于可持续发展理论的能源资源价值研究 [D]. 哈尔滨工业大学, 2006.

18. 王晶. 边际机会成本与自然资源定价浅析 [J]. 环境科学与管理, 2005 (3): 54-56.

19. 王永瑜. 资源租金核算理论与方法研究 [J]. 统计研究, 2009 (5): 47-53.

20. 罗丽艳. 自然资源价值的理论思考：论劳动价值论中自然资源价值的缺失 [J]. 中国人口·资源与环境, 2003 (6): 19-22.

21. 任海涛. 自然资源价值构成新论 [J]. 前沿, 2009 (7): 111-116.

22. 朱沁夫, 江延球. 论可持续发展前提下的自然资源价值问题 [J]. 当代经济研究, 2002 (8): 7-12.

23. 崔万安, 覃家君, 尹兰. 自然资源的价值确定与实现 [J]. 科技进步与对策, 2002 (7): 22-24.

24. A. C. Fisher. Resource and Environmental Economics [C]. Cambridge University Press Cambridge, 1981: 189-203.

25. 袁迎菊, 李建琴, 姚圣. 基于环境控制角度的隐性环境成本计量探析 [J]. 煤炭技术, 2012 (6): 240-242.

26. 高树印. 资源价格形成基础与资源价格改革 [J]. 贵州财经学院学报, 2008 (4): 31-35.

27. B. Hannon. Ecological Pricing and economic efficiency [J]. Ecological Economics, 2001, 36 (1): 1-19.

28. 齐中英, 梁琳琳. 我国石油定价制度的路径选择 [J]. 价格月刊, 2007 (4): 50-52.

29. 吴翔, 隋建利. 石油定价机制比较及其改革对策研究 [J]. 价格理论与实践, 2008 (10): 29-30.

30. 孙艳, 张洪波. 金融危机下我国煤炭定价机制的思考 [J]. 改革与战略, 2010 (6): 34-41.

31. F. J. Anderson. Natural Resource in Canada: Economic Theory and Policy [J]. 2nd edition. Nelson, 1985: 233-248.

32. J. M. Harwtick, N. D. Olewiler. The Economics of Natural Resource Use [J]. Harper & Row, 1986: 169-233.

33. 高兴佑, 高文进. 基于四个平衡原则的天然气定价 [J]. 国土与自然资源研究, 2012 (2): 89-91.

34. B. E. Okogu. Marketing dynamism: An econometric study of the oil pricing policies of selected OPEC members [J]. Energy Economics, 1991, 13 (3): 154-162.

35. Horace R. Brock etc. Petroleum Accounting Principles, Procedures & Issues, fourth edition [M]. Price Water house Coopers, 1997: 301-304.

36. Hugh Outhred. The Competitive Market for Electricity in Australia: Why it Works so Well [J]. Proceedings of the 33rd Hawaii International Conference on System Sciences, 2000: 1-8.

37. Doorman, Nygreen. An integrated model for market pricing of energy and ancillary services [J]. Electric Power Systems Research, 2002, 61: 169-177.

38. A. F. Rahimi, A. Y. Sheffrin. Effective market monitoring in deregulated electricity markets [J]. IEEE Trans on Power Systems, 2003, 18 (2): 486-493.

39. 夏大慰, 范斌. 电力定价: 理论、经验与改革模式 [J]. 产业经济评论, 2002 (1): 91-106.

40. 梁亚民, 韩君. 能源资源定价机制理论与方法研究 [J]. 甘肃社会科学, 2015 (6): 176-180.

41. 单宝. 石油定价机制存在的问题及对策 [J]. 宏观经济管理, 2006 (7): 28-30.

42. 刘顺鸿. 美国石油政策: 市场化及其有效性 [J]. 云南师范大学学报 (哲学社会科学版), 2006 (2): 45-48.

43. 夏业良. 电力定价体制需战略调整 [J]. 决策, 2006 (5): 57-58.

44. 刘亚东. 我国天然气定价的经济学分析 [J]. 商场现代化, 2010 (22): 75-76.

45. 周建双, 王建良. 国外天然气定价与监管模式比较 [J]. 中国物价, 2010 (11): 60-63.

46. 殷建平, 杨瑞. 美国天然气定价机制特点及其对我国的启示 [J]. 价格理论与实践, 2011 (7): 71-72.

47. F. Asche, O. Gjberg, T. Volker. Price relationships in the petroleum market: An analysis of crude oil and refined product Prices [J]. Energy Economics. 2003 (25): 289-301.

48. 高杰. 中国石油价格规制问题研究 [J]. 中国物价, 2005 (11): 9-13.

49. 崔艳. 对我国天然气定价机制的思考 [J]. 当代经济, 2008 (6): 18-19.

50. 曲长旋, 顾昱. 探析我国煤炭定价机制 [J]. 山东纺织经济, 2010 (10): 31-33.

51. A. M. Freeman. The Measurement of Environmental and Resources Values: Theory and Methods [J]. Resources For Future 3nd Edition, 1993: 46-52.

52. K. Bernd. Ecosystem Prices: activity analysis applied to ecosystems [J]. Ecological Economics. 2000 (33): 473-489.

53. 高敏雪. 综合环境经济核算——基本理论与中国应用 [M]. 北京: 经济科学出版社, 2007.

54. 王永瑜. 资源资产估价方法比较研究 [J]. 统计科学与实践, 2011 (5): 54-55.

55. 张孝松. 天然气定价方法的比较 [J]. 四川石油经济, 2001 (2): 10-22.

56. 国家统计局城市司, 湖南调查总队. 我国资源性产品定价机制研究 [J]. 统计研究, 2008 (3): 3-11.

57. 万林葳, 李永峰. 煤炭定价机制存在问题及对策研究: 基于环境外部成本内部化角度的分析 [J]. 价格理论与实践, 2010 (10): 31-32.

58. W. E. Richard. Should we Pursue measurement of the natural capital stock? [J]. Ecological Economics. 1998 (27): 257-266.

59. T. Michale. Why not to calculate the value of the world [J]. ecosystem services and natural capital. Ecological Economics. 1998 (25): 57-60.

60. 谢海燕. 反映环境成本的资源性产品定价机制研究 [J]. 宏观经济管

理，2010（7）：39-41.

61. M. E. Slade. Trends in natural-resource commodity Price: analysis of the time domain [J]. Journal of Environmental Economics and Management. 1982, 33 (1): 59-74.

62. C. R. Sunstein. Cost-Benefit Analysis and the Environment [J]. Ethics. 2005, 115 (2): 351-386.

63. 杨秋媛. 基于煤炭完全成本的煤炭定价 [J]. 中国煤炭，2009（9）：37-43.

64. D. W. Pearce, R. K. Turner. Economics of Natural Resources and the Environment [J]. Harvester Whesatsheaf, 1990: 321-342.

65. 徐向阳. 煤炭资源边际机会成本定价和影子价格的理论与应用 [J]. 煤炭经济研究，1998（8）：49-51.

66. 王舒曼，王玉栋. 自然资源定价方法研究 [J]. 生态经济，2000（4）：25-26.

67. A. Aandall. Resource Economics: An Economic Approach to natural Resource and Environmental Policy [J]. Grid Publishing Inc, 1981: 118-145.

68. 罗良忠. 我国天然气定价问题研究 [J]. 价格理论与实践，2008（1）：25-27.

69. 张伟. 我国天然气定价机制存在的问题及对策 [J]. 天然气技术，2009（2）：4-5.

70. 毕庶强. 全球化竞争下的我国天然气定价机制 [J]. 企业导报，2011（2）：14-15.

71. J. Tinbergen. Optimum Social Welfare and Productivity [C]. New York University Press. New York, 1972.

72. L. Kantorovich. Resource optimum utilization of economic calculation [C]. The Soviet Union Academy Press. Moscow, 1959.

73. P. A. Samuelson. Linear Programming and Economic Analysis [C]. New York Dover Press. New York, 1987.

74. 杨桂元. 资源影子价格的灵敏度分析 [J]. 数量经济技术经济研究，1999（4）：65-68.

75. 张汉斌. 资源影子价格在系统经济分析中的应用 [J]. 价格理论与实践，2005（9）：27-28.

76. S. Amir. Welafre maximization in economic theory: another view Point [J]. Structure Change Economics Dynamics. 1995 (6): 359-376.

77. H. T. Odum. Systems Ecology: An Introduction [M]. New York: John Willey & Sons, 1983.

78. H. T. Odum. Self-organization, Transformity and Information [J]. Science, 1988, 242: 1132-1139.

79. H. T. Odum. Environmental Accounting: Energy and Environmental Decision Making [M]. New York: John Wiley & Sons, 1996.

80. 沈丽, 张攀, 朱庆华. 基于生态劳动价值论的资源性产品价值研究 [J]. 中国人口·资源与环境, 2010 (11): 118-121.

81. [英] 约翰·内维尔·凯恩斯. 党国英, 刘慧译. 政治经济学的范围与方法 [M]. 北京: 华夏出版社, 2001.

82. [法] 勒内·笛卡儿. 王太庆译. 谈谈方法 [M]. 北京: 商务印书馆, 2000.

83. 李金昌等. 资源核算论 [M]. 北京: 海洋出版社, 1991.

84. 蔡运龙. 自然资源学原理 [M]. 北京: 北京大学出版社, 1997.

85. 沈满洪. 资源与环境经学 [M]. 北京: 中国环境科学出版社, 2007.

86. 王克强. 资源与环境经济学 [M]. 上海: 上海财经大学出版社, 2007.

87. 阿兰·兰德尔. 资源经济学 [M]. 北京: 商务印书馆, 1989.

88. 王军. 资源与环境经济学 [M]. 北京: 中国农业大学出版社, 2009.

89. 不列颠百科全书. 国际中文版 [M]. 美国不列颠百科全书公司出版社: 中国大百科全书出版社, 2007.

90. United Nations. Integrated Environmental and Economic Accounting [M]. UN Publishers. New York, 1993.

91. 辞海. 缩印本 [S]. 上海: 上海辞书出版社, 1979.

92. 中国科学院. 科学技术百科全书 [M]. 北京: 科学出版社, 1981.

93. 相贺澈夫. 日本大百科全书 [M]. 日本: 株式会社, 1987.

94. [美] 帕克. 程惠尔译. 能源百科全书 [M]. 北京: 科学出版社, 1992.

95. 魏一鸣等. 中国能源报告战略与政策研究 [M]. 北京: 科学出版社, 2006.

96. 中国能源研究会. 中国能源发展报告 [M]. 北京: 中国电力出版社, 2014.

97. [德] 马克思. 朱登缩译. 资本论 [M]. 海南: 南海出版社, 2007.

98. Milton Friedman. Price Theory [M]. Transaction Publishers. New York, 2007.

99. Commission of the European Communities, International Monetary Fund, Organisation for Economic Cooperation and Development, United Nations, World Bank. System of National Accounts 2008 [M]. UN Publishers. New York, 2008.

100. Landefeld, J. S. and J. R. Hines. National Accounting for Non-renewable Natural Resources in the Mining Industries [J]. In Review of Income andWealth, 1995, Vol. 31, pp. 1 – 20.

101. Repetto R. et al, Wasting Assets: Natural Resources in the National Income Accounts [M]. Washington, D. C: World Resources Institute. 1989.

102. El Serafy, S. The Proper Calculation of Income From Depletable Natural Resources [J]. In Environmental Accounting for Sustainable Development, Y. J. Ahmad, S. El serafy and E. Lutz eds. Washington, DC: The World Bank, 1989, pp. 10 – 18.

103. El Serafy, S. Green accounting and economic policy. Ecological Economics [J], vol. 21, 1997, pp. 217 – 219.

104. El Serafy, S. Weak and Strong Sustainability: Natural Resources and National Accounting – Part 1 [J]. In Environmental Taxation and Accounting, Volume 1, No. 1, pp. 21 – 48.

105. The world Commission on Environment and Development. Our Common Future [M]. New York: United Nations. 2008.

106. 中国环境与发展国家合作委员会. 中国自然资源定价研究 [M]. 北京: 中国环境科学出版社, 1997.

107. [美] 保罗·A. 萨缪尔森, 威廉·D·诺德豪斯. 萧琛译. 经济学 (第19版) [M]. 北京: 商务印书馆, 2013.

108. [美] 罗伯特·S. 平狄克, 丹尼尔·L·鲁宾费尔德. 微观经济学 [M]. 北京: 中国人民大学出版社, 2012.

109. 张维迎. 博弈论与信息经济学 [M]. 上海: 上海人民出版社, 1996.

110. [英] 亚瑟·C. 庇古. 何玉长, 丁晓钦译. 福利经济学 [M]. 上海: 上海财经大学出版社, 2009.

111. 杨缅昆. EDP 核算理论问题的再探讨［J］. 统计研究, 2003（12）: 51-54.

112. 唐思文. 对马克思价格理论的质疑与马克思主义经济学的暂时冷落［J］. 当代经济研究, 2007（12）: 30-33.

113. 韩君. 生态环境约束的能源资源定价机制——一种分析框架的构建［J］. 生态经济, 2015（10）: 53-58.

114. ［英］威廉·配第. 薛东阳译. 赋税论［M］. 武汉: 武汉大学出版社, 2011.

115. ［英］亚当·斯密. 孙善春, 李春长译. 国富论［M］. 北京: 中国华侨出版社, 2010.

116. 黄玉源, 钟晓青. 生态经济学［M］. 北京: 中国水利水电出版社, 2009.

117. 崔凤军. 环境承载力初探［J］. 中国人口·资源与环境, 1995（1）: 36-39.

118. Pulliam HR, Haddad N M. Human population growth and the carrying capacity concept［J］. Bulletin of the Ecological Society of America, 1994, 75: 141-157.

119. Abemethy V D. Carrying capacity: the tradition and policy implications of limits［J］. Ethics of Science and Environmental Politics, 2001, 9-18.

120. William R, Carton JR. The World's most polymorphic species: carrying capacity transgressed two ways［J］. BioScience, 1986, 37（6）: 413-419.

121. Harris J M, Kennedy S. Carrying capacity in agriculture: global and regional issues［J］. Ecological Economics, 1999, 29（3）: 443-461.

122. Scamecchia D L. Concepts of carrying capacity and substitution ratios: a systems approach［J］. Journal of Range Management, 1990, 43（6）: 553-555.

123. Fearbsude P M. Human carrying capacity estimation in Brazilian Amazonia as a basis for sustainable development［J］. Environmental Conservation, 1997, 24（3）: 271-282.

124. 彭再德, 杨凯, 王云. 区域环境承载力研究方法初探［J］. 中国环境科学, 1996（1）: 6-10.

125. Arow K, Bolin B, Costanza R et al. Economic growth, carrying capacity, and the environment［J］. Ecological Applications, 1996, 6（1）: 13-15.

126. Meyer P S, Ausubel J H. Carrying capacity: a model with logistically varying limits [J]. Technological Forecasting and Social Change, 1999, 61 (3): 209 – 214.

127. Papageorgiou K, Brotherton I. A management planning framework based on ecological, perceptual and economic carrying capacity: The case study of Vikos – Aoos Natinal Park, Greece [J]. Journal of environmental management, 1999, 56 (4): 271 – 284.

128. Irmi Seidl, Clem A. Carrying capacity reconsidered: from Malthus' population theory to cultural carrying capacity [J]. Ecological economics, 1999, 31 (3): 395 – 408.

129. 高吉喜. 可持续发展理论探索——生态承载力理论、方法与应用 [M]. 北京: 中国环境科学出版社, 2001.

130. 杨灿. 国民核算与分析通论 [M]. 北京: 中国统计出版社, 2005.

131. 杨灿, 周国富. 国民经济统计学（国民经济核算原理）[M]. 北京: 中国统计出版社, 2008.

132. 高敏雪等. 国民经济核算原理与中国实践 [M]. 北京: 中国人民大学出版社, 2007.

133. 赵彦云. 国民经济核算 [M]. 北京: 中国统计出版社, 2005.

134. 邱东等. 当代国民经济统计学主流 [M]. 大连: 东北财经大学出版社, 2004.

135. 董承章等. 投入产出分析 [M]. 北京: 中国财政经济出版社, 2000.

136. 钟契夫等. 投入产出分析 [M]. 北京: 中国财政经济出版社, 1993.

137. [美] 沃西里·里昂惕夫. 崔书香译. 投入产出经济学 [M]. 北京: 商务印书馆, 1980.

138. 刘起运等. 投入产出分析 [M]. 北京: 中国人民大学出版社, 2006.

139. 高鸿业. 西方经济学 [M]. 北京: 中国人民大学出版社, 2011.

140. Grossman G. M, Krueger A. B. Environmental Impacts of a North American Free Trade Agreement [C]. National Bureau of Economic Research Working Paper 3914, NBER, Cambridge MA, 1991.

141. Shafik N. Economic Development and Environmental Quality: an Econometric Analysis [C]. Oxford Economics Papers, 1994, 46: 757 – 773.

142. Bruyn S, Opschoor J, et al. Economic Growth and Emissions: Reconsid-

ering the Empirical Basis of Environmental Kuznets Curves [J]. Ecological Economics, 1998, 25: 161-175.

143. 包群, 彭水军. 经济增长与环境污染: 基于面板数据的联立方程估计 [J]. 世界经济, 2006 (11): 48-58.

144. 许士春, 何正霞. 中国经济增长与环境污染关系的实证分析: 来自1990-2005年省级面板数据 [J]. 经济体制改革, 2007 (4): 22-26.

145. 李瑞娥, 张海军. 中国环境库兹涅茨曲线的变化特征 (1981-2004) [J]. 西安交通大学学报 (社会科学版), 2008 (7): 35-43.

146. 周茜. 中国区域经济增长对环境质量的影响——基于东、中、西部地区环境库兹涅茨曲线的实证研究 [J]. 统计与信息论坛, 2011 (10): 45-51.

147. 韩君. 中国区域环境库兹涅茨曲线的稳定性检验 [J]. 统计与信息论坛, 2012 (8): 56-62.

148. 杜栋等. 现代综合评价方法与案例精选 [M]. 北京: 清华大学出版社, 2012.

149. 张征. 环境评价学 [M]. 北京: 高等教育出版社, 2006.

150. 国家环境保护总局规划与财务司. 环境统计概论 [M]. 北京: 中国环境科学出版社, 2003.

151. 叶亚平, 刘鲁君. 中国省域生态环境质量评价体系研究 [J]. 环境科学研究, 2000, 13 (3): 33-36.

152. Robert P. McIntosh. The Background of Ecology: Concept and Theory [M]. New York: Cambridge University Press. 1986.

153. 叶文虎, 栾胜基. 环境质量评价学 [M]. 北京: 高等教育出版社, 1994.

154. [英] 托马斯·T. 马尔萨斯. 陈小白译. 人口原理 [M]. 北京: 华夏出版社, 2012.

155. [英] 罗伊·F. 哈罗德. 黄范章译. 动态经济学 [M]. 北京: 商务印书馆, 1981.

156. [美] 托达多, 史密斯. 余向华, 陈雪娟译. 发展经济学 [M]. 北京: 机械工业出版社, 2009.

157. R. M. Solow, A Contribution to the Theory of Economic Growth, The Quarterly Journal of Economics, 1956, 70 (1): 65-94.

158. Paul M. Romer. Increasing Returns and Long-run Growth [J]. Journal of

Political Economy, 1986, 94: 1002 - 1037.

159. Lucas. On the mechanics of Economic Development [J]. Journal of Monetary Economics, 1988, 22.

160. Edward, B. Barbier. Endogenous Growth and Natural Resource Scarcity. Environmental and Resource Economics, 1999, 14: 51 - 74.

161. Christian, Groth. and Poul. Schou. Can Non-renewable Resources Alleviate the Knife-edge Character of Endogenous Growth? Oxford Economic Papers, 2002, 54: 386 - 411.

162. 曹玉书, 尤卓雅. 资源约束、能源替代与可持续发展——基于经济增长理论的国外研究综述 [J]. 浙江大学学报（人文社会科学版），2010（4）：10 - 18.

163. 刘耀彬, 杨新梅. 基于内生经济增长理论的城市化进程中资源环境"尾效"分析 [J]. 中国人口·资源与环境, 2011 (2): 24 - 30.

164. D. Romer. Advanced Macroeconomics: Third Edition [M]. New York: McGraw - Hill Companies, Inc, 2001: 68 - 79.

165. Panayotou T. Empirical Tests and Policy Analysis of Environmental Degradation at Different Stages of Economic Development [C]. WorkingPaper-WP238, Technology and Employment Programme, International Labor Office, Geneva, 1993.

166. Selden T. M, Song D. Environmental Quality and Development Is There a Kuznets Curve for Air Pollution [J]. Journal of Environmental Economics and Management 1994, 27: 147 - 162.

167. 韩君, 梁亚民. 生态环境约束的能源定价模型构建及应用 [J]. 兰州大学学报（社会科学版），2016（2）：29 - 38.

168. McNicoll, Blackmore. Taking the Environment into Account at the local level: A Environment Input-output Table for Lipa City [J]. CEM working paper, 1993 (4).

169. Stahmer C. The Magic Triangle of Input-output Tables [J]. Papers of 13th International Conference on Input-output Techniques, University of Macerata, Italy, 2000.

170. Chung WS, Tohno S. A Time-series Energy Input-output Analysis for Building an infrastructure for the Energy and Environment Policy in South Korea [J].

Energy Environment, 2009 (9).

171. Geoffrey A. Jehle, Philip J. Reny. Advanced Microeconomics Theory [M]. New Jersey: Pearson Education, Inc, 2001: 92 – 99.

172. 韩君, 梁亚民. 经济发展方式区域差异与生态经济模式选择 [J]. 甘肃社会科学, 2013 (2): 207 – 210.

173. 朱建平, 程春民. 城市环境质量综合评价指标体系研究 [J]. 中国环境监测, 1995 (11): 47 – 49.

174. 杨晓妮等. 兰州市城市环境质量综合评价 [J]. 水资源与水工程学报, 2010 (10): 43 – 46.

175. 仲嘉亮等. "十一五"期间新疆生态环境质量综合评价分析 [J]. 干旱环境监测, 2011 (6): 99 – 102.

176. 王永瑜, 王丽君. 甘肃省生态环境质量评价及动态特征分析 [J]. 干旱区资源与环境, 2011 (5): 41 – 46.

177. 曹惠明等. 山东省生态环境质量现状及动态变化研究 [J]. 干旱环境监测, 2012 (6): 108 – 111.

178. 韩君. 区域生态环境质量的评价模型与测算 [J]. 统计与决策, 2016 (3): 8 – 12.

179. 国家环境保护总局. 生态环境状况评价技术规范（HJ/T192 – 2006）[M]. 北京: 中国环境科学出版社, 2006.

180. 郭亚军. 综合评价理论、方法及应用 [M]. 北京: 科学出版社, 2007.

181. 郭亚军. 综合评价理论、方法与拓展 [M]. 北京: 科学出版社, 2012.

182. 孙慧钧. 关于权数与赋权方法分类的探讨 [J]. 东北财经大学学报, 2009 (4): 3 – 7.

183. 邱东. 多指标综合评价的系统分析 [M]. 北京: 中国统计出版社, 1991.

184. 苏为华. 多指标综合评价理论与方法研究 [M]. 北京: 中国物价出版社, 2001.

185. 李金昌, 苏为华. 统计学 [M]. 北京: 机械工业出版社, 2009.

186. 李子奈, 叶阿忠. 高等计量经济学 [M]. 北京: 清华大学出版社, 2000.

187. [美] 达摩达尔·N. 古扎拉蒂, 唐·C. 波特. 费剑平译. 计量经济学基础 [M]. 北京: 中国人民大学出版社, 2011.

188. 高铁梅. 计量经济分析方法与建模——Eviews 应用及实例 [M]. 北京: 清华大学出版社, 2006.

189. [美] 杰弗里·M. 伍德里奇. 费剑平译. 计量经济学导论 [M]. 北京: 中国人民大学出版社, 2010.

190. 易丹辉. 数据分析与 Eviews 应用 [M]. 北京: 中国统计出版社, 2002.

191. 庞皓. 计量经济学 [M]. 北京: 清华大学出版社, 2011.

192. 张晓峒. 计量经济学基础 [M]. 天津: 南开大学出版社, 2007.

193. 国家统计局. 中国国民经济行业分类与代码 (GB/T 4754 - 2002) [M]. 北京: 中国标准出版社, 2002.

194. 宋国君等. 环境政策分析 [M]. 北京: 化学工业出版社, 2008.

195. 蔡守秋. 环境政策学 [M]. 北京: 科学出版社, 2009.

196. [美] 齐格弗里德. 纳什均衡博弈论 [M]. 北京: 化学工业出版社, 2011.

197. Jorgenson D. W., P. J. Wilcoxen. Intertemporal General Equilibrium Modeling of U. S. Environmental Regulation [J]. Journal of Policy Modeling, 1990 (12).

198. Naqvi F. A computable General Equilibrium Model of Energy, Economy and Equity Interactions in Pakistan [J]. Energy Economics, 1998 (20).

199. Xie J., S. Saltzman. Environmental Policy Analysis: An Environmental Computable General - Equilibrium Approach for Developing Countries [J]. Journal of Policy Modeling, 2000 (4).